区域合作理论丛书

跨境产业转移的
价值链分工布局论

江小敏　著

中国社会科学出版社

图书在版编目（CIP）数据

跨境产业转移的价值链分工布局论／江小敏著. —北京：中国社会科学出版社，2021.6

（区域合作理论丛书）

ISBN 978 – 7 – 5203 – 8795 – 8

Ⅰ.①跨…　Ⅱ.①江…　Ⅲ.①产业布局—地域分工—国际合作—研究—中国　Ⅳ.①F269.24

中国版本图书馆 CIP 数据核字（2021）第 144154 号

出 版 人	赵剑英
责任编辑	孙　萍
责任校对	周　昊
责任印制	王　超

出　　版	中国社会科学出版社
社　　址	北京鼓楼西大街甲 158 号
邮　　编	100720
网　　址	http://www.csspw.cn
发 行 部	010 – 84083685
门 市 部	010 – 84029450
经　　销	新华书店及其他书店

印　　刷	北京君升印刷有限公司
装　　订	廊坊市广阳区广增装订厂
版　　次	2021 年 6 月第 1 版
印　　次	2021 年 6 月第 1 次印刷

开　　本	710×1000　1/16
印　　张	15
字　　数	209 千字
定　　价	79.00 元

总　　序

　　2017 年，云南大学入选世界"双一流"建设高校名单，标志着云南大学经济学科进入崭新发展阶段。2018 年，为切实提升科学研究水平和理论创新能力，云南大学在双一流建设项目中设立了社会科学理论创新高地，在社科处的支持下，专门设立了"区域合作"理论创新高地建设项目（项目编号：C176240103），以推动区域合作理论创新。该项目负责人为梁双陆研究员。

　　"区域合作"理论创新高地建设项目实施三年以来，在云南大学相关部门的大力支持和项目成员的努力下，取得阶段性成效。一是标志性成果凸显。2018 年以来，本项目成员在《世界经济》《经济管理》《财贸经济》等期刊发表高质量论文十余篇，在 *Econometric Theory* 等重要国际期刊发表 SSCI 论文 6 篇，出版学术专著十余部。团队成员先后获得国家级项目立项 3 项。先后向国家和省委省政府提交 30 多份区域合作相关决策咨询报告。二是团队成员成长卓著。2018 年以来，有 9 位项目成员实现职称晋升，8 名成员入选云南省人才专项。三是平台建设取得重要进展。区域合作理论创新高地依托学科基础和平台，继续建设沿边开放与经济发展智库，与云南省委财经领导小组办公室签订战略合作协议，建设决策咨询研究基地，举行多次高端合作论坛，在营造科研氛围、提升科研成效上有明显进展。2019 年，经专家团评审沿边开放与经济发展智库，顺利通过南京大学中国智库研究与评价中心及光明日报智库研究与发布中心遴选，正式成为 CTTI 来源智库之一。同时，智库发挥了良好的服务地方作用，承担了多项重要地方项目，并到主要省属企业开展学术讲座。经过三年的建设，有力地支撑了云南大学经济学科的影响力进一步扩大，区域合作理论创新成果显示度进一步提升，研究实力显著增强。本丛书的出版，就是"区域合作"理论创新高地建设项目的重要成果。同时，也是云南大学经济学科建设的最新进展。

当前，世界经济环境正在经历史无前例的变化。经济全球化和国际分工面临巨大挑战，国际区域合作面临中美贸易摩擦、逆全球化、贸易保护主义、民粹主义的巨大压力。然而，分工理论已经很好揭示了区域合作的效率提升机制，国际贸易和国际投资的飞跃性发展已经将国际经济合作的福利播散到每一个角落。这是不可抗拒的历史潮流和必然趋势。同时，作为开放型大国，我国也进入了构建国内大循环为主体，国内国际双循环相互促进的新发展格局的新阶段。这必然会对国内区域合作、国内区域经济一体化和国内市场规模的红利进一步释放提供巨大动力。在贸易保护主义和新冠肺炎疫情的全球性冲击下，国际政治经济格局在加速重塑，国际国内区域合作面临新的机遇和挑战。但我们坚信，风雨过后，区域经济合作仍将是未来驱动区域经济乃至全球经济发展的重要动力，而内陆边疆地区在新时期的开放合作中的优势及作用将空前凸显。

作为一门经世济民的学科，经济学在解释经济发展动力、揭示经济规律和趋势上是没有止境的。本丛书是展示云南大学经济学学科在区域合作理论方面的研究成果，是对区域合作理论发展的有益尝试和创新，对促进国际国内区域合作具有一定的理论指导意义。虽然丛书作者已经付出了巨大努力，但仍存在一些有待商榷的内容及不足，特在此致以歉意并恳请读者不吝指出。我们期盼与学界同人携手，共同为区域合作理论的创新发展贡献力量，共同开创和描绘区域合作的美好愿景。

梁双陆

2020 年 10 月 11 日

前　言

改革开放以来，中国利用自身的资源禀赋和劳动力成本优势，有效地承接了第四次跨境产业转移中来自发达国家的转移产业，成为全世界的生产工厂，塑造了自己"世界工厂"的地位，深深地嵌入了以发达国家为主导的全球价值链中。但近年来随着自然承载能力的局限和人口红利的逐渐消失，这种以牺牲资源和环境为代价，通过低端代工和加工组装的生产方式已经难以为继，也容易造成国内产业的体量冗大而质量不高的现象，使得国内产业陷入全球价值链"低端锁定"的泥潭。近年来随着经济全球化的深化，国际分工形式发生巨大变化。在国际分工从产业间分工到产业内分工再到产品内分工的进程中，跨境产业转移的本质也在随之发生变化，全球价值链步入了深度结构调整阶段。在全球价值链重构的背景下，中国如何利用跨境产业转移，对内实现经济可持续发展、对外破解"低端锁定"和实现全球价值链的攀升，已经成为当前中国经济高质量发展迫切需要解决的问题。

基于此，本书首先按照跨境产业转移理论的发展顺序，对跨境产业转移的相关理论进行了系统性梳理，并详细阐述近年来新发展和形成的跨境产业转移理论，重点剖析跨境产业转移各理论的思想内涵，以此作为全书的理论基础；接着在总结跨境产业转移的历史演变的基础上，分析了现阶段跨境产业转移的特征事实，以此作为全书的现实基础；然后根据理论分析和事实特征，研究分析跨境产业转移的动力、区位、模式和类型等机制。其次进一步深入研究作为跨境产业转移微观基础的跨国公司，理论分析发展中国家的跨国公司产业转移的模式选择，并研究了中国建设跨国公司的战略框架。再次基于贸易增加值的视角，实证测度了中国各行业和对各国跨境产业转移的情况，深入分析了中国跨境产业转移的动态演变，并实证检验了中国跨境产业转移的影响因素；之后进一步研究了跨境产业转移与全球价值链分工布局的理论关系，在测算中国全球价值链分工地位的基础上，分析了中国全球价值链分工地位的演变趋势，并探讨了中国参与国际分工的产业发展战略选择。最后基于研究事实和研究结论，从国内产业转型升级、国际区域网络构建和全球价值链攀升等方面对中国跨境产业转移与全球价值链分工布局提出政策建议。

本书采用理论分析与实证分析相结合的方式，同时利用定性分析与定量分析的研究方法，从历史和动态的视角，研究了跨境产业转移的国际分工布局理论，得出了许多具有重要的学术价值和现实意义的研究发现和研究结论。

（1）通过对跨境产业转移相关理论的剖析，研究发现企业要想进行跨境产业转移需要具备三个条件：第一，企业必须具有某些战略能力以抵消它不熟悉国外市场的劣势；第二，企业还必须具有某些组织能力，以便从它的内部战略力量中得到比通过诸如契约或许可证等外部市场途径更好的回报；第三，有关东道国必须提供一定的地方特殊优惠条件，以便形成必要的吸引力促使企业去跨境产业转移。

（2）通过在总结跨境产业转移的历史演变的基础上，分析了现阶段跨境产业转移的特征事实，研究发现：跨境产业转移中产品分工不断细化、跨境产业转移不断朝价值链纵向深入延伸、跨境产业转移的集群效应越发突出、跨境产业转移结构向服务化方向发展、跨境产业转移形式呈现多样化发展和跨国公司成为推动跨境产业转移重要力量。

（3）通过对跨境产业转移的机制进行分析，研究发现：跨境产业转移主要以产业级差为基础条件，以产业利润差为直接动力、以成本推力与市场拉力为直接诱因，以生产要素流动与产业竞争为必要条件。

（4）通过对跨境产业转移微观基础的跨国公司的研究，研究发现：新常态下建设中国的全球公司主要包括三个阶段：一是适应全球化，二是推进全球化，三是实现全球化。按此步骤，中国企业首先应该建立一套有效的全球公司治理机制来管理日益复杂的业务，清晰定义总部与子公司之间的角色和职责分工以及决策方式。其次需要从全球角度整合所有职能，实现效益最大化。尽管企业常常从核心竞争力最密切相关的领域着手，但整合后台运营其实也能带来明显价值，如财务、人力资源等。最后，中国企业应该考虑以独特的技术使用方式来兼顾全球和本地的矩阵式运营。

（5）通过对中国跨境产业转移的实证测度和动态演变分析，研究发现：相较于传统贸易统计方法，增加值贸易的统计方法更易于追踪生产要素的流动和真实的贸易利得，能够更为准确地测度我国实际的跨境产业转移；长期来看整体上我国的跨境产业转移仍为净转入，但近些年来我国部分产业已逐渐由净转入转变为净转出；近些年我国对一些欧洲小国和部分南亚和东南亚国家已由产业净转入逐渐转变为净转出；相较于服务行业，近些年来制造行业对外进行跨境产业转移现象更为明显；行业的生产率水平、行业劳动力成本和行业关税水平是影响我国行业对外进行跨境产业转移的重要因素。

（6）通过对跨境产业转移与价值链分工布局的分析，研究发现自 1995 年开始至 1998 年我国整体行业的全球价值链的分工地位不断得到提升。但由于受到 1998 年亚洲金融危机的冲击，1998 年至 2001 年间，我国全球价值链的分工地位趋于下降。而随着 2002 年我国加入世界贸易组织（WTO），我国全球价值链的分工地位开始快速攀升，于 2007 年左右达到了最高点。而由于受到 2008 年的国际金融危机的影响，我国全球价值链的分工地位又有所降低。分行业的分析中研究发现 1998 年亚洲金融危机严重放缓了我国金融行业的快速发展，使得我国金融行业的分工地位严重恶化。随着 2002 年我国加入世界贸易组织（WTO），我国金融行业的分工地位得到了快速提升。而又由于受到 2008 年的世界金融危机的影响，我国金融行业的发展又收缩了脚步。我国金融行业的分工地位趋势变化一方面是由于受到金融危机等外部因素的冲击，另一方面也和我国金融产业的政策改革的步伐密切相关。

结合上述的研究发现和研究结论，本书分别从国内产业转型升级、国际区域网络构建和全球价值链攀升等方面对中国跨境产业转移与全球价值链分工布局提出政策建议，以期实现我国对外经济的高质量发展。

目　　录

第 一 章

导　　论

第一节　研究背景与研究意义

一　研究背景

在世界经济发展的理论和实践中，跨境产业转移是发达国家和发展中国家都普遍关注的热点话题。发达国家可以通过产业转移调整产业结构，实现全球战略目标；而发展中国家可以通过承接产业转移促进对外贸易的发展、加快产业结构升级和经济发展。自第二次世界大战以来，全球发生了四次大规模的跨境产业转移浪潮和产业结构调整。每次跨境产业转移都深刻地改变了产业结构的升级，重构了全球价值链的分工布局，极大地影响了全世界经济发展的历程。20世纪90年代后期以来，信息技术的快速发展和知识经济的蓬勃兴起，有效地降低了跨境产业转移的成本和门槛，有力地推动了经济全球化的进程。经济全球化趋势不断加深、世界产业结构调整继续进行、信息技术快速发展、知识经济方兴未艾和跨国公司的兴起，这一切都构成了新一轮跨境产业转移的现实背景。

（一）经济全球化趋势加深

随着科技水平的发展和工序型国际分工的形成，各国之间的贸易和投资的广度不断扩大，深度不断加深，各国之间的经济依赖性不断加剧、相互渗透日益加深，国家间的经济关联性不断增强，经济全球化程度不断提高。而经济全球化程度的不断提高使得生产要素在全球范围内自由流动和合理配置，国家间的各种壁垒和阻碍逐渐消除，经济资源可以在全球范围内寻找最适合其增值的空间，这就为多种类、多层次、多形式的产业转移提供了条件。

（二）世界各国产业结构不断调整，各国产业结构的关联性和互动性增强

世界产业结构的调整仍在继续，高新技术产业化和产业结构高效化的步伐将进一步加快，高新技术产业特别是信息技术产业成为经济增长的主要动力，知识型服务业成为拉动经济增长的主导产业。与此相适应，各国产业结构相互联系的程度超过以往任何时期，形成了世界经济产业结构大系统，出现了产业结构互动这一重要经济现象。作为一个开放系统，一国产业结构在与其他国家产业结构的互动影响中成长运行。

（三）信息传播和交流的加快为跨境产业转移提供了技术保证

随着科学技术的迅速发展，信息技术的研究和应用不断取得突破，并在世界产业结构调整中起着重要的驱动作用。信息技术的发展大大缩短了世界市场各个部分之间的距离，全球电脑网络可以在片刻之间完成上万亿美元的国际金融和贸易业务。信息技术的发展大大降低了生产经营活动的交易成本和运输成本，从而为跨境产业转移提供了坚实的基础条件。

（四）知识经济的出现形成了新一轮跨境产业转移的内在驱动力

知识经济的产生和发展，形成了一批与知识经济和信息密切相关的新兴产业即知识产业，并成为国民经济重要的主导产业，相较于发展中国家，更大地推动了发达国家产业结构升级。由此发达国家为了把更多的资源集中投入新出现的知识型产业中，就需要把一些原来劳动密集型乃至资本和技术密集型产业转移给发展中国家，从而形成了新一轮产业跨境转移的内在驱动力。

（五）跨国公司进行全球战略布局，成为跨境产业转移的主要推动力量

跨国公司的跨国经营促进了资本、商品、技术、人员及管理技能等进行跨国界流动。20世纪90年代以前，跨国公司大都自己开展主要业务，只是将部分劳动密集型加工装配环节转移；90年代后期以来，他们不但大规模转移生产制造环节，而且将转移延伸到研发、设计、采购、销售和售后服务环节，以增强核心竞争力。跨国公司在世界范围内优化配置资源，带动了生产全球化，成为产业结构调整和产业跨境转移的主力军。

（六）制度创新为产业结构调整和转移营造了良好的外部环境

放松管制、制度创新，是这次产业结构调整的一大特点。良好的制度使资金、人才、技术等高科技要素更有效地互动与集成，新制度催生新技术，创造新产业，造就新经济。同时，全球经济市场化进程不断加快，各种经济壁垒逐步削减和取消，国家间政策的合作与协调在加强，为产业的跨国转移提供了良好的外部环境。

二　研究意义

改革开放以来，中国利用自身的资源禀赋和劳动力成本优势，有效地承接了第四次跨境产业转移中来自发达国家的转移产业，成为全世界的生产工厂，塑造了自己"世界工厂"的地位，深深地嵌入了以发达国家为主导的全球价值链中。但近些年来随着自然承载能力的局限和人口红利的逐渐消失，这种以牺牲资源和环境为代价，通过低端代工和加工组装的生产方式难以为继，这种方式下的企业缺乏主动性，难以获取产品生产的核心技术和关键环节，容易造成国内产业的体量冗大而质量不高的现象，使得国内产业陷入全球价值链"低端锁定"的泥潭。

近年来，随着科学技术的进步和运输成本的降低使得全球的生产活动联系更为紧密，同种产品的不同生产工序得以在全球范围内追求成本最小化。这种同种产品内的不同工序的全球分工逐

渐成为一种全新的国际分工布局——工序型分工。产品内的工序型分工逐渐取代了垂直型和水平型的国际分工模式。在国际分工从产业间分工到产业内分工再到产品内分工的进程中，跨境产业转移的本质特征也在随之发生变化，跨国公司所主导的对外直接投资成为推动全球价值链不断深化和拓展的重要力量。与此同时，生产和贸易全球化不断深入发展，以大规模跨境投资和产业转移与高增长的中间品贸易为特征的全球价值链步入了深度结构调整阶段。在全球价值链重新构建的关键背景下，中国如何利用跨境产业转移，对内实现经济可持续发展、对外实现全球价值链的攀升，成为当前中国经济高质量发展的紧迫的现实需求，具有重要的现实意义。

在很长的一段时期，国内外学者对于产业转移的相关研究多是关于发展中国家如何承接发达国家的产业转移。当前，随着新一轮产业转移的开始，学者们也开始关注发展中国家对外产业转移问题，但总的来说，研究的成果不是很多。尤其是在当前全球价值链重塑的背景下，如何通过对外产业转移促进中国在全球价值链中分工地位提升的研究比较少。而目前学术界针对全球价值链分工模式下的产业转移研究主要集中于理论视角。李海舰和聂辉华[①]认为，全球化时代跨境产业转移存在脑袋产业与躯体产业转移的趋势；赵张耀和汪斌[②]针对工序型跨境产业转移在当代的发展揭示了网络型跨境产业转移模式；张少军和刘志彪[③]从全球价值链的角度分析跨境产业转移的动力，进一步探究了全球价值链模式的产业转移对发展中国家（地区）的影响；刘友金和胡黎明[④]研

---

① 李海舰、聂辉华：《全球化时代的企业运营——从脑体合一走向脑体分离》，《中国工业经济》2002 年第 12 期。

② 赵张耀、汪斌：《网络型国际产业转移模式研究》，《中国工业经济》2005 年第 10 期。

③ 张少军：刘志彪：《全球价值链模式的产业转移——动力、影响与对中国产业升级和区域协调发展的启示》，《中国工业经济》2009 年第 11 期。

④ 刘友金、胡黎明：《产品内分工、价值链重组与产业转移——兼论产业转移过程中的大国战略》，《中国软科学》2011 年第 3 期。

究认为，产品内分工是新一轮产业转移的主要动因，价值链跨区域重组是新一轮产业转移的主导方式。在实证研究方面，刘红光等[1]通过构建投入产出模型，分析中国内部不同区域的产业转移状况。Koopman 等[2]通过构建投入产出模型对出口国（地区）出口产品价值进行了分解。这些文献虽然对于该问题的研究具有重要的借鉴意义，但并未系统涉及全球价值链视角下的跨境产业转移问题。因此在全球价值链分工布局的背景下，以作为最大发展中国家的中国为研究对象，将理论和实证统一在一个框架内，探讨构建中国跨境产业转移与价值链分工布局的相关理论体系将具有十分重要的学术理论价值。

第二节　研究框架、主要内容与研究方法

一　研究框架

本书的研究框架与研究思路如图 1 - 1 所示。在新一轮跨境产业转移和全球价值链重构的现实背景下，本书首先按照理论发展的顺序，对跨境产业转移的相关理论进行了系统性的阐述，并整理介绍了近些年来发展和形成的新的跨境产业转移理论，重点剖析跨境产业转移各理论的思想内涵，以此作为全书的理论基础；然后在总结跨境产业转移的历史演变的基础上，分析了现阶段跨境产业转移的特征事实，以此作为全书的现实基础。其次根据理论分析和事实特征，研究分析跨境产业转移的动力、区位、模式和类型等机制。再次进一步深入研究作为跨境产业转移微观基础的跨国公司，理论分析发展中国家的跨国公司产业转移的模式选择，并研究了中国建设跨国公司的战略框架；接着基

---

① 刘红光、刘卫东、刘志高：《区域间产业转移定量测度研究——基于区域间投入产出表分析》，《中国工业经济》2011 年第 6 期。

② Koopman R., Powers W., Wang Z., Wei S. J., *Give Credit Where Credit Is Due：Tracing Value Added in Global Production Chains*, NBER Working Paper, 2011.

```
┌─────────────────────────────┐
│           导  论            │
└─────────────────────────────┘
              │
              ▼
┌─────────────────────────────┐
│        跨境产业转移          │
└─────────────────────────────┘
       │              │
       ▼              ▼
┌──────────────┐  ┌──────────────┐
│   相关理论   │  │   事实特征   │
└──────────────┘  └──────────────┘
       │              │
       └──────┬───────┘
              ▼
┌─────────────────────────────────────┐
│  机理分析：动力、区位、模式与类型   │
└─────────────────────────────────────┘
              │
              ▼
┌─────────────────────────────────────┐
│ 跨境产业转移的微观基础——跨国公司   │
└─────────────────────────────────────┘
              │
              ▼
┌─────────────────────────────────────┐
│ 跨境产业转移的实证测度与动态演变     │
└─────────────────────────────────────┘
              │
              ▼
┌─────────────────────────────────────┐
│ 跨境产业转移与全球价值链分工布局     │
└─────────────────────────────────────┘
              │
              ▼
┌─────────────────────────────────────┐
│      研究结论与政策建议              │
└─────────────────────────────────────┘
```

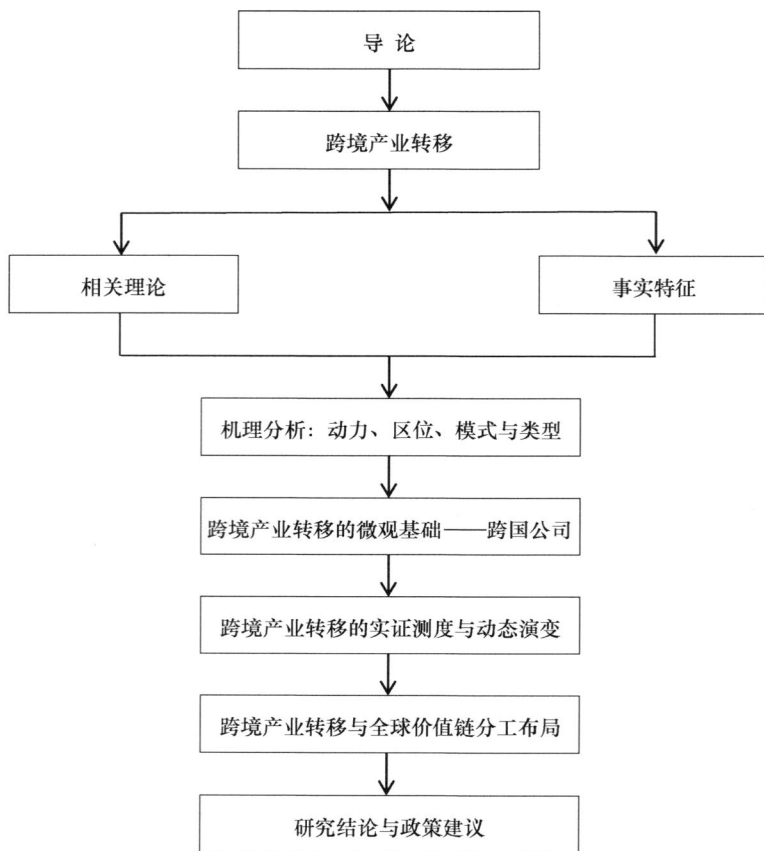

图 1 - 1   本书的研究框架与研究思路

于贸易增加值的视角，实证测度了中国各行业和对各国跨境产业转移的情况，深入分析了中国跨境产业转移的动态演变，并实证检验了中国跨境产业转移的影响因素；之后进一步分析了跨境产业转移与全球价值链分工布局的理论关系，在测算中国全球价值链分工地位的基础上，分析了中国全球价值链分工地位的演变趋势，并探讨了中国参与国际分工的产业发展战略选择。最后基于研究事实和研究结论，从国内产业转型升级、国际区域网络构建和全球价值链攀升等方面对中国跨境产业转移与全球价值链分工布局提出政策建议。具体的研究框架与研究思路如图 1-1 所示。

二　主要内容

第一章为导论。本章主要阐述研究的背景、研究的意义；提出本书的论述主题，以及全书的整体研究思路和框架安排；简述全书研究的主要内容及其主要的研究方法；指出全书的创新之处与不足之处。

第二章为跨境产业转移的理论基础。本章按照跨境产业转移理论发展的大致时间顺序，对发达国家和发展中国家的跨境产业转移的相关理论进行了全面梳理，介绍了近些年来发展和形成的新的跨境产业转移理论，重点剖析了各个理论的内在思想与内在逻辑，详细评析了各个模型的优缺点，并进一步地对比分析了各个模型的理论核心和理论贡献以及它们的局限性。

第三章为跨境产业转移的历史演变与事实特征。本章在对国际上四次跨境产业转移浪潮的历史演变进行梳理的基础上，详细分析了新一轮跨境产业转移的事实特征。

第四章为跨境产业转移的机制分析：动力、区位、模式与类型。本章从理论层面深入探讨跨境产业转移的动力机制；运用完全信息下的动态博弈模型分析跨境产业转移的区位选择机制；还通过不同条件下的跨境产业转移模式分析比较自给自足、专业分工、完全分工三种模式对经济系统的总效用；最后对跨境产业转移的方式类型与动态变迁进行了探讨。

第五章为跨境产业转移的微观基础——跨国公司。本章结合异质性企业内生边界理论和全球价值链理论，通过引入生产阶段的技术排序，构建了发展中国家跨国公司组织模式选择的理论模型，并且进一步探讨了作为最大发展中国家的中国的跨国公司的建设及其运营。

第六章为跨境产业转移的实证测度及其动态演变。本章在阐述论证传统贸易与贸易增加值的联系与区别的基础上，从贸易增加值的视角，基于国际投入产出表，测度了我国各行业和对各国的跨境产业转移情况，深入分析了跨境产业转移的动态演化趋势，并进一步利用计量模型，实证分析了我国对外跨境产业转移的影响因素。

第七章为跨境产业转移与价值链分工布局。本章在梳理跨境产业转移与价值链分工的历史演变历程的基础上，分析跨境产业转移与国际产业分工的演变趋势，总结跨境产业转移和国际分工格局的新特征。并且利用全球价值链分工地位的测度方法，测度我国整体行业和各行业的价值链的分工地位及其演变趋势，阐述了中国参与国际分工的产业发展的战略选择。

第八章为跨境产业转移与价值链攀升的政策建议。本章基于前几章的研究事实和研究结论，从国内产业转型升级、国际区域网络构建和全球价值链攀升等方面对中国跨境产业转移与全球价值链分工布局提出政策建议。

三　研究方法

（一）理论研究与实证分析相结合

本书既有关于跨境产业转移的动力、区位、模式和类型等理论逻辑的分析，又有关于跨境产业转移和全球价值链分工地位测度的实证分析。理论分析与实证分析相结合可以使得论证有理有据，研究结论也更具有科学性和说服力。

（二）定性分析与定量分析相结合

本书在梳理跨境产业转移的历史演变历程中，定性分析了跨境产业转移的事实特征；在测度中国跨境产业转移情况的基础上，又通过计量模型定量地分析影响中国跨境产业转移的因素。将定性分析与定量分析两种研究方法结合起来，便于更准确地厘清中国跨境产业转移的全球价值链分工布局。

（三）历史的和动态的分析方法

本书不仅详细地梳理了国际历史上四次跨境产业转移浪潮，还根据跨境产业转移和全球价值链分工地位的测度，科学分析了中国跨境产业转移和全球价值链分工地位的动态演变过程。在研究分析的过程中，历史的分析方法和动态的分析方法相结合能够使得相关研究具有较强的时代性和现实意义。

（四）比较分析的研究方法

本书在关于跨境产业转移和全球价值链的分析中，不仅将不同产业之间的跨境产业转移和全球价值链分工进行了比较分析，还对中国对不同国家之间的跨国产业转移的情况进行了对比分析。通过对比研究能够更为清楚地认识到各产业之间和各国之间的跨境产业转移和全球价值链分工地位的差异性，能够为相关产业政策的制定提供差异化的政策启示。

第三节　创新之处与研究展望

一　创新之处

（一）研究视角新

在很长的一段时期，国内外学者关于产业转移研究的多是发展中国家如何承接发达国家的产业转移。当前，随着新一轮产业转移的开始，学者们也开始关注发展中国家对外产业转移问题，但总的来说，研究的成果不是很多。本书从发展中国家跨境产业转移的视角研究全球价值链的分工布局具有不少的创新性，也是对现有相关文献资料的有益补充。

（二）研究方法新

现有关于跨境产业转移的定量研究大都是从传统贸易的视角出发的。但随着全球价值链的深化，用传统的贸易统计方法计算现在的贸易额，不仅会导致不同国家间贸易额的重复计算，还会高估各个国家的出口规模和贸易利得，尤其是高估了处于全球价值链下游国家的出口规模和贸易利得，因此传统贸易统计方法现在无法真实地反映一个国家的贸易利益，即"所见非所得"。正是在此背景之下，2011 年 WTO 和 OECD 正式提出了"增加值贸易"

统计方法，以改正传统贸易统计方法在现阶段新型国际分工体系下的"所见非所得"的不足。相对于传统贸易统计方法，"增加值贸易"统计方法具有以下两大优点：第一，相比较传统贸易统计方法对贸易额的注重，"增加值贸易"统计方法更加注重于贸易额中的增加值部分，更加注重各国各行业在贸易总额中的真实贡献和真实的贸易利得。第二，"增加值贸易"统计方法可以沿生产链追溯各个产品和要素在不同国家间的流动，分析各个国家的各个行业在这一过程中的贡献，而这有助于更加微观地观察国际贸易发展情况，也有助于分析国际贸易与各个国家的经济增长之间的联系。基于此，本书基于国际投入产出表，利用贸易增加值的研究方法，重新更为准确地测算了中国跨境产业转移情况。

（三）研究内容新

现有文献在讨论跨国公司时大多的研究对象都是发达国家的跨国公司。本书在考察跨境产业转移的微观基础时，重点研究的是发展中国家的跨国公司，基于异质性企业内生边界理论和全球价值链理论，构建了发展中国家跨国公司组织模式选择的理论模型，探讨了发展中国家的跨国公司建设和运营的战略。

二　研究展望

（一）将国内区域产业转移与跨国产业转移相结合

目前大多研究只是单一地关注跨国产业转移或者单一的国内区域产业转移，其实国内的区域产业转移与跨国产业转移是一国生产网络系统的内外两个部分。国内区域产业转移活动不仅能够替代跨国产业转移，也能够与跨国产业转移形成良性互补。因此将国内区域产业转移与跨国产业转移相结合的研究将能够更为准确地评价跨国产业转移活动对国内经济发展和价值链分工攀升的影响，也能够更为科学地区分跨境产业转移对国内不同区域的差异化影响。

（二）跨国产业转移的定量研究还须完善

现有关于跨国产业转移的相关数据大都是基于国际投入产出

表间接地测算得到，存在一定的误差和粗糙性。为了能够更为准确地定量化研究跨境产业转移，还须进一步建立健全跨国产业转移的相关数据库，以便为后续有关跨国产业转移的深入研究提供数据基础，也为相关的政策制定提供足够充分的数据支撑。

第 二 章

跨境产业转移的理论基础

自 20 世纪 60 年代海默（Hymer）提出垄断优势理论以来，跨境产业转移理论经历了半个世纪的发展，目前已初步形成了较为完善的、系统的跨境产业转移的理论体系。总体来看，这些理论主要围绕三个问题而展开：一是跨境产业的动因，即为什么要进行产业转移；二是跨境产业转移的区位选择，即应该在什么地方进行产业转移；三是跨境产业转移的模式决策，即应该如何在出口、对外直接投资和外包等国际生产方式中做出选择。尽管这些理论因其产生的时代背景和立论基点的不同，都存在着一定的局限性和片面性，但它们作为实践的产物又具有其合理性和科学性，是指导我国企业跨境产业经营活动的重要理论基础。

在本章我们按照这些理论发展的大致时间顺序对这些理论进行梳理，重点剖析各理论的内在思想，力图将这些内在思想吸纳到统一的分析框架中，以期为我国企业进行跨境产业转移活动提供有益的指导。

第一节　传统的跨境产业转移理论

20 世纪以来，西方发达国家对外直接投资规模不断扩大，特别是第二次世界大战结束以后，国际直接投资明显加快。针对发达国家对外直接投资快速扩张的理论分析和经济学解释形成了传统的跨境产业转移理论。传统的跨境产业转移理论主要有海默（Hymer）的垄断优势理论、维农（Vernon）的产品生命周期理论、小岛清（Kojima）的边际产业扩张理论、巴克利（Buckley）和卡森（Casson）的内部化理论和邓宁（Dunning）的国际生产折中理论。

一　垄断优势理论及其发展

垄断优势理论（Theory of Monopolistic Advantage）又称为特定优势理论，是关于企业依靠其特定的垄断优势进行对外直接投资的一种跨境产业转移理论。最早提出垄断优势理论的是美国经济学家海默（Hymer）。1960 年海默在其博士论文《国内企业的国际经营：对外直接投资研究》中首次提出：国内企业之所以对外直接投资是因为这些企业具有特定的垄断优势。该思想经过海默导师金德尔伯格（Charles P. Kindleberger）的补充和发展，形成了现代跨境产业转移理论的基石——垄断优势理论。

海默开创性地将不完全竞争引入国际直接投资的分析中。国际市场存在着多种类型的不完全竞争。市场的不完全性主要表现在：（1）要素市场的不完全。特定要素可以使得其拥有者在市场竞争中处在优势地位。例如，技术要素可以使得跨国公司的产品与众不同，不仅可以限制竞争者的市场进入，还可以使得跨国公司具有一定的自主定价权，巩固了其垄断地位；资本要素优势使得跨国公司可以以较低的成本更快更多地筹集到所需资本以进行投资和扩大再生产，占据更大的市场以巩固其垄断地位。（2）产品市场的不完全。产品市场中少数的厂商通过控制产量来影响市场中产品的价格，以获得利润的最大化。（3）由规模经济引起的不完全。规模经济是一种随着生产规模扩大，边际成本下降的现象。跨国公司为了谋求规模经济而投入巨额的初始资本，使得那些加入市场而又达不到足够规模的中小企业被迫退出市场，从而使得跨国公司处于垄断地位，导致了市场不完全。（4）由于政府干预形成的市场壁垒。例如，关税、贸易许可证和进出口配额等政府的限制性措施。前三种市场不完全性使得企业拥有垄断优势，第四种不完全性则使得企业只有通过对外投资才能更充分地利用其垄断优势。这种优势表现在：一是高水平的知识资产，如技术专利、管理才能、融资能力等；二是产品市场的不完全性，例如名牌商标、产品差异和营销技巧等；三是跨国公司内部和外部的规模经济。跨国公司拥有的这些垄断优势是他们进行跨境产业转移的重要条件。企业要想进行跨境产业转移必须满足两个基本条件：一是由于不完全市场的存在使得企业可以始终拥有这种特定的垄断优势；二是企业所拥有的这种特定的垄断优势必须大到可以抵消在东道国与当地企业竞争所面临的劣势。

　　海默基于不完全市场提出的垄断优势理论为研究跨国企业跨境产业转移提供新的视角。此后许多学者在这一理论框架下，进一步发展和完善了垄断竞争理论。其中约翰逊（Harry G. Johnson）对垄断优势中的知识资产做了深入分析，他认为知识资产的生产成本很高，但通过对外直接投资利用这些知识资产的边际成本却很低，甚至为零。由于知识资产的这些特性，子公司花费很少的成本就可以利用总公司的知识资产，而当地企业要想获取同类的知识资产却需要付出巨额的成本，跨国公司对这些知识资产的占有使得其在海外直接投资中拥有很大的优势。斯塔福德（Stop-ford）和威尔斯（Wells）认为跨国公司一般都具有优越的组织和管理技能，这种优势一方面是由于他们有受过较好的训练和教育并且具有丰富经验的管理人员，另一方面由于它们拥有较快地做出决策的良好组织结构。但这种管理和组织能力上的优势只有在企业对外直接投资以后，企业经营活动达到一定规模后才能得到充分的发挥和利用。此外，有些学者研究了企业生产过程中的规模经济优势，如集中开发新技术和新产品、广泛的销售网络、大规模的市场采购和集中财务管理等，还有一些学者从资本市场的不完全性和风险性等角度阐述了跨国公司的垄断优势。

　　垄断优势理论是早期最重要的跨境产业转移理论，它对之后跨境产业转移理论的形成和发展产生了深远的影响，可以说是跨境产业转移理论的基石，也使得跨境产业转移理论首次以独立的理论形态从传统的理论中分离出来。但是该理论也存在着一些缺陷：一是由于该理论的研究方法以经验分析和描述为主，实证分析较少，因此该理论缺乏普遍的指导意义；二是该理论虽然解释了跨国公司为什么进行跨境产业转移，但却不能解释跨国公司跨境产业转移的地理布局和区位选择；三是由于该理论是美国对外直接投资的理论产物，虽然能较好地解释发达国家之间的跨境产业转移，但并不适用于研究发展中国家的跨境产业转移，尤其是无法解释发展中国家在不具备垄断优势的情况下的跨境产业转移的现象。

二　产品生命周期理论

产品生命周期理论（The Theory of Product Life Cycle）是由美国哈佛大学教授维农（Vernon）于 1965 年在其论文《产品生命周期中的国际投资与国际贸易》中首次提出。维农认为产品的生命周期大致可分为创新期、成熟期和标准期三个阶段，区位因素会随着跨国公司生产经营的产品本身的生命周期不同而变化，因此产品生命周期对企业参与国际经营活动的方式选择起到决定性作用。

1. 产品创新期

维农认为产品处在创新阶段时，产品的初始创新受到市场消费需求的导向。由于新产品刚从实验室转入正式生产，技术和工艺都还不完善，产品也未定型，因此最佳的生产地点应设在美国国内。这样一方面有利于收集获取如消费者需求偏好等方面的市场信息，另一方面在国内生产可以方便地获取改进产品质量所需的技术和设备。另外，由于产品处在初期，生产规模较小，大部分的产品只能用于满足国内市场，只有很小的一部分产品出口到与美国收入水平相近的发达国家，此时企业并没有进行跨境产业转移的必要性。

2. 产品成熟期

随着产品生产技术的不断成熟和完善，新产品已经定型。此时新产品的需求量增加，企业开始大规模生产，产品的成本和价格都迅速下降。随着国内生产规模的扩大，产品在国内生产面临着原材料等生产要素的紧缺，同时该产品的生产技术已逐渐被其他发达国家所掌握。为了降低国内生产成本和克服国内市场逐渐饱和的问题，国内企业开始通过开展对外直接投资进行跨境产业转移。这时跨境产业转移的对象是那些市场需求大、生产条件好和生产要素价格相对于美国便宜的发达国家和地区。此时资本输出替代了原来的产品出口。

3. 产品标准期

在这一时期，该产品的生产技术和工艺已经高度标准化和普及。新产品生产企业原先拥有的技术和工艺已成为公开的秘密，不仅其他发达国家掌握了该产品的生产技术，而且连发展中国家也已经掌握该技术，产品生产对技术和劳动力素质的要求大大降低，该产品的国家市场已由垄断市场逐渐转向于完全竞争市场，价格成为市场竞争中唯一的决定因素。于是为了进一步降低生产成本，自然资源丰富和劳动力要素价格便宜的发展中国家成为跨国公司进行跨境产业转移的理想地区，而美国国内企业在放弃生产老产品的同时，又开始研制开发更新一代的产品。

因此维农假设新产品全部都是由美国国内企业研究开发的，并采取先推广到欧洲等发达国家，再向其他发展中国家扩散的这一固定的跨国企业跨境产业转移的模式。维农的产品生命周期理论较好地解释了 20 世纪五六十年代美国跨国公司进行跨境产业转移的现象，在一定的范围内和特定时期具有很强的解释力。但该理论也存在一定的缺陷：一方面该模型是以美国企业跨境产业转移为研究对象，不适用于解释发展中国家及其之间的跨境产业转移的情况。另一方面该理论也很难解释 70 年代以后很多跨国公司一开始就在国外进行新产品的开发研究的现象。

三 雁行形态理论

日本经济学家赤松要在 20 世纪 60 年代提出了产业发展演变模式的"雁行形态理论"。雁行形态理论是一种指示后进国家参与国际产业分工，从而实现产业结构高度化途径的理论。赤松要教授在 20 世纪 30 年代考察日本的棉纺工业历史时，研究发现明治维新以后，随着日本近代经济的发展，国内需求市场不断扩大，棉线、棉织品等纺织业的进口也随之增加。不久后国内棉线、棉织品等纺织业的产量也迅猛增长，并且逐步取代了棉线、棉织品等纺织业产品的进口。随着国内棉线、棉织品等纺织业产品产量的进一步扩张，出口便开始增长。于是赤松要教授提出有关后进工业国的典型产业发展模式理论"雁行形态产业发展论"。

赤松要对日本棉线、棉织品等纺织业从进口发展到国内自行生产，再由自行生产发展到扩大出口的过程进行考察后，指出后进国家的产业发展模式应遵循"进口—国内生产—出口"的相继更替发展模式，其理论模型在图表上酷似飞行中的雁阵，因此称为"雁行形态理论"，如图 2-1 所示。

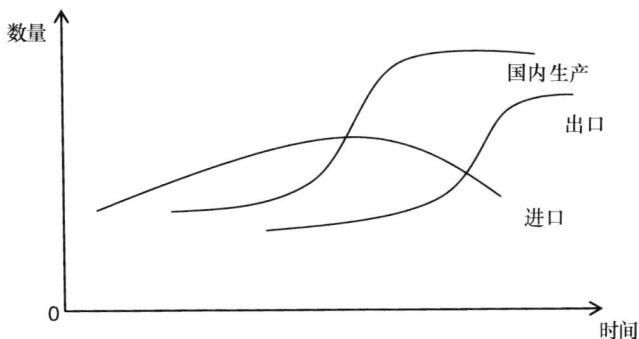

图 2-1 雁行形态模型

进口曲线表示由于一开始后进国家的产业结构不完善，国民经济体系不健全，只能实行对外开放后，后进国家大量依赖于进口产品，此时国内市场上的产品大多都是进口产品。国内生产曲线表示国外产品的引进使得后进国家的市场得以形成和扩大，后进国家此时可以充分模仿、引进和利用进口产品的生产工艺和技术，并使之与本国的廉价劳动力和优势自然资源相结合，不断增加某些进口产品的国内生产能力，以满足国内市场对该产品的需求。出口曲线表示后进国家生产达到一定规模后，由于本国的劳动力和自然资源优势，加上高新技术转化率和转化速度的提高，经营管理和规模经济的改善，产品的生产成本下降，使其产品的销售在国际市场上具有较大的竞争优势，最终形成了该类产品出口的浪潮。

"雁行形态理论"作为后进国家的追赶战略，产生过重要的历史作用和影响，特别是在 20 世纪 70—80 年代对日本经济的振兴和发展，对亚洲四小龙的崛起和东盟国家的经济起飞都起着关键性的指导作用。然而该理论存在缺陷，该理论所倡导的产业分工结构实质上属于典型的垂直型分工，处于雁阵低梯级的国家在国际分工中始终处于不利地位，发展中国家将只能跟在发达国家后面调整产业结构，而不可能赶上发达国家。

四　边际产业扩张理论

边际产业扩张理论又称为比较优势投资理论（The Theory of Comparative Advantage to Investment），是由日本的经济学家小岛清（Kojima）在 20 世纪 70 年代提出的。小岛清认为西方主流的垄断优势理论和产品周期理论并不适用于日本企业跨境产业转移，他根据日本对外直接投资的情况，利用新古典贸易理论来解释对外直接投资，提出了比较优势的跨境产业转移理论。他认为投资国具有比较劣势的产业（边际产业），这些产业的产品在国际市场中并不具有竞争力，如果将这样产业中的企业经营资源转移到具有潜在或明显比较优势的东道国，东道国在获得投资国的技术、资本和管理技能后，生产出的该产业的产品将在国际市场上具有很强的竞争力。一方面东道国将这些产品作为中间投入品返销回投资国，降低了投资国的生产成本，促进了投资国生产的产品出口。

另一方面与投资国相比，在东道国生产再向第三国直接出口的这种贸易模式也会大大改善投资国企业的贸易条件。小岛清将这种投资称为顺贸易型的跨境产业转移，顺贸易型的跨境产业转移不是对本国国际贸易的替代而是对贸易的互补。小岛清指出欧美国家的跨境产业转移多以完全控股的形式实行国内外经营的一体化，而日本应该以贸易导向型的长期契约的参股式的国际投资方式，以保障来自东道国的原材料和中间品的供应。

边际产业扩张理论很好地解释了当时日本的对外直接投资，很好地解释了当时以日本为龙头的亚洲产业梯度。该理论也结束了以欧美国家学者独霸国际跨境产业转移理论的状况，其影响是深远的。但该理论也存在一定的局限性。例如该理论很难解释20世纪90年代以后日本企业开始对发达国家尤其是美国的产业转移。另外，按照该理论发展中国家应该始终承接发达国家的落后和即将淘汰的产业，这对于发展中国家吸引外资具有一定帮助，但同时也对发展中国家的产业结构升级十分不利。

五 内部化理论

内部化理论（The Internalization Theory）又称为交易费用论，是由英国经济学家巴克利（Buckley）和卡森（Casson）提出的。他们指出市场制度的运行是存在交易费用的，当交易费用高到一定程度时，为了降低交易费用，企业倾向于将市场交易内部化，即将市场建立在企业的内部，以内部市场取代原来固定的外部市场。外部市场失灵是企业内部化的主要原因。外部市场失灵存在着种种的不确定因素，要素资源在外部市场很难确定其价格和实现充分交易，外部市场失灵使得企业难以通过外部市场合理配置资源，为了获得最佳的经济效应，企业将外部市场内部化了。内部化具有四个优势：一是可以有效地防止技术和知识等要素在市场交易过程中的外泄，有利于企业获得技术和知识的最大化效益；二是可以避免由于外部市场不完全而存在的较高的交易费用；三是可以有效地降低外部市场的不确定性和风险；四是有助于跨国公司利用价格转移实现母公司和子公司之间的利润调节，从而实现避税和逃税，以实现跨国公司的总体利润最大化。

由此可知内部化理论将科斯等人创立的交易费用经济学运用到了国家直接投资领域，开创了跨境产业转移的新领域。垄断优势理论强调技术优势对跨境产业转移的决定作用，而内部化理论更强调的是企业内部组织的管理能力在跨境产业转移的决定作用，内部化理论是对垄断优势理论的深化和延伸。但内部化理论也存在着缺陷：一是内部化理论并不能解释跨国公司进行跨境产业转移的区位选择和空间布局；二是内部化理论并不能解释交易内部化在特定的条件下为什么必须表现为跨国界行为。

六　国际生产折中理论

国际生产折中理论（The Eclectic Theory of International Production）是由英国经济学家邓宁（Dunning）运用折中主义方法，综合概括了各种国际跨境产业转移理论而提出的。他认为之前的理论都只是从一个侧面对国际跨境产业转移做出了片面的解释，虽然都有一定的道理，但缺乏全面性。他认为有必要在融合内部化理论、区位理论、要素禀赋理论和垄断优势理论的基础之上，建立一套国际跨境产业转移的"通论"。邓宁认为跨国公司进行跨境产业转移取决于三个基本要素：所有权优势（Ownership specific advantages）、内部化优势（Internalization incentive advantage）和区位优势（Location specific advantages）。其中所有权优势是一国企业在另外一国从事生产活动并与当地企业竞争所必须具有的某些特有的、高于当地企业的内在优势。具体来说主要包括：技术优势、规模优势和组织管理优势。内部化优势是指跨国企业为了避免因市场不完全而带来的较高的交易成本和资源错配的影响，而通过建立企业内部市场以取代外部市场，并把所有权保持在企业内部的能力。区位优势是指一个地区（东道国）所具有的各种有利于投资的有利条件，决定了跨国公司的区位选择和生产空间的布局。具体主要包含了自然资源和市场潜力、要素价格和要素质量、国际运输和通信成本、当地的投资和贸易政策、当地的基础设施条件以及当地的意识形态和经济制度等。这三个基本要素在国际跨境产业转移中起到了不同的作用，其中所有权优势和内部化优势是企业跨境产业转移的必要条件，而区位优势是东道国吸引企业投资的重要因素，三个基本要素共同决定了企业跨境产业转移和区位选择。邓宁认为当企业只具有所有权优势时，企业最好采取许可证交易（专利技术转让）的方式从事国际经济活动；当企业既具有所有权优势又具有内部化优势时，企业应在国内生产产品并出口到国外市场；当企业同时具有所有权优势、内部化优势和区位优势时，企业可以选择通过对外直接投资进行跨境产业转移，利用外部资源以获取自身的利益最大化。

国际生产折中理论综合了微观层面的产业组织生产分析和宏观层面上的比较优势分析，吸收了垄断优势理论、内部化理论和区位优势理论的思想，构建了具有综合性和概括性的国际跨境产业转移的理论框架。该理论也是迄今为止最为成功和最具影响力的国际跨境产业转移理论。但尽管国际生产折中理论堪称国际跨境产业转移理论的"通论"，但仍然存在着理论缺陷。主要表现为：一是过分强调了企业跨境产业转移的三种基本要素，认为当企业同时具有三种基本要素时才会进行跨境产业转移。但实际中，许多发展中国家企业并不同时具备以上三种基本要素仍然通过对外直接投资进行着跨境产业转移活动，并且将投资活动拓展到了发达国家。二是该理论虽然注意到了投资企业与东道国的关系，但却忽视了投资企业同投资国的密切联系。事实上企业跨境产业转移同国家的利益、经济的宏观环境和政策环境存在着密切的联系。企业跨境产业转移也是投资国贯彻和实施特定经济发展战略的手段。

以上梳理的几种跨境产业转移理论构成了西方主流的跨境产业转移理论，它们虽然各自具有一定的局限性和不足，但也从不同的方面深入剖析了国际跨境产业转移，深化了我们对国际跨境产业转移的理解。他们都具有一定的合理性和科学性，即使现在看来仍然具有较强的生命力。

第二节　发展中国家的跨境产业转移理论

传统的国际跨境产业转移研究的对象为发达国家的跨境产业转移活动，而对发展中国家的跨境产业转移现象缺乏解释力。近几十年来随着发展中国家跨境产业转移的快速增长，越来越多的学者加入对发展中国家跨境产业转移的研究，创立了许多适用于发展中国家跨境产业转移的新理论学说。其中具有代表性的有威尔斯（Wells）的小规模技术理论、拉奥（Lall）的技术地方化理论、邓宁（Dunning）的投资发展周期理论以及坎特维尔（Cantwell）和托兰惕诺（Tolentino）的技术创新产业升级理论。

一　小规模技术理论

小规模技术理论（The Theory of Small – Scale Technology）是由美国经济学家威尔斯（Wells）提出的。威尔斯认为传统的国际跨境产业转移理论将竞争优势绝对化了，而对于发展中国家的企业而言竞争优势是相对的。威尔斯认为大规模生产技术无法从小规模市场中获取规模经济效应，这种市场的差异化为发展中国家企业提供了机会，发展中国家企业可以有针对性地为小规模市场开发小规模的生产技术从而获得竞争优势，以满足本国或其他发展中国家的小批量、多样化的产品需求。例如，发展中国家民族产品在海外市场上具有优势，这种通过对外直接投资的跨境产业转移主要满足海外同一民族的团体，带有鲜明的民族文化特点。像海外华人团体对餐饮和新闻出版的需求，带动了我国和部分东南亚国家的对外直接投资。由于发展中国家企业刻意塑造产品的差异性、严格控制管理费用以及推行原材料采购的当地化大大降低了生产成本，实现了产品的物美价廉和种类多样性。威尔斯的小规模技术理论将微观企业的竞争优势和宏观的国家自身特征结合了起来，指出作为发展中国家可以利用现有的技术，并结合自身的特点，打造在特定市场上的竞争优势，这为以后深入研究提供了可行的思路。但是该理论过于强调被动的技术接受，即发展中国家跨国企业只能承接国际市场中已经存在的生产技术，这容易使得发展中国家企业总处于国际分工的边缘地带和低层次领域。

二 技术地方化理论

技术地方化理论（The Theory of Localized Technological Change）是由英国经济学家拉奥（Lall）提出的。拉奥认为发展中国家的跨国企业在引进和吸收国外先进技术时，根据自身条件和市场需求对该技术进行了改进和再创新，从而形成了自己的"特有优势"。发展中国家向东道国提供的技术可能不是新技术，但这种技术通过母国企业自身的改进，使得这一技术更加适应于其他发展中国家的需要，更好地适应于东道国的要素价格条件和东道国对产品质量的要求，即把这种技术知识当地化。对于需求量大、消费者需求层次和购买力差异很大的市场，发展中国家企业的产品具有特殊的竞争力。同小规模技术理论相比较，技术地方化理论更加强调跨国企业技术知识引进过程中的创新和再生，可以认为技术地方化理论是对小规模技术理论的发展和深化。发展中国家企业对成熟的技术知识不是被动地模仿和复制，而是积极主动地消化吸收和改进再创新，从而形成适应于东道国环境技术。正是这种改进和再创新活动带给了跨国企业实质性的竞争优势。但需要指出的是，对市场中成熟的技术知识进行技术当地化是有条件的，技术当地化需要相应的人才和一定的技术基础，因此拉奥的技术地方化理论存在一定的局限性。

三 投资发展周期理论

20世纪80年代邓宁（Dunning）针对其早期提出的国际生产折中理论缺少动态分析的缺陷，提出了投资发展周期理论（The Theory of Investment Development Cycle）。该理论从动态变化的角度分析了一国经济发展水平同其国际跨境产业转移的关系。邓宁认为一国进行跨境产业转移取决于两点：一是该国的经济发展水平；二是该国所拥有的所有权优势、内部化优势和区位优势。他按照一国的人均国内生产总值将一国的经济发展水平划分为四个阶段。第一个阶段是人均国内生产总值小于或等于 400 美元。由于此时该国经济发展水平落后，该国企业还不具有所有权优势，因此此时该国企业基本没有进行跨境产业转移。此外，由于这时国内投资环境较差、市场机制不完善、人力资本水平低下和交通基础设施落后，因此几乎也没有国外企业对该国进行跨境产业转移。第二个阶段为人均国内生产总值 400—2500 美元，此时国外企业对本国的投资开始增加，但本国企业对外国的直接投资依然很少。第三个阶段为人均国内生产总值 2500—4750 美元，此时该国企业跨境产业转移开始大幅增加，其增长速度可能超过了国外企业对本国的跨境产业转移，但净对外直接投资额仍然为负。第四个阶段为人均国内生产总值超过 4750 美元。此时该国已经进入发达国家的行业，该国拥有了较强的所有权优势，净对外直接投资由负转变为正并且不断扩大。表 2 - 1 说明了一国的经济发展水平同该国对外直接投资的关系。

表 2 - 1　　　一国的经济发展水平同该国对外直接投资的关系

年人均国内生产总值	该国对外跨境产业转移和国外对本国的跨境产业转移情况
400 美元以下	几乎没有该国对外的跨境产业转移和国外对本国的跨境产业转移
400 美元至 2500 美元	国外对本国的跨境产业转移开始增加，但该国对外跨境产业转移仍然很少
2500 美元至 4750 美元	该国对外跨境产业转移开始大幅增加，但净跨境产业转移为负
4750 美元以上	该国对外跨境产业转移超过国外对本国的跨境产业转移，净跨境产业转移由负转正并不断扩大

投资发展周期理论说明了一国跨境产业转移与其经济发展水

平的总体趋势和发展方向，构建了一国通过对外直接投资进行跨境产业转移的演进模型。大体而言，世界上发达国家和发展中国家跨境产业转移情况基本与该理论相吻合。但是该理论也存在一定的缺陷。一是用一国的人均国内生产总值并不能很好地反映一国的经济状况。由于各国的具体情况不同，即使它们的人均收入很接近，但两国的产业经济结构也可能不相同，两国企业的发展状况也可能存在较大的差异。二是该理论忽略了企业的主观培育和发展竞争优势的能动作用，结论显得过于僵化。

四　技术创新产业升级理论

20 世纪 90 年代英国学者坎特维尔（Cantwell）和托兰惕诺（Tolentino）共同提出了技术创新产业升级理论（The Theory of Technological Competence）。他们从技术积累的视角，解释了发展中国家跨境产业转移演进过程中的动态化和阶段化。他们认为产业升级需要技术的创新。与发达国家不同的是发展中国家的技术创新活动更多的是通过"学习"。也就是说发展中国家根据自身条件不断地学习和掌握已经成熟的发达国家的生产技术，通过不断的技术积累，实现发展中国家产业结构的升级，促进发展中国家企业的跨境产业转移。该理论还认为发展中国家企业跨境产业转移活动是随着时间的推移而不断演进的。从地域发展次序上，发展中国家企业利用地缘和文化联系，首先在周边国家和地区进行跨境产业转移，扩大市场。随着对外跨境产业转移的积累，地缘和文化联系的重要性不断下降，企业跨境产业转移不断向其他发展中国家和地区拓展。最后随着跨境产业转移经验的积累，发展中国家企业甚至将跨境产业转移活动拓展至发达国家。从产业分布上，发展中国家企业的跨境产业转移最先以获取自然资源为目的，随着技术进步的加快和产业机构的升级，跨境产业转移转向了传统的产品领域。当科学技术达到一定水平，发展中国家企业跨境产业转移开始涉及高科技产品的研究开发和生产销售活动。总体来看，该理论基于技术积累理论，从地域扩张和产业升级的视角动态地分析和解释了发展中国家的跨境产业转移。特别是该理论很好地解释了 20 世纪 80 年代以后亚洲新兴工业化国家的跨境产业转移的现象。

发展中国家跨境产业转移的兴起仅是近几十年的事情，发展中国家的跨境产业转移理论还很不完善。但是上述发展中国家的跨境产业转移理论很好地弥补了传统的跨境产业转移理论的不足。例如，小规模技术理论和技术地方化理论是对垄断优势理论的发展和深化；投资发展周期理论很好地弥补了国际生产折中理论过分偏重于静态分析的缺点。当然上述的发展中国家跨境产业转移理论并不能很好地完全解释所有发展中国家不同时期的跨境产业转移活动，发展中国家跨境产业转移活动的多样化还有待于国际跨境产业转移理论的进一步发展和完善。

第三节　跨境产业转移理论的发展

随着近些年来国际跨境产业转移规模的不断扩大，国际跨境产业转移形式也呈现出多样性，各种投资现象层出不穷，这也促使了国际对外直接投资理论的不断更新和发展，其中主要有以下几种理论观点：投资诱发要素组合理论、纵向和横向一体化理论、竞争优势理论和企业资源理论等。下面对这些理论观点进行简要的介绍。

一　投资诱发要素组合理论

20 世纪 90 年代后，关于国际跨境产业转移的研究，学者们开始重点关注外部因素对企业跨境产业转移决策的影响，提出了比较有影响力的投资诱发要素组合理论（The Theory of Investment Inducing Factor）。该理论的观点是跨境产业转移行为的发生都是跨境产业转移直接诱发要素和跨境产业转移间接诱发要素共同作用的结果。其中跨境产业转移直接诱发要素主要是指生产的投入要素，如资本、劳动力、技术和管理能力等。而跨境产业转移间接诱发要素是除直接诱发要素以外的其他诱发投资的要素，如投资国鼓励性的投资政策、东道国的政局稳定、东道国市场机制的完善程度和东道国的交通基础设施等。跨境产业转移直接诱发要素既可以存在于投资国，也可以存在于东道国。如果跨境产业转移直接诱发要素存在于投资国，则可以促进投资国跨境产业转移，如果跨境产业转移直接诱发要素存在于东道国，则可以吸引投资国来东道国投资，如发展中国家的跨国企业将研发中心设置在发达国家或者在发达国家设立高技术分公司都是发达国家的技术知识要素吸引了来自发展中国家的投资。投资诱发要素组合理论不仅同时从投资国和东道国的视角考察了跨境产业转移，还同时考虑到了直接诱发要素和间接诱发要素对跨境产业转移的促进作用，克服了单纯从直接诱发要素角度研究对外直接投资的局限性和片面性。但是投资诱发要素组合理论的缺陷也是很明显的。该理论仅仅运用了静态分析的方法研究了投资诱发要素对跨境产业转移的影响，并没有从动态方面对跨境产业转移的发展过程和演进进行研究，仍然具有一定的局限性。

二　纵向和横向一体化理论

纵向和横向一体化理论假定企业的生产活动可以分为多个阶段，同一阶段的生产活动可以在不同国家中完成，而不同阶段的生产活动也可以在不同国家间进行。该理论将企业的行为划分为总部行为和实际生产行为。其中总部行为主要包括研发、组织管理、金融服务和信息收集等，而实际生产活动又可以分为上游生产（中间品）和下游生产（最终品）。该理论认为跨国企业在两国生产经营时，将总部行为安排在投资国，而实际生产活动又有两种选择：一是实际生产活动只安排在东道国，即所谓的纵向一体化；二是将实际生产活动同时安排在投资国和东道国，即所谓的横向一体化。该理论认为纵向一体化一方面促使母公司从子公司进口中间品，因此增加了投资国从东道国的进口；另一方面也可能使得子公司直接将产品在东道国销售或向第三国出口，这减少了投资国的出口，因此对外直接投资替代了出口。纵向一体化模型比较适用于解释发达国家对发展中国家的垂直型跨境产业转移。该理论认为横向一体化主要是为了分摊研发成本和减少交易费用与规避贸易壁垒。横向一体化模型比较适合于解释发达国家之间的跨境产业转移行为。纵向和横向一体化着重考察了跨国公司的结构特点，为跨国公司的组织架构的构建提供了有益的启示。但该理论也有较多的局限性：一是模型中未考虑到的因素很多，例如地区政治、文化意识形态和金融环境等；二是该模型缺乏实证检验。

三　竞争优势理论

竞争优势理论是由美国经济学家波特在其"竞争三部曲"中提出的。波特认为企业的价值创造过程可以分解为一系列互不相同但又互有联系的经营活动，称之为企业的"价值链"。每一项经营活动都是企业价值链上的一环，不同经营活动对生产要素的要求差异很大，创造出的价值也有多有少。波特将经营活动中创造出价值最多的几个环节称为企业价值链的"战略环节"。他认为企业的竞争优势主要体现在这些战略环节。企业为了保持竞争优势，应将这些战略环节控制在企业内部，其他非战略环节应外包出去。企业还需决定将这些战略环节哪些安排在国内哪些安排在国外。这样形成了企业进行国际生产活动的方式和区位选择。波特还认为企业的竞争优势是一国国际竞争力的关键，同时一国企业要想在国际竞争中获胜，就要依靠国内的激烈竞争。国内的激烈竞争一方面促使企业跨境产业转移，另一方面又会促进企业生产率进步，提高产品差异化程度，这为企业在国际竞争中获胜创造了条件。由此可见企业的竞争优势同一国的竞争程度相关，激烈的国内竞争促进了企业竞争优势的形成，因此产业投资应遵循先内后外的发展顺序，这一思想具有现实的启发意义。但该模型涉及的因素太多，缺乏精确的定量分析。

四　企业资源理论

企业资源理论兴起于 20 世纪 80 年代的企业组织理论学说。该理论认为不同企业之间的竞争其实质是不同企业所拥有的资源之间的竞争，不同资源对企业竞争优势的形成和保持的作用不同。能够形成和保持企业具有竞争优势的资源必须具有以下特性：不可模仿性、不可替代性、稀缺性和耐久性。该理论认为资源是企业跨境产业转移，开展国际竞争的基础和核心，并将资源划分为企业资源和国别资源两类。其中国别资源又划分为基础国别资源和高级国别资源。基础国别资源主要包含地理位置、自然资源、劳动力和资本等，而高级国别资源主要包含技术水平、组织能力和人力资本等。相较于基础国别资源，高级国别资源更加重要。另外企业资源理论认为企业能力在跨国公司的母公司和子公司内部是双向流动的，不仅母公司可以向子公司传递能力，子公司也可以为母公司提供能力，从而跨国企业通过对外直接投资进行跨境产业转移可以获得多方面的能力，从而增强了跨国公司的竞争优势。

五　子公司特定优势理论

主流跨国公司理论认为，跨国公司总部对全球资源和各地子公司的经营决策几乎拥有绝对的控制权，全球各地的子公司只是跨国公司战略发展的一个实施者，跨国公司总部用均衡的处置原则对待所有国外的子公司。而这不太符合现实情况，现实中许多跨国公司围绕着子公司运作，在观念和战略上都做出了大幅度的调整。缪尔和希勒（Moore 和 Heeler）通过对中等经济规模的国家拥有治理权和不拥有治理权的子公司进行研究发现同一国家和同一产业的子公司在承担的职能方面具有很大的差异，而且同一跨国公司内部不同国别市场的子公司也拥有不同的治理权。通过研究分析，缪尔和希勒指出，跨国公司可以获取一个新的优势，但这个优势只存在于子公司层面，而不像所有权优势那样存在于跨国公司总的层面上。子公司特定优势是指子公司在跨国公司内部的竞争优势，该优势不仅来源于子公司的专有知识，而且来源于子公司的特定的区位优势。子公司特定优势是指它只属于某一个跨国公司的子公司，为一个子公司所独有，而不存在于同一个跨国公司范围内的其他姊妹公司。这种优势既不像所有权优势那样，可以为跨国公司在所有国别市场上的各个分支机构所共享，也不像区位优势那样可以为一个国别市场上所有的企业所共享。一般意义上说，子公司特定优势包括：产品差异化、管理能力、产品管理与流程能力、东道国市场的持续需求能力和充分利用东道国的资本市场和金融知识的能力等。从职能范畴的角度来看，子公司特定优势并不可能在任何一个职能领域都建立起来，一些职能领域容易建立，而另一些职能领域建立就比较困难。缪尔研究得出子公司层面上，子公司承担的职能包括：研究、开发、生产与工艺技术、营销和销售、分销和仓储、采购、人力资源等。其中研究与开发、分销、生产制造和技术可以成为建立子公司的特定优势。这说明跨国公司可以在研究与开发、分销、生产制造和技术领域设立全球卓越中心，通过提高在某个或几个职能领域的效率，提高跨国公司在全球范围内的市场竞争力。缪尔指出卓越中心是子公司建立优势的一个有效途径。子公司的特定优势的建立不是一蹴而就的，它是许多复杂要素综合导致的。子公司的特定优势的建立需要有四个条件：内部知识的流动障碍、各分支机构的知识差距、"没有外部性"的认识观念和子公司自身的知识与总公司层面的所有权优势的高度协同。不同的子公司有不同的优势，它们在企业发展过程中所扮演的角色也不相同。在全球化竞争中，跨国公司完全可以充分利用子公司的特定优势，设定各个子公司的特定角色来发展自己的业务，拓展全球市场。

六　不平衡理论

不平衡理论是由 Roehl 和 Moon 于 2001 年提出的。他们认为跨境产业转移理论需要回答的关键性问题是"什么激励了企业跨境产业转移?"但已经存在的这些国际跨境产业转移理论讨论的都是"怎样才能成功地进行跨境产业转移?"同时他们认为传统的国际跨境产业转移理论对于战略投资和发展中国家对发达国家的跨境产业转移缺乏解释力。战略投资和发展中国家对发达国家投资的一个重要的共同点是这些企业进行跨境产业转移是为了保持和加强他们的竞争力,但这些跨境产业转移的企业同他们的竞争者相比并不具有所有权优势和内部化优势,基于所有权优势的传统国际跨境产业转移理论对这一现象缺乏解释力。正是基于以上两点,他们提出了跨境产业转移的不平衡理论。该理论认为当跨境产业转移能为企业的特有资产带来更高的回报率时,企业就会进行跨境产业转移。他们指出企业进行跨境产业转移是为了矫正企业所有权优势和所有权劣势的不平衡,企业进行跨境产业转移可能是为了搜寻和获得它所缺乏的某种资源,这种资源能够使得企业的资产回报率达到平衡。例如,韩国电子行业中具有相互竞争关系的三星公司和 LG 公司,我们假定这两家公司在技术和资本上具有相似性,但某种优势使得 LG 公司在国内市场具有更大的市场份额。生产线的规模经济都激励着两家公司在美国设立分公司,那么请问这两个公司哪家更有可能在美国设立分公司?由于三星公司和 LG 公司在技术和资本上相同,那么这两家公司都不具有所有权优势。如果进一步地将市场份额看成某种优势,那么根据已有的国际跨境产业转移理论,LG 公司更有可能进行跨境产业转移,在美国设立分公司。但是不平衡理论认为三星公司更有可能对美国进行跨境产业转移,因为如果三星公司不对美国进行跨境产业转移,那么它就不能弥补它在国内市场的市场份额的缺陷,不能实现规模经济的高效率。上面这个例子多少有点人为假设含义,为了更接近现实,我们列举了以下事实。同 LG 公司相比三星公司在半导体上具有技术优势,现两家都想在美国硅谷设立研发中心,那么请问哪家公司更有动机进行这项跨境产业转移活动?根据传统的基于所有权优势的轨迹跨境产业转移理论,三星公司应该更有可能进行这项跨境产业转移。但 Roehl 和 Moon 在对两个公司的调研中发现 LG 公司在硅谷的投资是三星公司的两倍。LG 公司的管理人员说他们想通过对美国硅谷的跨境产业转移，在技术上赶上三星公司。

　　传统国际跨境产业转移理论中邓宁的国际生产折中理论认为区位优势对于所有企业都是相同的，但是在不平衡理论中区位要素的相对重要性取决于企业资产的相对不平衡，这将区位因素理论的研究由宏观层面转向了异质性的微观企业层面。因此不平衡理论的核心思想是不应仅仅考虑企业的所有权优势，而同时考察企业的所有权优势、所有权劣势和它们之间的不平衡。跨境产业转移的不平衡理论不仅仅强调对互补资源的搜寻和获取，也强调了企业特定资产生产率的提高。在不平衡理论中企业的所有权优势和所有权劣势具有同等的重要程度。需要指出的是不平衡理论并不是不看重企业的所有权优势，而是因为企业要走出去还是需要具有一定程度的所有权优势作为基础的。不平衡的跨境产业转移理论和传统的国际跨境产业转移理论二者之间并不是相互排斥的，他们好像同一枚硬币的两面，传统的国际跨境产业转移理论关注于企业的（绝对）优势，而不平衡理论关注于企业优势和劣势的（相对）平衡。两者之间的差异有点像国际贸易领域中的绝对优势理论和比较优势理论。需要指出的是不平衡理论并不是不看重企业的所有权优势，因为企业要走出去还是需要具有一定程度的所有权优势作为基础的。

七　异质性企业的内生边界理论

　　企业的内生边界理论是由 Antras 于 2003 年在其 *Firms, Contracts and Trade Structure* 的论文中提出的。在这篇论文中他将 Grossman 和 Helpman（2002）模型做了两点拓展。一是指出不完全契约摩擦不仅存在于母企业和外包企业之间，也存在于母企业和该企业的国外子企业之间，并且指出同外包相比一体化能提供更好的产权。二是将 Grossman 和 Helpman（2002）模型中一种投入品扩展为两种投入品，一种投入品只能由母企业提供，另一种投入品只能由外包商或子企业提供。Antras 将拓展的 Grossman 和 Helpman（2002）模型嵌入了 Helpman 和 Helpman（1985）的两部门的贸易一般均衡模型中，构建了一个不完全契约的知识产权的企业边界模型，研究得出当该行业更偏向于密集使用母企业提供的中间品时，该行业将更倾向于一体化；当该行业更偏向于密集使用另一种中间品时，该行业更倾向于外包。很好地解释了美国资本密集的中间投入品进口都是公司内贸易（一体化），而劳动密集的产品进口是公司间贸易（外包）的现象，这表明美国将其资本密集型的产品部件以垂直 FDI 的方式在国外生产，而将劳动密集型的产品部件外包给国外企业生产后再进口回国内。这一模型可以看作企业边界理论的一个起点，但该模型也存在很明显的不足。该模型假设所有企业的生产率相同，即假设企业是同质的，这很不符合现实。为了解决该模型的这一缺陷，Antras 和 Helpman 于 2004 年将这一模型进行了拓展。他们将 Antras（2003）模型同 Melitz（2003）模型结合起来，构建了基于异质性企业和企业结构的南北贸易模型。该模型假设最终品的生产需要两种投入品，分别称之为总部服务和中间投入品，并且总部服务只能由发达国家企业提供，而中间投入品既可以由发达国家企业提供，也可以由发展中国家企业提供。最终品的生产只能在提供总部服务的发达国家企业中完成，并根据行业使用两种投入品的密集情况，将行业划分为总部服务密集型行业和中间投入品密集型行业。此外发达国家的生产最终品的企业（自己提供总部服务）需要做出两个决定：一是中间品的生产是采取外包方式还是一体化方式；二是在哪个国家内进行中间品的生产。由此将发达国家最终品的生产企业划分为国内一体化（中间投入品在发达国家采取一体化的方式生产）、国外一体化（中间投入品的生产在发展中国家采取一体化方式生产），即 FDI、国内外包（将中间投入品外包给国内企业生产）和国外外包（将中间投入品外包给发展中国家的企业）。模型假设发达国家的工资（边际成本）要高于发展中国家，即 $w_N > w_S$。由于将中间投入品的生产安排在国外会产生更多的搜索、监督和交流等成本，所以固定组织成本 $f_k^S > f_v^N$ 和 $f_k^S > f_o^N$，其中 k 表示一体化（v）和外包（o），S 和 N 分别表示发达国家和发展中国家。同时假设一体化的固定组织成本要高于外包的固定组织成本，所以 $f_v^l > f_o^l$。因此综合以上两小点有：$f_v^S > f_o^S > f_v^N > f_o^N$。同时模型考虑到母公司和外包企业或子公司之间存在不完全契约的摩擦，而一体化加强了母公司对提供中间投入品企业的产权控制，并且假设发达国家存在着更好的法律制度。因此假设母公司通过外包企业或子公司对最终品的收益的讨价还价能力 β 满足以下条件：$\beta_v^N > \beta_v^S > \beta_o^N > \beta_o^S$。最终品生产企业在事前根据自己的利润最大化原则，在权衡边际成本、固定成本和讨价还价能力的基础上，选择生产的组织形式，即国内一体化、国内外包、国外一体化或国外外包。

他们研究发现：（1）在中间投入品的密集型行业中，企业更倾向于外包，并且高生产率企业倾向于外包给国外企业，而较低生产率企业倾向于外包给国内企业，生产率很低的企业退出市场；（2）在总部服务密集型行业中四种生产组织形式都存在，其中生产率最高的企业倾向于国外一体化（FDI），生产率次高的企业倾向于国外外包，生产率稍低的企业倾向于国内一体化，生产率很低的企业倾向于国内外包，对于生产率最低的企业只能退出市场。企业生产组织形式如图 2 - 2 所示。

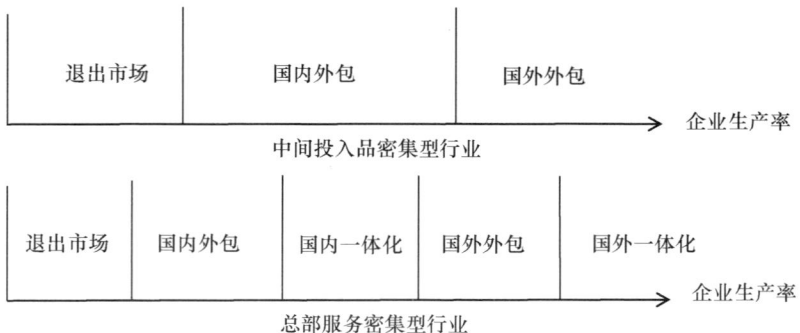

图 2 - 2　企业生产组织形式

第四节　本章小结

　　以上按照跨境产业转移发展的大致时间顺序对这些理论进行了梳理，重点剖析了各个理论的内在思想与内在逻辑，详细评析了各个模型的优缺点，为了进一步地对比分析各个模型的理论核心和理论贡献以及它们的局限性，我们绘制了表 2 - 2。

表 2 - 2　　　　　　　　跨境产业转移的理论梳理

代表理论	理论核心	理论贡献	理论局限
垄断优势理论	以市场的不完全竞争和企业拥有的垄断优势为前提，发现美国企业利用技术、资金、管理和规模等垄断优势可以抵消在东道国运营面临的不利因素	突破了传统国际资本流动理论的框架，标志着西方跨境产业转移理论和跨国直接投资理论的兴起	静态的分析视角无法解释投资行为的阶段性变化；难以解释不具备垄断优势的中小企业的跨国直接投资行为
产品生命周期理论	根据产品生命周期不同阶段特征解释美国跨境产业转移的动机、时机和区位选择，及对外直接投资和进出口贸易的变化关系	基于动态视角分析了跨境产业转移的阶段特征，并且提出了跨境产业转移中的区位选择问题	局限于解释跨境产业转移引发的海外生产现象，难以解释海外研发等现象
雁行形态理论	对从进口发展到国内自行生产，再由自行生产发展到扩大出口的过程进行考察后指出，后进国家的产业发展模式应遵循"进口—国内生产—出口"的相继更替发展模式	"雁行形态理论"作为后进国家的追赶战略，产生过重要的历史作用和影响，特别是在 20 世纪 70—80 年代对日本经济的振兴和发展，对亚洲四小龙的崛起和东盟国家的经济起飞都起着关键性的指导作用	该理论所倡导的产业分工结构实质上属于典型的垂直型分工，处于雁阵低梯级的国家在国际分工中始终处于不利地位，发展中国家将只能跟在发达国家后面调整产业结构，而不可能赶上发达国家

续表

代表理论	理论核心	理论贡献	理论局限
边际产业扩张理论	一个国家进行跨境产业转移的行业应该是已经在国内丧失了比较优势的产业，即边际产业	将跨境产业转移与一国产业结构变化联系起来	在中观产业层面更具解释力，但对微观企业层面的跨境产业转移行为解释力十分有限
内部化理论	该理论在科斯的交易成本理论基础上发展形成，认为企业跨境产业转移是将外部市场内部化的行为，并因此形成跨国公司	从成本与收益的角度分析跨境产业转移的产生，是西方跨国直接投资理论的重要转折点	难以解释企业通过跨境产业转移实现横向一体化、多元化等海外扩张
国际生产折中理论	提出所有权优势（O）、内部化优势（I）和区位优势（L）三大优势是跨境产业转移和国际化生产的重要决定因素	吸收了此前各种理论的内容和观点，形成了一个综合性理论	认为三大优势缺一不可才会进行跨境产业转移，对发展中国家企业的跨境产业转移缺乏解释力度
小规模技术理论	竞争优势不是绝对的，发展中国家跨国公司拥有为小市场需求服务的小规模生产技术这一相对优势	研究发展中国家跨国公司跨境产业转移的开创性成果	仍然属于技术被动论，忽略了发展中国家在技术方面的创新主动性
技术地方化理论	发展中国家跨国公司能够通过创新活动对进口技术进行适应性改造，从而形成特有的竞争优势	强调了发展中国家企业所特有的创新活动，证明了相对落后国家企业国际生产的可能性	适合解释发展中国家企业向技术欠发达地区的投资，难以解释向技术领先地区的投资动因
投资发展周期理论	按照人均GNP的发展水平，将一国的跨境产业转移状况划分为不同的阶段	从宏观层面解释了国家经济水平与跨境产业转移之间的关系	无法用来解释中观层面和微观层面的跨境产业转移问题

续表

代表理论	理论核心	理论贡献	理论局限
技术创新产业升级理论	发展中国家企业技术能力的提高是一个不断积累的结果，技术能力是跨境产业转移的决定因素	强调了发展中国家企业的"学习导向"和"能力积累"会促进跨境产业转移	片面强调发展中国家企业跨境产业转移中的技术能力变化，忽略了其他方面能力的运用和积累
投资诱发要素组合理论	跨境产业转移行为的发生都是跨境产业转移直接诱发要素和跨境产业转移间接诱发要素共同作用的结果	跨境产业转移诱发要素组合理论不仅同时从投资国和东道国的视角考察了跨境产业转移，而且还同时考虑到了直接诱发要素和间接诱发要素对跨境产业转移的促进作用，克服了单纯从直接诱发要素角度研究跨境产业转移的局限性和片面性	该理论仅仅运用了静态分析的方法研究了投资诱发要素对跨境产业转移的影响，并没有从动态方面对跨境产业转移的发展过程和演进进行研究，仍然具有一定的局限性
纵向和横向一体化理论	该理论认为跨国企业在两国生产经营时，将总部行为安排在投资国，而实际生产活动又有两种选择：一是实际生产活动只安排在东道国，即所谓的纵向一体化；二是将实际生产活动同时安排在投资国和东道国，即所谓的横向一体化	纵向和横向一体化着重考察了跨国公司的结构特点，为跨国公司的组织架构的构建提供了有益的启示	该理论也有较多的局限性：一是模型中未考虑到的因素很多，如地区政治、文化意识形态和金融环境等；二是该模型缺乏实证检验
竞争优势理论	企业的竞争优势主要体现在战略环节。企业为了保持竞争优势，应将这些战略环节控制在企业内部，其他非战略环节应外包出去	由此可见企业的竞争优势同一国的竞争程度相关，激烈的国内竞争促进了企业竞争优势的形成，因此产业投资应遵循先内后外的发展顺序，这一思想具有现实的启发意义	该模型涉及的因素太多，缺乏精确的定量分析

续表

代表理论	理论核心	理论贡献	理论局限
企业资源理论	该理论认为不同企业之间的竞争其实质是不同企业所拥有的资源之间的竞争，不同资源对企业竞争优势的形成和保持的作用不同	企业能力在跨国公司的母公司和子公司内部是双向流动的，不仅母公司可以向子公司传递能力，子公司也可以为母公司提供能力，从而跨国企业通过跨境产业转移可以获得多方面的能力，从而增强了跨国公司的竞争优势	相关研究比较零散，缺乏系统性
子公司特定优势理论	跨国公司可以在研究与开发、分销、生产制造和技术领域设立全球卓越中心，通过提高在某个或几个职能领域的效率，提高跨国公司在全球范围内的市场竞争力。缪尔指出卓越中心是子公司建立优势的一个有效途径	主流跨境产业转移理论认为跨国公司总部用均衡的处置原则对待所有国外的子公司。而这不太符合现实情况，现实中许多跨国公司围绕着子公司运作，在观念和战略上都做出了大幅度的调整	虽然能够解决现实中一些特殊的跨国公司的运行，但缺乏普适性
企业成长的不平衡理论	强调在分析企业FDI的动机时要同时观察其所有权优势和所有权劣势，并且要考察这两者之间的不平衡	在研究跨国公司时，不能只局限于优势分析，而是要全面分析企业的优势、劣势及其互动关系对跨国经营活动的影响	仅针对所有权的优势、劣势分析，而对于内部化和区位优势并未给予足够重视
异质性企业的内生边界理论	在企业异质性模型和内生边界模型基础上，构建异质性企业的全球生产组织形式模型，发现总部密集程度和企业异质性两个因素对企业全球化生产组织形式	解释了企业国际化进程中的"竞争淘汰"效应和"规模变化"效应，为企业全球化组织形式的选择提供了新的理论依据	多为基于发达国家视角的研究，缺乏对发展中国家的适应性研究；对于契约摩擦的假定并不完全符合现实

资料来源：作者根据相关资料整理。

　　通过对理论的总结分析，我们发现企业要想进行跨境产业转移需要具备三个条件：第一，企业必须具有某些战略能力以抵消它不熟悉国外市场的劣势；第二，企业还必须具有某些组织能力，以便从它的内部战略力量中得到比通过诸如契约或许可证等外部市场途径更好的回报；第三，有关东道国必须提供一定的地方特殊优惠条件，以便形成必要的吸引力促使企业去进行跨境产业转移。

第 三 章

跨境产业转移的历史演变与事实特征

第一节 跨境产业转移的历史演变

跨境产业转移是 20 世纪下半叶最为典型的国际经济现象之一。50 年代，美国在确立全球经济和产业技术领先地位后，率先在国内进行了产业结构调整和升级，在国内集中力量发展汽车工业、化工等资本密集型重化工业，把纺织业等传统产业通过直接投资向正处于经济恢复期的日本和西欧等国家转移。日本由于整体经济相对落后、劳动力成本相对较低，在承接了美国转移出的轻纺织业后，很快成为全球劳动密集型产业的主要供应者，"日本制造"开始畅销全球。日本、西欧等经济发展水平低于美国但又具有较好发展基础的国家，积极承接美国的移出产业，借此提升了自身的产业层次，促进了经济发展。

20 世纪 60—70 年代，科技革命推动发达国家加快产业升级的步伐，美、德、日等国家集中力量发展钢铁、化工、汽车等资本密集型产业和航空航天、生物工程、信息通信等技术密集型产业，而把劳动密集型产业尤其是轻纺织业大量向外转移，亚洲新兴工业化国家积极把握住这一轮产业转移机遇，大力发展以出口为导向的轻纺织工业，启动了真正意义上的"外围"国家的现代化经济增长。这一时期，东亚、拉美等一些国家和地区，利用发达国家向外转移部分劳动密集型产业和部分层次较低的通用技术产业的时机，积极承接发达国家的移出产业，在微电子、家用电器、常规机械制造业等领域迅速崛起，成为国际市场这类产品的主要供应方，发展模式也实现了从进口替代向出口导向型的跨越，一跃成为新兴工业化国家和地区。

20世纪70年代两次石油危机的爆发，迫使发达国家着重发展微电子、新能源、新材料等高附加值低能耗的技术密集型和知识密集型行业，将钢铁、造船和化工等重化工业以及汽车、家电等一部分的资本密集型产业进一步向外转移。与此同时，亚洲"四小龙"积极承接从发达国家转移出的资本密集型产业。东盟国家沿着亚洲"四小龙"的发展路径，接过亚洲"四小龙"转移出的劳动密集型产业，将进口替代的轻工业纳入出口导向式的发展轨道，创造了良好的出口业绩和经济发展局面。

借助三次大规模的国际产业转移，世界经济体系中发展水平呈梯度结构的三类经济体相继完成了产业结构的转型升级，这在东亚表现尤其突出，在东亚，新兴工业体不仅通过承接国家产业转移实现了经济起飞和繁荣，并且通过转移失去竞争优势的产业，积极主动地完成了比较优势的动态转换，为发展中国家通过国际产业转移实现产业持续升级调整树立了典范。

进入20世纪90年代以后，作为第三次国际产业转移主要承接地的亚洲"四小龙"在东亚地区迅速崛起，形成所谓的"东亚奇迹"。这些国家或地区在经济发展过程中很快就面临生产能力迅速扩张与本土市场狭小的矛盾、工业发展与资源环境限制的矛盾、企业追逐利益与生产要素成本上升的矛盾，这些矛盾的存在导致亚洲"四小龙"将轻纺织业和钢铁行业向东盟与中国内地转移。

与此同时，美国、日本和欧盟进一步将劳动、资本密集型产业和技术密集型产业的低附加值环节向亚洲"四小龙"及中国内地等转移，由此开启了第四次国际产业转移浪潮。第四次国际产业转移"浪潮"与之前的三次国际产业转移"浪潮"表现出很大的不同。在这次产业转移"浪潮"中，全球经济体系在微观层面发生了根本性变革，基于全球价值链模式的产业转移在世界范围内得到扩展和深化。发达国家要素禀赋结构发生改变，导致其将技术密集型行业的低附加值生产环节外包，而只保留和专注于高附加值的研发、设计和营销等环节，从而实现产业结构的优化升级。经过第四次产业转移"浪潮"，中国逐渐成为世界工业发展史上的第四个"世界工厂"。

表 3 – 1　　　　　　　　　跨境产业转移的四次浪潮

	时间	主要内容	结果
第一次跨境产业转移浪潮	20世纪50年代	第二次世界大战以后，美国在全球经济与产业技术上确立了领先地位，率先进行了产业结构的转型升级，在国内集中力量发展汽车、化工业等资本密集型的产业。而把劳动密集型的纺织业等通过跨境产业转移向经济开始复苏的日本和西欧进行转移。由于当时日本和西欧的整体经济相对落后，劳动力成本低，日本在承接国际转移产业后，很快成为全球劳动密集型产品的主要供应者，"日本制造"畅销全球	日本、西欧等经济发展水平低于美国但又具有较好发展基础的国家，积极承接美国的移出产业，借此提升了自身的产业层次，促进了经济发展
第二次跨境产业转移浪潮	20世纪60年代至70年代	科技革命推动了发达国家加快产业升级的步伐，美、德、日等国家集中力量发展钢铁、化工、汽车等资本密集型产业和航空航天、生物工程、信息通信等技术密集型产业，而把劳动密集型产业尤其是轻纺织业大量向外转移，亚洲新兴工业化国家积极把握住这一轮产业转移机遇，大力发展以出口为导向的轻纺织工业，启动了真正意义上的"外围"国家的现代化经济增长	这一时期，东亚、拉美等一些国家和地区，利用发达国家向外转移部分劳动密集型产业和部分层次较低的通用技术产业的时机，积极承接发达国家的移出产业，在微电子、家用电器、常规机械制造业等领域迅速崛起，成为国际市场这类产品的主要供应方，发展模式也实现了从进口替代向出口导向型的跨越，一跃成为新兴工业化国家和地区

	时间	主要内容	结果
第三次跨境产业转移浪潮	20世纪70年代后期	两次石油危机的爆发，迫使发达国家着重发展微电子、新能源、新材料等高附加值低能耗的技术密集型和知识密集型行业，将钢铁、造船和化工等重化工业以及汽车、家电等一部分的资本密集型产业进一步向外转移	亚洲"四小龙"积极承接从发达国家转移出的资本密集型产业。东盟国家沿着亚洲"四小龙"的发展路径，接过亚洲"四小龙"转移出的劳动密集型产业，将进口替代的轻工业纳入出口导向式的发展轨道，创造了良好的出口业绩和经济发展局面
第四次跨境产业转移浪潮	20世纪90年代以后	亚洲"四小龙"在经济发展过程中很快就面临生产能力迅速扩张与本土市场狭小的矛盾、工业发展与资源环境限制的矛盾、企业追逐利益与生产要素成本上升的矛盾，这些矛盾的存在导致亚洲"四小龙"将轻纺织业和钢铁行业向东盟与中国内地转移。与此同时，美国、日本和欧盟进一步将劳动、资本密集型产业和技术密集型产业的低附加值环节向亚洲"四小龙"及中国内地等转移	第四次国际产业转移"浪潮"与之前的三次国际产业转移"浪潮"表现出很大的不同。在这次产业转移"浪潮"中，全球经济体系在微观层面发生了根本性变革，基于全球价值链模式的产业转移在世界范围内得到扩展和深化。发达国家要素禀赋结构发生改变，导致其将技术密集型行业的低附加值生产环节外包，而只保留和专注于高附加值的研发、设计和营销等环节，从而实现产业结构的优化升级。经过第四次产业转移"浪潮"，中国逐渐成为世界工业发展史上的第四个"世界工厂"

第二节　跨境产业转移的事实特征

一　跨境产业转移中产品分工不断细化

产品内分工是指特定的产品生产过程中的不同环节或者工序分布到不同的国家，每一个国家都专业化于产品生产链条上的特定环节进行生产。以苹果公司为例，在产品内分工下，从表3－2

中可以看出，在世界范围内进行资源整合的跨国公司——苹果公司在国际分工中是最大利润获得者，其通过研发设计和管理获得了价值 299 美元的 iPod 中的 80 美元的利润，而韩国和中国等零部件和组装代工厂却只能获得最高不足 6 美元的微弱利润。各环节的利润分配是不均衡的。

表 3-2 　　　　　　　　苹果公司一个 iPod 的利润分配 　　　　　单位：美元

名称	主导者	利润	备注
资源整合	苹果公司	80	
硬盘	东芝公司	19	在中国生产
显示器	东芝和子公司	20	在日本生产
芯片	美国公司	13	在美国、新加坡生产
存储器	韩国公司	2	
组装	中国内地	4	中国台湾代工厂
销售	美国零售和供应商	75	

（一）产品内分工条件的改变

进入 21 世纪后，产品内分工及其产业转移开始大规模出现，成为经济全球化的重要体现。它的出现需要满足几个条件，即标准化或模块化生产、运输成本降低、发达的通信技术。20 世纪 90 年代以来，随着信息技术的迅速发展，产品的模块化生产使得工业化的制造工艺更趋简单化和流程化，产品被创新出来后，其生产模块迅速被标准化。产品运输所需要的时间随着交通条件的改善显著减少，特别是相对于产品的价值，运输成本所占比重更小，距离对生产的影响在减弱。新一代通信、网络技术使得数据的传输迅速而便捷。由此，产业链中的研发、设计、生产、营销、售后等各个环节可以轻而易举地实现空间分离。不同生产环节使用的生产要素类型不同，各地区依据本地要素禀赋的特征参与某一环节的分工，同样随着本地区生产要素禀赋的变化而变换在产业链中的位置，从而动态地推动了国际、区际产业转移，提高了全球的资源配置效率。

　　易于标准化的加工制造环节更倾向于寻找低要素成本的地方进行转移，但不是只要要素成本低就能吸引来产业转移，除了运输成本和通信技术外，还有两个条件也必不可少：相关产业的集群和企业自身的成本管理。相关产业的集群一般都可以形成规模经济和范围经济，并产生配套企业的供需，这使得集群内的企业能低成本获得各种中间产品、配套服务和劳动力等要素供给；而集群的外部效应如公共基础设施、专业化市场、分工协作网络、融资渠道、区域品牌使集群中的所有企业受益。因此，企业在生产转移时，更趋向于往产业集聚地区转移①。就从事产业链低端制造环节的企业角度看，处于价值链顶端的跨国公司和承接订单的供应商会建立起比一般市场关系更加密切和更为长久的关系，并通过对承接其分包业务的主要供应商的低端技术转让、培训供方工作人员、提供与业务有关的信息和给予资助，跨国公司使原本非系统内的生产商变成了准系统内企业②。合同供应商为承接跨国公司的外包业务，利用规模经济、极具效率的生产方式以及灵活的柔性生产赢得其客户的青睐，这同样形成了一种独特的竞争优势，使得企业本身不那么容易被替代，而且合同供应商也不仅仅为某一跨国公司服务，而是同时为多家跨国公司提供外包服务，这也为其与跨国公司的合作及谈判提供了筹码。

　　（二）产品分工过程

　　生产过程中不同的生产环节需要匹配不同的要素组合投入品，再加上不同的国家之间要素禀赋存在差异，这就使得在全球范围内配置资源得以实现，这便是产业片段化转移得以实现的驱动力。产业片段化转移的原则是将密集使用某种生产要素的生产工序转移到该要素禀赋丰富的国家或地区，这便是产业片段化转移的驱动力。首先，由于要素存在差异性，使得某些国家在生产特定某

---

　　① 刘友金、吕政：《梯度陷阱、升级阻滞与承接产业转移模式创新》，《经济学动态》2012 年第 11 期。

　　② 金芳：《世界生产体系变革的当代特征及其效应》，《世界经济研究》2007 年第 7 期。

些环节中有比较优势，并将这种比较优势进行专业化生产。其次，产业片段化转移的结果就是该地区拥有更多的这种专门化的异质要素。这样，产业片段化转移与要素异质性相互作用。

产品内分工包含纵向分工和横向分工两种形态。从图3-1中可以看出，横向工序是工序1-1与工序2-1或工序1-2与工序2-2，纵向分工是工序1-1与工序1-2或工序2-1与工序2-2，产品内分工根据分工的主体可以分为企业内分工和企业间分工两种形式，企业内分工主要是通过直接投资或者并购的形式实现分工，企业间的分工主要是依靠外包的形式来实现。

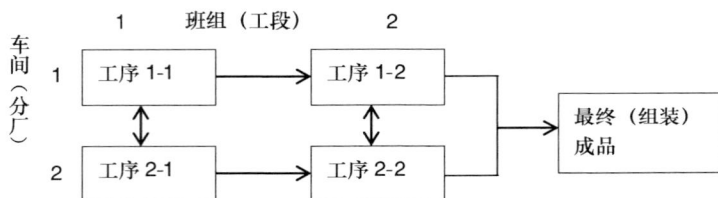

图3-1   产品内分工工序示意

国际分工经历了产业间分工、产业内分工和产品内分工三个阶段。虽然这三种方式目前都存在，但当代国际分工最引人注目的特征就是产品内分工，具体如表3-3所示，产品内分工是指将产品生产过程的不同环节和工序拆分到不同国家或地区，形成以生产环节、工序和区域为对象的跨国性生产体系。因此，产品内分工刻画了当代国际分工的基本层面从产品深入工序的特点。产品内分工和贸易使得原来在同一个企业内执行的生产链条被拆分成很多不同的环节或工序，一个企业可能只专业化于全球生产链条上的某一个价值环节，从而产生了生产过程的垂直专业化，即实现了价值链的分解。

在产品内分工的主导下，全球价值链被分解为三大环节：技术环节、生产环节和营销环节。跨国公司一方面专业化于核心能力和关键性资源的培育，另一方面则通过业务外包，使价值链中的每个环节都能布局于最有竞争优势的区域，并使位于不同区域的企业形成一张遍布全球的国际分工协作网络（即全球生产网络），每一个价值环节都成为全球生产网络的一部分，跨国公司由此而实现了价值链的全球性空间重组。

表3-3　　　　　　　　国际分工模式及其变化趋势

国际分工模式	产业间分工	产业内分工	垂直型产品内分工	水平型产品内分工
价值链	不同产业价值链的国际分工	同一产业中不同产品价值的国际分工	同一产品价值链中上下游价值环节或工序的国际分工	同一产品价值链中技术水平和密集度相似环节或工序的国际分工
分工的国别	发达国家与众多发展中国家之间	发达国家与新型工业化国家或地区之间；发达国家与部分发展中国家之间	发达国家与新兴工业化国家或地区之间；发达国家与部分发展中国家之间	发达国家之间；发达国家与新兴工业化国家或地区之间；发达国家与部分发展中国家之间
主要方式和手段	产业间一般国际贸易	产业内一般国际贸易、公司内贸易、国际直接投资等	一般国际贸易、加工贸易、全球外包、国际直接投资、公司内贸易	一般国际贸易、全球合同外包、国际直接投资、公司内贸易战略联盟等

分工模式基本演进趋势————————————————————→

比如，奇瑞公司的快速发展与中国汽车产业拿市场换技术的历史背景分不开。随着全球化趋势的不断加强，外商直接投资的加速，在我国投资设厂，给我国汽车产业带来了资本的同时也带来了技术，使奇瑞公司能够以较低的成本利用到意大利的汽车造型设计技术、美国的汽车内饰配置、英国稳健的地盘设计、奥地利先进的发动机技术等。随着人类对汽车各项功能的要求越来越高，以及技术的不断进步，使得汽车产品内分工程度进一步加深，奇瑞更多地采用外购的方式生产汽车，专心研究汽车关键零部件的核心技术，掌握核心生产环节。外商直接投资带动了国内汽车行业的快速发展，奇瑞借着这样的机遇发展了自己，可见技术的可分离性和不断进步使得汽车产品内分工程度加深，产品分工更加细化，而外商直接投资带来了资本和技术。随着企业规模的不断扩大，资金实力的增强，奇瑞逐步走向海外市场。奇瑞主要投资设厂的地区集中在东南亚一些国家，或者选择与当地有竞争优势的企业合作，或者选择自己独资建厂，一方面是出于这些国家和地区的汽车行业发展相对比较落后的原因，可以在当地较快地占据市场，另一方面也是基于企业利润最大化的原则考虑，可以利用当地相对廉价的劳动力进行组装加工。

（三）产品内分工细化推动跨境产业转移

产品内分工逐渐成为国际分工中最主要的形式，随着国际上分工形式的细化与深化，产业转移的动因基于产业链的分工内容发生了微妙变化，以往依靠简单的产业间分工与产业内分工来推动跨境产业转移的作用已经逐渐弱化，随着国际上生产技术的可分离性提高、交易成本的降低、全球贸易自由化趋势的加强以及要素的异质性与要素的价格差异逐渐增大，使产业中产品分工不断细化，并逐渐成为推动跨境产业转移的主要动因。

产业片段化转移最重要的前提是产品生产链条中不同环节的可分离性，而这种可分离性需要技术支持。这种可分离性主要体现在时间和空间上。也就是说，从空间来看，产品的生产过程不需要直接接触，从时间来看，产品的生产过程不需要不间断的生产，生产过程中技术不是相互依赖的，而能把某个生产环节剥离开来单独生产，那么就能实现产业的片段化转移。生产技术的进步使得生产各工序得以分离，增加了生产环节，延长了产业生产链。生产技术的发展首先引起企业内部的各生产环节可分性，实现企业内部的分工，接着分工由企业内部转变为企业间。科学技术的进步使得原来由完整的产品生产链的转移变为专业化于某一生产环节的转移，使得各生产部门之间以最终产品为纽带相互联系，相互依赖。由此可见，科学技术的进步使得生产过程中的环节增多，产品生产过程的可分离性是产业转移的前提。

Hanson[1]指出，当交易费用下降到一个显著的水平时，公司才会将生产环节剥离出去并利用不同地方的比较优势。产品内分工进一步加深了产业转移的复杂度，其得以实现的必要条件为交易成本。一方面产品内分工将连续的生产环节剥离出去，另一方面这种分离必须有中间产品将各生产环节有机地联系起来。由于从外部市场买入的中间投入品交易成本较高，因此，企业内部的交易成本是跨国公司进行产业转移考虑的必要条件。而交易成本主要表现在交通、信息流的成本。首先是运输成本的降低。产业转移是空间上的变动，那么首要面临的就是距离问题，运输成本就必须考虑进去。随着交通条件的改善，产品运输所需的时间和成本都在不断地减少，相对于产品本身的价值，运输成本所占的比例就更小。因此，交通运输成本的降低成为产业转移得以实现的必要因素。其次是通信技术的发展。全新通信方式的发展使得距离对于通信成本的影响逐渐变小，如移动电话、计算机、互联网。这都降低了国家间生产的协调和联系成本，通信网络全面覆盖，新一代通信技术的进步，都使得数据的传输变得更加的便捷，通信技术的进步改变了产业转移的便捷性。

产业片段化转移不同于产业间或者产业内分工，它要求产品生产环节超越国界，这就导致在产品成为最终产品之前，产品的中间投入品需要数次在不同的国家之间往返，这种跨国界国家之间的交易显然增加了国际贸易额。国际贸易壁垒的降低也为产业片段化转移打开了友谊之门。贸易非关税壁垒的逐渐取消和贸易关税税率的降低深化了产业片段化的发展，并为其提供良好运行基础。

各国资源禀赋存在差异，使得各个国家之间相互依赖，主要体现在生产加工阶段及技术改进阶段。发达国家由于其有大量的资本和先进的技术，在生产资本和技术密集型生产环节中具有比

---

① Hanson， "Knowledge Networks： Explaining Effective Knowledge Sharing in Multiunit Companies"， *Organization Science*， Vol. 13， No. 3， 2002， pp. 223 – 353.

较优势，而发展中国家由于其劳动力、土地成本低，而在发展劳动密集型生产环节方面具有比较优势，同样，造成不同的地区之间产生经济梯度，从而实现了不同经济发展梯度国家或地区之间的分工和贸易。加工贸易成为沟通发达国家和发展中国家的桥梁，大量的资本和先进的技术通过产业转移流入发展中国家，为发达国家提供廉价的中间投入品，连接了全球各地产品生产的不同环节，并使得各自能发挥自身优势。

在产业片段化转移中，跨国公司是重要的主体和核心力量。产业片段化转移要求生产环节跨越国界，这就需要一个组织者能够将分散到全球各地的生产产品不同环节的厂商有机地联系起来。显而易见，跨国公司在国际分工和产业转移中起到了一个重要的枢纽作用，把位于不同地区的企业用分工的形式联系起来，使处于不同经济层次的国家都能通过产业转移和国际贸易而分得全球贸易的一杯羹。跨国公司为降低成本，将本身不具有竞争力的生产环节转移到要素禀赋丰富的地区，从而实现在全球范围内资源的重新配置和整合。跨国公司的出现和不断发展，使全球贸易不断地增长，并使各个国家发挥比较优势。

二 跨境产业转移向价值链纵向深入延伸

价值链理论从微观角度描述了单个厂商增加其产品或服务实用性或价值的一系列活动。而这些活动主要分为核心环节和辅助环节两大类。核心环节包括技术研发、生产、管理、营销等；辅助环节包括采购、售后服务等。最初，跨境产业转移主要集中在价值链中间环节及辅助环节，通常会以零部件组装、来料加工、来样制作等方式呈现。随着国际转移承接国的生产力水平提高、技术进步及管理水平提升，发达国家逐渐将产业转移的价值链向两端延伸。21 世纪初期，已经出现产业链的整体转移，从技术研发到营销售后的各个环节都由承接国家或地区来承接。

跨境产业转移在全球价值链的基础上向更深的层次发展。跨国公司的全球一体化生产体系与价值链上不同环节或工序的全球地理分布将充分体现出跨国公司基于不同价值链环节要素密集性差异与成本因素而进行的价值链拆分行为。具体来说，根据产品价值链相关理论，产业或产品的价值可以由一系列既相互独立又相互联系的经济活动组成，即产品的研究、设计与开发、生产与制造、加工与组装、营销与售后服务管理等。在这些增值活动中，产品附加值并不是均匀分布的，其大体按照"微笑曲线"的态势进行分布，即价值链两端环节研发与设计、营销与售后服务管理环节等附加值高，中间环节生产与制造、加工与组装环节等附加值低。我国学者胡俊文将其界定为"头脑产业"和"躯干产业"。具体来说，跨国公司基于"头脑产业"与"躯干产业"对要素密集性的不同要求和不同国家要素资源禀赋与比较优势的差异性，在全球范围内安排生产经营活动，其牢牢控制高附加值的"头脑产业"以抢占价值链高端，转移低附加值的"躯干产业"至低要素成本如低工资的发展中国家以获取更大利润空间。不论是改革开放初期在我国出现的"三来一补"加工贸易，还是当前比较普遍的原材料采购与零部件的本土化制造，都反映出跨境产业转移发展趋势向价值链纵向深入延伸的发展趋势，这不仅是实现跨国公司总体战略目标的必要手段，也是全球范围内产业整合的必经之路，更是经济全球化发展的客观要求。

（一）跨境产业转移为价值链纵向延伸提供条件

跨境产业转移本质上是产业要素在比较优势、市场条件、政策环境等条件发生变化时出现的跨境空间转移，会给资源的优化配置乃至产业的高端化发展带来契机。全球价值链往往表现为围绕研发、设计、制造、装配、营销、服务等环节的分工和价值增值，且不同环节因技术含量和可替代性的差异，所创造的利润也存在较大差异。现阶段，以全球价值链为主导的产业转移，对一国或地区提升全球价值链地位将产生重要影响，也加快了全球价值链的延伸。

1. 跨境产业转移促使生产要素供给更加优化

跨境产业转移推动产业升级的重要途径之一是改变产业素质。

跨境产业转移的基础是要素流动，对于产业转出的国家或地区来说，产业的跨境转移预示着以往旧式的生产要素和生产方式退出，取而代之的是创新性的产业要素，进而通过这种要素流动，国家或区域的生产要素结构就会发生改变，生产要素会由低端向更高级的方向发展，这也会为技术创新提供广阔的发展空间以及更多的发展资源，围绕价值创造的链条产生新的组织方式和产品，通过先进生产力的带动作用，就会出现新的服务、销售渠道和业务模式；对于产业转入的国家或地区来说，产业的转入预示着比自身以往更加先进的生产要素流入，原有的生产方式也即将被打破，也意味着即将参与"世界大工厂"的分工。引入先进地区的产业要素后，劳动力、资本等要素以及政策等条件都会发生变化，同时，成为"世界大工厂"的一部分后，也就进入了全球价值链，发展到一定阶段后，也具备了沿着价值创造链条走向高端的条件。

2. 跨境产业转移推动基础设施更加完善

跨境产业转移与分工、贸易密切相关，而商品和要素的流动首先需要网络、交通、园区等硬件设施的支撑。对产业承接的国家与地区而言，往往更加倾向于优先改善基础设施，以吸引更多、更优质的外来产业。而产业转出的国家与地区为了便于产业转出和争取更多的商业机会，往往也会推动本地与产业承接地的设施联通。在经济互联互通的推动下，基础设施的网络化不断加强，国家或区域在国际分工体系中的联动性不断增强，全球价值链的广泛分布有了硬件保障，为引进更高端的要素，或进一步转出要素，抑或自身创新的突破，提供了更完备的条件。

3. 跨境产业转移促使跨国企业更加成熟

在国际贸易和分工体系中，围绕产品价值创造的所有环节，即产品规划、产品模型、产品设计、模拟仿真、模具制造、生产、组装、设备、品质检验、供应、维护等环节都可实现全球化布局，甚至这些环节也可进一步分解。这对于企业在全球配置资源并参与价值链管理提出更高要求。在跨境产业转移过程中，要素的大范围流动为企业在更大的空间范围内管理经济提供契机。在应对更广泛竞争、生产环节布局、价值链衔接、技术和模式创新等具体问题过程中，在利润动机和竞争压力下，企业的能力不断得到锤炼，使国家或区域拥有更加富有竞争力的微观主体，并在潜移默化中提升了自身的全球价值链地位。

4. 跨境产业转移助推制度环境更加稳定

跨境产业转移促进了国家、地区之间的经济联系。在经济体系越来越开放的条件下，政府的工作方式、思维模式、职能设置也在逐渐转变。在经济全球化时代，跨境产业转移以全球价值链为主导，生产的分解、服务与产品的融合、技术的进步，无不促使政府除设施联通外，还要塑造更好的制度环境，推动商品和要素的自由流动、市场的有序运作及创新创业热情的迸发。在开放的环境中，政府的资源配置能力不断增强，为走向更高端的全球价值链营造更好的政策环境。

5. 跨境产业转移促使社会治理更加新颖

高端的价值创造从来都是技术、商业、社会诸多层面系统创新的产物。跨境产业转移可促进产业承接地加快工业化、城市化进程，并能推动产业转出地提升现代化层次。这就使人与人之间的关系随着经济结构的变化而发生深层次改变，从而加快了国家或区域社会面貌的改变。在跨境产业转移的推动下，人口流动性大大增强，人的就业环境和生活环境迅速改变，必然会倒逼社会治理创新，提高社会保障、教育医疗、就业服务等公共服务的供给水平。这为国家或区域提升全球价值链地位创造了配套条件。在更加安全、便捷、和谐的社会氛围中，人们的创新动力和创造热情不断激发，从而使高端价值创造得以实现。

6. 跨境产业转移推动转移网络更加复杂

随着跨境产业转移客体从原先的整体产业或产品逐步深化至全球价值链的生产工序层面，跨境产业转移模式也由此呈现出了更为复杂的网络化发展趋势。基于国际分工的比较优势原理，传统意义上的跨境产业转移在模式划分为垂直型和水平型。垂直型发生在要素资源禀赋差异较大国家之间，而水平型发生在要素资源禀赋差异不大但在专业化分工与规模经济等后天获得性优势差异较大国家之间。从价值链的角度来看，传统意义上的跨境产业转移都属于完整价值链的转移，如"雁行模式""产品生命周期"都是传统模式的具体表现形式。而当前的跨境产业转移则以全球价值链与跨国公司全球一体化生产体系作为内部联系的重要纽带，与以往垂直型与水平型模式相比较，其网络化发展趋势尤其明显。

具体表现为跨国公司将全球价值链上高附加值的研发设计、营销销售、核心部件生产等环节安排在发达国家，将全球价值链上中附加值的主要零部件制造等环节安排在具有一定应用技术竞争优势的新兴工业化国家，将全球价值链上低附加值的辅助零配件制造、组装等环节安排在具有非熟练劳动力竞争优势的发展中国家，从而使得同一产品的生产超越了国界，在全球范围内实现了基于产品价值链的优化布局。在这一过程中，跨国公司依据发达国家、新兴工业化国家、发展中国家这三类主体对不同生产环节或工序拥有的要素资源禀赋的差异，安排它们在网络化的跨境产业转移模式中所处的地位与发挥的作用。原先传统的母国与东道国在同一产业上前仆后继或此消彼长式的发展模式如"雁行模式"已经逐渐被同一产品不同生产环节与工序在全球范围内的交互式发展模式如"龙形模式"所取代。

（二）跨境产业转移中的价值链重组

随着经济全球化的不断推进和科学技术的不断进步，特别是随着网络信息技术和现代物流技术的迅猛发展，制造业价值链跨区域全球重组更趋广泛，制造业的空间组织形态发生越来越深刻的变化：不仅生产工序在技术上的可分性越来越强、产品价值链的增值环节越来越多，而且生产工序或价值链环节在空间上的分布越来越具有超越地区与国家范围的倾向。在这种空间组织形态中，可以按照产品的价值链或技术、工艺流程的不同环节将整个生产过程加以拆分，并在全球范围内寻求最为优越的生产区位或寻求最有效的生产制造商，进行专业化生产，从而使制造业的价值链更具全球性空间离散分布的特征。在寻求比较优势和尽可能获取最大经济收益的"内在冲动"作用下，发达国家的厂商往往不再注重于对产品价值链的整体性占有，而是越来越注重于对新产品、新工艺、新装备的设计开发和涉及产品核心技术的关键部位的制造，以及产品的销售等产品价值链中的"高位区"的重点性占有与控制。为了做到这一点，发达国家不仅将在生命周期中处于较后期阶段（例如，标准化产品阶段）的产品"整体性"地向其他国家转移，而且力求将某些在生命周期中处于较前期阶段的产品（除某些附加价值最高的、属于关键性核心技术的环节以外），易于进行标准化生产，规模经济效益显著或对生产制造过程中的工资成本比较敏感的生产制造环节尽快向其他国家转移，呈现出"头脑"产业与"躯干"产业、品牌经营和加工制造的"产业空间分割"。

以价值链拆分和产业重组整合为支撑的制造业全球生产体制的形成，使各国通过建立新的国际分工格局，以寻求进一步的比较优势和厂商在不同价值链环节寻求更大的经济收益成为可能。作为价值链上的主导厂商即链主，要么将生产过程进行分解，通过自己的全球生产体系或通过构建自己的全球生产体系，将不同生产环节空间分离到不同的国家和地区，并植入当地生产体系，获得各环节的价值创造优势；要么将非核心业务剥离，发包到世界各地具有生产优势的企业，通过全球配套、全球协作，整合全球价值链。这就形成了产品内分工条件下价值链重组主导的产业转移。制造业价值链空间重组有两种主要类型：一是生产者驱动，其行为主体主要是拥有某些关键性核心技术的大型跨国制造业企业，他们处于价值链"微笑曲线"的左上方，如 Intel 公司、波音公司和丰田公司等，其主要推动手段是通过跨国投资，在全球范围内建立垂直一体化的产业联系。二是采购者驱动，其行为主体主要是拥有强大品牌优势和销售渠道优势的大型跨国经销商，他们处于价值链"微笑曲线"的右上方，如沃尔玛、耐克、戴尔等，其主要推动手段是通过贸易，通过全球化采购，尤其是"贴牌制造"（OEM），将有关国家众多的制造商纳入以水平一体化为主的产业联系网络之中。这就是说，不管是生产者驱动还是采购者驱动，都通过价值链跨区域重组来高效利用全球资源，从而主导了新一轮产业转移的方向。

三　跨境产业转移中集群效应越发突出

随着经济全球化和国际产业分工体系的不断深化，跨境产业转移越来越多地表现为集群式的转移，即位于同一产业链上的企业或具有产业关联的企业在进行跨境产业转移时其中的全部或部分企业选择集体行动，在东道国产生产业集群现象，本书将这种现象称为"国际产业集群式转移"。在当今国际分工体系中，产业之间的纵向和横向联系越来越广泛。近年来，跨境产业转移中的产业集聚现象日益突出，规模较大的跨国公司在海外的投资成为产业集群形成的重要平台，跨境产业转移中出现了产业供应链整体搬迁的趋势。在产业链条较长、中间品交易量大的汽车、IT、生物工程以及一些装备制造行业，这一趋势尤为显著。20 世纪 90年代以来，跨国公司得到迅速发展，据联合国有关机构统计，目前跨国公司凭借自身雄厚的经济实力、先进的技术和管理优势，控制着 90% 以上的国际投资额、60% 以上的国际贸易额和 40% 的世界生产，成为跨境产业转移的主要推手。

（一）跨国公司成为跨境产业转移集群效应的主体

跨国公司主导下的产品内分工使得新一轮跨境产业转移出现了价值链的片段化和空间重组。价值链的片段化和空间重组的结果，使得产业的地理集聚形成地方产业集群。这就导致了大区域离散小区域集聚的全球价值链地理分布特征，世界经济体系好比"一串串珍珠"，将颗颗"珍珠"穿起来的条条"金线"就是跨国公司主导的全球价值链，而这颗颗"珍珠"就是地方产业集群，在产品内分工背景下，嵌入集群中的企业更多地只专注于全球价值链中的某一价值元，企业间的相互依赖性增强，一个企业的存在需要与之关联的大量企业和配套性产业并存，这就出现了企业的"抱团"流动,即产业的"集群式"转移。如深圳的产业较集中,便逐渐在东莞、惠州、珠三角地区聚集了一大批产业投资跟进。因此,当前的跨境产业转移,不再是单个项目、单个企业、单个产业的孤立行为,而是形成了一个以跨国公司为核心,企业在全球范围内的研发、生产、销售以及售后服务等相互协调合作的组织框架。随着全球生产网络的扩张和产业的集群化转移趋势强化,世界各国经济的依存度日益提高。目前,不论是发达国家还是发展中国家,在承接跨境产业转移过程中,都出现了一些产业集聚现象。除了配套企业之间的产业集群外,根据寡占反应论,跨国公司的海外投资还将引致其竞争对手的战略跟随性进入。通过战略跟随性投资,相互竞争的跨国公司在东道国形成了投资的集群效应。

(二)跨境产业集群转移链式效应

产业集群链是指通过对外投资的方式,一国将产业集群转移到另一个国家,形成境内外不同产业集群间的关联形态。链的含义既包括"产业链",也包括"产业集群网络"。产业集群链同时包含了产业集群网络的概念。网络是行为主体在交换、传递资源活动中发生联系时建立的各种关系的总和,可以是发生在市场交易、技术研发中的正式关系,也可以是基于共同社会文化背景形成的非正式关系。集群在跨境产业转移后,虽然地理环境发生了变化,但学者普遍认为集群间原有的网络关系仍然存在,原有产业集群通过对外投资方式在境外形成了子集群,两者组成了产业集群链,集群链上的企业实际上是处于两个网络中,它整合了境外和境内两个地方的资源。集群链的网络关系既包含了原有的集群内部网络关系,在转入地形成的新的网络关系,还包含了不同集群间网络关系的互动。

跨境产业集群转移的目的是将资金、劳动力、技术、市场等生产要素在更大范围内进行重新配置。在要素的传递和流通过程中,产业集群链中的集群之间存在着一种互动关系。链式效应是对外投资活动形成的集群与集群间的关系。一般来讲,互动效应描述的是两个主体间的联系，但对外投资形成的集群间的关系不仅仅是两个主体。对外直接投资形成的地方性产业集群是顺应跨境产业转移的基本趋势，集群处在全球价值链的网络上，不同区域内的集群可能只是价值链上的一个环节，在不同空间分布上的地方性产业集群间的关系就不仅仅是两个集群的联系。从这个意义上讲，链式效应是多种互动关系的总和。产业集群链的链式效应体现的是群与群之间的效应，这与企业和企业间的关系不同，它描述的是产业层面的经济效应。链式效应侧重分析的是一个集群对另一个集群的作用效果，如果境外集群与母国集群之间有正的作用效果，可以对两群的发展起到支持作用，如果境外集群对母国集群有负的作用效果，不但不能支持两群的正常发展，且缩短了集群的生命周期。

在国际上已有以集群手段获取境外资源并产生集群链的实例，硅谷—新竹—昆山跨境产业集群转移的互惠发展模式是产业集群链的典型范例。硅谷从 20 世纪 60 年代崛起，由于发展电脑及半导体成为世界瞩目的高科技园区，拥有上万家技术公司。70 年代到 80 年代间，硅谷的一些公司出于降低生产成本的目的对生产业务进行了外包。在产业集群链发展的第一阶段，台湾当局发挥主导作用，提供一系列优惠鼓励政策吸引硅谷公司与海外留学人才入驻新竹工业园。这一阶段的新竹工业园区企业数量迅速增加，但是仍以高科技产品的标准化生产为主，研发方面的投入仍是比较少且增长缓慢的状态。通过代工生产，新竹工业园区与硅谷建立了集成电路产业的跟进机制，各种联系日益密切。

第二阶段，20 世纪 90 年代，硅谷已经将低端环节完全转出，新竹工业园区也在研发上投入更多，技术研发能力飞速发展。此时硅谷的跨国公司已将与当地的技术合作放在重要位置，不再寻求廉价劳动力与优惠措施。新竹工业园区的研发与生产逐渐平分秋色，也开始向境外输出成熟的技术与资金，一种技术研发上的互惠关系正在形成。

第三阶段，经过 20 年的发展，新竹工业园区内企业的生产成本在持续增加，园区企业开始向外部扩张，苏州昆山开始成为台湾新竹的重要加工制造业基地之一。昆山的集群驱动与新竹类似，政府在开发初期的建设中发挥着重要作用，出台十多项科技政策措施鼓励科技创新、科技合作。通过"龙头"带"配套"，"配套"引"龙头"，台资企业在昆山已经形成了上下游联动、配套功能完善的产业集群。台湾产业集群的入驻也带动形成一大批配套生产的企业。另外，新竹工业园为保持竞争力，在低端环节转出后也在进行新一轮的产业升级。

硅谷—新竹—昆山产业链的范例可以帮助我们更好地理解跨境产业集群转移的内涵。以硅谷—新竹集群链为例，不论在集群链发展的第一阶段，硅谷负责研发阶段而新竹仅负责低端环节，加工生产标准化产品，还是在第二阶段，硅谷谋求与新竹技术、生产双方面的合作，都是跨境产业集群转移后在产业链上的分工协作，这种纵向的产业链"链接"是产业集群链的基础。而产业集群链的网络关系，它的内涵既包括原有集群内部和转移地的网络关系，也包括双集群间互动的网络关系。以各产业集群的网络化学习模式为例，台湾工业技术研究院发挥知识节点的作用，通过下属的众多研究所组织研发联盟，促进新标准、新技术和新工艺在产业内扩散，与世界技术领先公司签订技术许可，并将其传授给本土企业。这是一种横向的网络关系。而集群间的网络关系并不是孤立的，伴随着产业链的链接，网络关系自然也会纵向连接。

（三）跨境产业转移集群效应的动因

1. 跨境产业转移集群效应的微观动因

基于集聚经济理论的解释。到目前为止，集聚经济理论是专家、学者们讨论得最多，也是用来解释跨境产业转移集群化这类现象而发展得最成熟的理论之一。集聚经济是指经济行为在空间上的集中而带来的各种效益或厂商向某一特定地区集中而产生的利益。集聚经济概念更加一般和抽象，产业集聚和产业集群则都是集聚经济的某种形式，其中产业集群是相对产业集聚而言较为高级的一种集聚经济形式。Puga 和 Venables[1] 的研究就描述了产业集聚（集聚经济的一种形式）吸引国际产业集群式转移的过程，即产业集聚形成之初会伴随大规模的产业转移；当产业集聚日益成熟，由于其具有强大的向心力而吸引更多的产业（企业）转移到该地；当产业集聚发展到一定程度时，其自身的产业扩散离心力也在不断增强，导致大量企业集群式地外迁。

基于产业链理论的解释。产业链是一个以企业（或行业）为单位的纵向的关联集合，它是针对一系列相关联的特定产品或服务，寻找导致这些产品从资源采集到产品制造、从市场营销到最终消费，前后关联有序的经济活动的集合。从集群内部的主体来考察，一般有较大规模和较强竞争力的产业集群都有外资企业的加入，这些外资企业架起了本地集群网络与他国集群网络互动的桥梁。当国外某支柱产业移入本地集群网络时，由于生产上的前后向联系和市场的关联效应（产业链理论所强调的垂直关联），会带动相关联产业向移入国集聚并形成产业集群优势，一些产业跟随某些产业在某地集聚主要是因为它们之间有业务联系，如投入—产出的垂直联系。在两个产业（行业）有垂直联系的情况下，下游产业（行业）为上游产业（行业）创造了市场，因此上游产业会被吸引到有较多下游产业企业的地区；此外，如果下游产业企业聚集在有较多上游产业企业的地区，它们会在中间投入品上节省很多的贸易成本。正是这种成本—需求联系使得垂直关联的产业在向他国转移时选择集体行动。

2. 跨境产业转移集群效应的宏观动因

国际贸易成本的变化。国际贸易成本与产业集群国际转移或扩散之间的关系取决于产业特征和区域禀赋，对于某些产业（如规模经济不那么重要，且初始的高贸易成本阻碍了按比较优势形成的专业化），当贸易成本上升到一个临界点时，产业集群会向其他国家转移或扩散；而对另一些产业（如有显著的规模经济和重

①　Puga D.，Venables A. J.，"The Spread of Industry: Spatial Agglomeration in Economic Development"，*Journal of the Japanese and International Economics*，1996（10），pp. 440 – 464.

要的产业间关联），当贸易成本下降到一个临界点时，产业集群会向其他国家转移或扩散，贸易成本变动可以影响沿海集群迁移与否和迁移方向，并针对不同特点的产业集群用一个统一的框架来揭示其可能的演进方向。如果劳动在国家间不能自由流动，那么当国际贸易成本下降到一个临界点时，产业集群就会向其他国家转移或扩散。

在新经济地理学中，消费者的购买力所形成的总需求被认为是影响工业集聚（集群）稳定的重要因素之一。如果一个地区消费者购买力强，那么对于消费品的需求就会多，会导致本地消费价格的上升，从而吸引大量国内外企业进入这一市场，当然也包括其他国家的企业集群式地进入这种情况。而且需求变量与产业地理集聚度呈正相关，也就是说，随着对某产业产品需求的增大，此类产品价格上升，会吸引其他地区或国家的企业加入该产业集群，其中不乏其他国家的企业集群式地迁入该产业集群，导致该产业地理集聚度上升。对于沿海地区来说，虽然有效需求的扩大对外商集群式地迁入本地产业集群有一定的吸引力，但是沿海地区由于外资进入带来的经济发展、人均收入提高，使得以前的劳动力廉价的优势正在减弱，有效需求的扩大对外资的吸引力相对较小，不能抵消高工资带来的负面影响。

地方政府和国家政府的优质服务。国际产业集群式转移是市场力量驱动的结果，但是，无论是"引进来"，还是"走出去"，当地政府和国家政府作为"催化剂"，为企业发展营造良好的经营环境，对国际产业实现顺利转移有着不可或缺的重要性。集群企业迁移存在着很大的成本和不确定性。据对英国传统制造业的研究，企业迁移到一个新区位，由于配套设施的不完善和信息的不完全，在前三年中成本会比原来高出30%左右，甚至会出现亏损。因此，需要当地政府为集群企业转移提供稳定的政策环境。此外，政府间招商力度、优惠政策的不同加快了集群企业迁移的步伐。集群企业在迁移时往往很重视政府的服务意识，因此，改善企业发展软环境也是企业集群式迁移的一个重要因素。众所周知的苏州工业园区（IT 产业集群）就是中国政府和新加坡政府共同推动的结果，它既是中国政府引进产业集群的成功典范，还是新加坡政府推动集群式对外投资的重大成果。

四　跨境产业转移结构向服务化方向发展

（一）服务业跨境转移形式

随着经济一体化的不断深入，高新技术推广步伐的加快，以服务业为代表，以跨国公司为主导的新一轮产业转移浪潮正在蓬勃兴起。与过去不同的是，这轮产业转移已由一般制造业向现代服务业过渡，由劳动密集型向技术密集型以及资本密集型方向发展，并呈现制造、研发和服务一体化转移的态势。

在产品内分工的国际分工格局下，生产过程被分解为不同的环节，并按要素禀赋和市场需求差异分散配置于世界各地，构成了全球化生产体系的物质基础。服务业既是助推生产环节在空间上实现高效配置的经济手段，又是连接各个生产环节以构成生产链条的重要纽带，同时，它也是生产链条的重要组成部分，因此，服务业全球化是生产全球化深入发展的内在要求和必然结果。另外，将产品的价值增值特性"叠加"于生产链而形成的全球价值链不仅催生了形式多样的生产组织方式，也使得各参与主体间的生产关系更为复杂，在瞬息万变的市场环境中，价值链主导者为持续有效地控制整个价值链条并充分获取最大的附加价值，借助现代服务业的专业化和信息优势以动态整合全球资源并加速价值的实现。全球价值链的纵深推进对现代服务业提出了更高的要求，在参与全球价值链的形成和自身价值创造过程中，服务业也逐步实现了高端化和全球化发展。

20 世纪 90 年代以来，劳动密集型产业所占比重不断降低，发达国家进入知识经济时代，产业结构的演进呈现知识化、服务化趋势。区域产业结构优化的一个重要指标就是总产值中服务业占比的不断提高。随着世界经济向服务经济转型①，以及跨国公司服务资本从产业资本的加速分离②，服务业逐步成为跨境产业转移的重点产业。服务贸易和投资是服务业国际转移的主要载体，2009年以来，服务业跨国投资总额占全球跨国投资总额的比例日益增多，超过80%，服务业跨国并购占全球跨国并购份额超过70%。2018年全球服务贸易出口总额为5.8万亿美元，较1980年的3650亿美元增长了近16倍，约占全球贸易总额的四分之一（《上海服务贸易发展报告1980—2016》）。近年来，以服务领域包括金融，银行，保险，外包，研发，快递，技术测试和分析、营销为代表的现代服务业逐步成为服务业产业转移的重要领域。我国服务业FDI为例，2015年，中国第三产业吸收外资高速增长，新设立企业20985家，占全国新设外商投资企业总数的比重为78.97%，同比增长20.55%，实际使用外资金额811.38亿美元，占比64.26%，同比增长9.5%；银行、保险、证券等金融服务领域FDI达149.69亿美元；物流运输、计算机应用、分销等非金融服务领域FDI总额为661.69亿美元③同时，服务贸易总量也迅速提高，2010—2018年年均增长12%，服务贸易结构也发生很大变化，运输、旅游等传统服务贸易比重下降，新兴服务贸易如信息、金融、研发等所占比重不断上升。与此同时，服务业也成为跨境产业转移的重要领域。跨国公司是服务业产业转移的引领者，主要采用对外直接投资和离岸外包等形式将服务业转移至国外。据联合国贸发会议统计，2015年全球并购总额为创纪录的4.37万亿美元，达到有史以来最高的水平，推动并购活动的因素包括置身于不断整合的行业中的企业迅速增长，以及企业能够以有吸引力的利率获得借款，并且全球跨国并购总额的60%以上是服务业跨

---

① 张祥：《服务经济的发展规律和特征》，《江南论坛》2011年第3期。

② 裴长洪：《吸收外商直接投资与产业结构优化升级——"十一五"时期利用外资政策目标的思考》，《中国工业经济》2016年第1期。

③ 《中国外商投资报告》，2016，http://images.mofcom.gov.cn/wzs/201612/20161230131233768.pdf。

国并购。随着世界经济的不断发展，金融等服务业在各国以及世界整体的经济总量当中所占比重越来越高；同时，制造业的精细化发展使得生产性服务的重要性日益凸显，在此背景下，服务业领域，尤其是生产性服务领域的跨境产业转移进程也开始加速，主要存在以下两种方式。

商业存在为主要方式的服务业跨境产业转移。传统意义上的服务产品需要由服务提供者直接提供给服务消费者进行消费，其生产和消费不能分离，且产品无法储存，因而具有"非贸易品"特性。在此阶段，服务贸易主要通过消费者或生产者跨国移动才能进行，在境外设立商业存在即 FDI 方式成为开展服务贸易的主要方式。从产业发展规律来看，服务业是第三产业，往往在第二产业发展到一定程度后才发展起来，因此发达国家的服务业明显领先于发展中国家。服务业的国际转移主要是发达国家相互直接投资，或者发达国家向发展中国家直接投资。除了为消费者提供服务的产业如零售业之外，随着制造业向发展中国家的转移，与制造业相关的生产性服务业也开始大规模向发展中国家转移。服务业 FDI 的迅速增长与制造业的国际转移直接相关，根据《世界投资报告 2017》，很多跨国公司在向海外转移制造业的同时，也向相同的区位转移为该制造业服务的生产性服务业。与制造业情况类似，服务业的国际转移也是发达国家跨国公司作为产业转出主体，所转出的服务产业主要是辅助其海外制造业的生产性服务，因此在地理范围方面，服务业转入国与制造业转入国基本一致。在产业转移手段方面，由于大部分服务产品无法储存和转移，FDI 一直是服务业国际转移的最主要方式。

服务外包为主要方式的服务业国际转移。近些年来，随着 ICT 的飞速发展，很多可以通过电子传输完成的服务可贸易性显著提高。ICT 的"时空压缩效应"使服务产品能够储存和运输，其生产和消费可以分离，很多服务可以远程信息传递。这样，发达国家厂商就可以借助 ICT 服务，通过离岸外包将生产过程当中的非核心生产性服务如呼叫中心、管理咨询、软件设计、研发、人力资源管理等以电子化方式转移到海外，由国外低成本的服务供应商以跨境交付方式远程提供服务。目前，全球服务外包发展势头非常迅猛，其市场规模正以 20%—30% 的速度扩张。离岸服务外包的兴起极大地推动了服务产业的国际转移进程。在以服务外包为主要方式的服务业国际转移阶段，产业转移地理范围与商业存在为主要方式的阶段有所不同，产业转出国即发包国仍然以发达国家为主，美国、西欧、日本等发达经济体是全球离岸服务外包的主要发包区，但由于服务外包对承接国的劳动力成本、相关服务产业国际化水平、从业人员外语能力、ICT 普及程度等诸多因素有着较高的要求，因此产业转入国集中在一些特定的经济体。美国的服务外包大量流向印度、爱尔兰、英国、墨西哥、菲律宾和中国；西欧服务外包多采取"近岸转移"模式，业务流向欧盟劳动力成本相对较低的国家；日本的服务外包则大量流向语言和文化相近的中国。此阶段的服务产业转移方式以信息技术支持的离岸服务外包为主。

（二）服务业跨境转移趋势

跨境产业转移是经济全球化的主要载体。由于跨境产业转移的内容不同，经济全球化被划分为第一次经济全球化和第二次经济全球化。以制造业作为转移内容、以对外直接投资作为投资方式的全球化被称为第一次经济全球化，以服务业作为转移内容、以外包作为投资方式的全球化被称为第二次经济全球化。第一次经济全球化发生在 20 世纪 50 年代至 90 年代，在第一次经济全球化过程中，以制造业为主要内容的跨境产业转移最适合方式是对外直接投资。90 年代末以来，第二次经济全球化迅速发展。这一时期，越来越多的跨国公司通过外包将生产基地转移到发展中国家，这说明，跨国公司将非核心制造环节外包转移给那些具有专业能力的外部供应商，然后通过外购获得这些产品成为跨境产业转移的新兴主流趋势。同时，现代服务业跨境转移呈现出以下特点。

1. 服务业跨境转移的规模不断扩大

近几年，服务业跨国投资继续较快增长。20世纪70年代初，服务业只占全球外商投资总量的1/4，在这之前，外商直接投资主要集中在原材料、其他初级产品以及以资源为基础的制造业领域。80年代以后，服务业外商直接投资不断升温，跨国投资逐渐成为服务型企业国际竞争的一种主要形式，在全球跨国投资总额中所占份额日益增多。到1990年，服务业的外商直接投资超过了第一、二产业之和，达到50.1%。从90年代到2002年，服务业的对外投资存量翻了两番，2002年服务业外商直接投资流量为4523亿美元，约占当年FDI总量的70%。截至2018年，服务产业投资已经成为外商直接投资的主导，已占全球外商直接投资总额流量的3/4以上，存量的一半以上。其间即使是遇到了全球性的金融危机，跨境服务产业也没有停止转移的脚步，跨境服务业产业转移的规模在不断扩大。

2. 国际服务业产业转移的行业趋向高端服务业

一般来说，跨国公司第一个阶段最早转移的是制造业，紧接着是制造业外包，在第二个阶段，发生产业转移的是服务业，服务业的转移和服务外包几乎同时发生，在第三个阶段，跨国公司开始转移自己的研发中心。当前国际服务业产业转移不再仅仅转移一些传统的服务业，而代表现代新知识、新技术的行业如金融、软件、电信、电子芯片设计、生物信息和法律服务等多个现代服务行业成为跨国公司转移的热点。国际服务业转移涉及的行业越来越多，并且日益深入企业内部核心环节和过程。例如，美各大银行向海外转移的业务不再集中于后勤部门数据录入、交易处理、人力资源管理、呼叫中心等，其向海外转移设计的环节已经大大拓展了范围，包括专业性工作如财务分析、会计和图形设计等技术含量较高的行业。此外，跨国企业还把自己的研发中心进行转移，如美国花旗银行和通用电器资本公司的交易处理、会计、电话客服中心迁到了印度；DHL是世界上最主要的后勤公司之一，在捷克设立中心，管理面向整个欧洲的服务。可以说高端服务业将会是未来产业转移的一个热点。

3. 国际服务业产业转移地区向发展中国家扩展

目前服务业跨国转移仍主要集中在发达国家之间，发达国家的跨国公司是服务业国际转移的主导和支配力量。由于服务业生产和销售具有不可分割性，对其承接的配套产业要求很高，一些资本技术密集的新兴行业很难真正地进入发展中国家。而发达国家凭借自身服务业发展水平高的优势向外部进行产业转移，同时又以完备的基础设施、先进的管理运营模式和规范的市场运行机制，吸引他国外资的流入。不过，由于成本上升的影响以及处于风险分散的考虑，欧美和日本近年来持续进行软件和信息服务目的地转移，将大量的编程和售后服务工作外包给其他生产成本较低的国家。发展中国家也不断进行人才的培养和基础设施的建设，投资环境不断改善。发达国家的服务业呈现向发展中国家特别是印度、中国、爱尔兰、巴西等新兴经济体加快转移的趋势，发展中国家在吸收和输出服务业外商直接投资中所占的比重有所上升。

据《2019 年世界投资报告》，1990 年发展中国家吸收的服务业外资只占世界服务业外资的 17%，而 2018 年流向发展中国家和过渡经济的服务业外资比重已经超过了 60%，在承接服务业离岸外包方面，发展中国家凭借其人力资源、语言、金融体制和政府支持等优势，承接外包的成果很显著，已经占据了主导地位。

4. 跨国并购成为服务业外资进入的主要方式

从国际上看，服务业跨国并购发展非常迅速。对于服务型跨国公司而言，采用跨国并购的进入方式主要有以下优势：一是可以获得当地生产系统和企业的员工；二是可以得到已经建立起来的顾客关系和经销商网络；三是可以更迅速地进入东道国市场。因此越来越受到跨国公司的青睐，日益成为跨境产业转移的重要方式。在并购行业方面，服务产业跨国并购的主要部门是信息、金融等极具增长潜力的产业，而且正向跨行业并购演变。

五 跨境产业转移的形式越来越多样

（一）主动转移与被动式转移并存

1. 主动式跨境产业转移

所谓主动式跨境产业转移，是指在某一区域中的欠发达国家或欠发达地区根据产业发展的自身实际情况，主动通过合作方式共同兴办企业与研发机构，或者通过并购企业与研发机构等方式，来获得发达国家或地区相对先进的生产技术，来推动本国或本地区产业结构转型升级，实现经济快速发展。主动式的跨境产业转移通常是由经济较落后的国家或地区来主导，它们根据自身产业或经济发展的需要，从发达国家或地区引进适合本国家或本地区实际情况的产业与技术。例如，英国罗孚（MG - ROVER）汽车公司被我国南京汽车集团公司收购这一案例中，南京汽车集团正是考虑到自身企业对于技术创新的大量需求，才通过收购英国 MG 罗孚公司获得了先进的生产技术。通过收购罗孚资产，南汽获得 MG、罗孚等品牌的整车生产线窗体顶端窗体底端和一整套先进的发动机研发设施，在此基础上，重新对内外部资源进行整合，推出拥有自主知识产权的名爵（MG）品牌高级轿车。这样不仅使南京汽车集团公司独立掌握了世界尖端的汽车制造技术与品牌，还带动了汽车产业研发的发展。

主动式产业转移并不是可以随意进行的，它需要引进国或地区有一定的经济实力和产业基础。第一，主动式产业转移要求发展中国家或欠发达地区具有一定的经济实力，能够拿出投资转移所需要的相应资金或能够凭借其他资源在国际资本市场融到资金，并且其国内或地区内对于移入产业的产品具有一定的购买能力，能够形成一定规模的国内市场或区域内市场。这是因为，发展中国家或欠发达地区主动移入的产业产品通常是在发达国家或地区遭遇困境的产业产品，移入初期的产品销售只能以国内市场或区域内市场为主，要等到外界环境有所改善后，才能大量返销发达国家或地区的市场。第二，主动式产业转移要求发展中国家或欠发达地区具有一定的产业基础，培养了一定量的熟练工人和技术人员。否则将会因缺乏基础而难以吸收发达国家的先进技术，只会导致主动式产业转移的失败。第三，主动式产业转移要注意照顾到当地政府和利益相关者的利益，以便跨国和跨地区的并购能够顺利进行。我国上海汽车集团公司收购韩国双龙汽车公司时就以国内的经验而轻视韩国的工会，最终爆发激烈的冲突而不得不宣告失败。而该公司在国内并购其他汽车公司时，则非常注重将被并购企业所在地政府特别在意的 GDP 和税收留在当地，从而使得这些并购能够顺利完成。第四，主动式产业转移要把握好时机。一般来说，发达国家或地区不会出售或不会轻易出售有利可图的企业和生产技术，除非是那些以销售专利使用权为主的研发性企业，如让我国家电行业支付过大量专利费的那些研发性企业。因此，主动式产业转移要想成功，一个很重要的机遇是原本有利可图的被转移产业中的企业在发达国家或地区遇到了困境，突然变成了一个包袱。即便如此，如果这样的企业对于发达国家或地区的其他企业来说也是有利可图的话，那么这些企业就会参与并购，这样一来发展中国家或欠发达地区的机会也就很小了。北京汽车制造厂有限公司因此而没能收购德国欧宝汽车公司。第五，发展中国家或欠发达地区的企业最终要努力从主动式产业转移中提高自身的自主创新和研发能力，否则就会落入"主动式产业转移—落后—再主动式产业转移—再落后"的陷阱之中。

2. 被动式跨境产业转移

所谓被动式产业转移，是指发展中国家或欠发达地区无作为地或只是提供优惠政策地承接发达国家或地区转移过来的过剩技术、设备和资本，或跨国公司根据其自身的战略和利益在发展中国家或欠发达地区进行的产业布局。这种产业转移方式是当前国际和地区间产业转移的主要方式。但是，在这种模式下，发展中国家和欠发达地区一方面没有主动选择的余地，不能有目的地、主动地选取有利于本国经济发展的产业，只是被动地接受发达国家或地区的行为，另一方面也使得本国的产业具有从属性，处于国际分工的低端，不能有效地进行技术创新，只能跟随在发达国家后面发展一些附加值低的产业，永远处于被剥削的地位。韩国学者金泳镐也认为，先进工业化国家向发展中国家进行技术转移时只转移相对过时的技术，这种技术的低转换问题产生了从技术供给方发生的技术转移差距。这种现实的技术从属结构的存在，使得后发国家陷入一种困境，使这种技术先发性与后发性发展关系持续下去。

（二）产业梯度转移与逆向产业转移并存

1. 产业梯度转移

根据国际贸易理论，所谓产业梯度是指不同国家之间存在的产业结构差异，当一个国家或地区的产业主要以高新技术产业和服务业为主时，其处在较高的产业梯度，而当一个国家或地区的产业主要以低端的劳动力密集型制造业为主时，其处在较低的产业梯度。导致这种差异的原因主要有以下三种：其一，由于不同的国家或地区在要素禀赋上存在的绝对差异，各国按照自身部分发展，形成各国家或地区的产业分工差异。其二，由于一个国家或地区相对其他国家而言，具有自身的比较优势，当其主要发展比较优势的产业而抛弃比较劣势的产业时，各国就会出现产业差异。其三，由于存在三种不同的分工类型：水平型、垂直型以及混合型。生产逐渐会从原来的粗放化、低效率向专业化、高效率转变，由此各个地区将会形成自身的规模经济与集聚经济，进而在产业发展上出现差异，并逐渐形成了国家或地区之间的产业梯度。基于产业梯度形成的产业梯度转移理论认为，随着市场的开放、贸易壁垒的减弱、比较优势的变化，在更大范围内，产业可以依据存在的梯度差异，进行产业转移，以实现更合理的布局。例如在我国的经济发展历程中，改革开放初期，随着我国逐步对外开放，一些发达国家或地区将自己部分处于低梯度的产业向我国的珠三角地区转移，而随着珠三角产业结构的不断升级，珠三角地区的部分相对变成低梯度的产业又逐渐向中西部地区转移，还有的将部分产业向更低梯度的东南亚、非洲等国家转移。在国际产业发展和转移的历史上，各个国家都是产业链条上的重要的一环，而在背后支配产业在全球范围内的这种变化的，正是全球视野下的产业梯度转移规律。

产业梯度转移理论得到了长期发展经验的验证，对世界各国的产业转移与发展具有重要指导作用，从产业梯度角度来探究我国在更大区域范围内的产业转移和升级将具有重要的现实意义和极大的可操作性。以我国与"一带一路"沿线国家为例，"一带一路"包含的国家众多，各国无论是历史传统、宗教文化、风土人情，还是政治制度、社会经济都存在较大差异，相互之间存在产业梯度也是不可避免的。在"一带一路"沿线，以东南亚、南亚、西亚和北非等为主的发展中国家，它们的产业主要以二、三产业为主，与我国相比还需要更多的基础建设投资，对此我国可以采取直接投资方式转移过剩产能；这些国家还需要劳动力密集型制造业，我国也应该采取直接投资的方式进行产业转移。而相对其他发达经济体，它们的产业结构相比我国处在更高梯度，它们主要以第三产业为主，而缺乏制造业，我国可以采取贸易的方式将具有国际竞争力的产品出口到发达经济体。通过采取直接投资与针对性出口的"双轨"策略，重新布局和发展我国的产业，推动经济升级发展。

2. 逆向产业转移

技术是跨境产业转移中的关键要素，跨境产业转移过程中，技术作为一种无形生产要素在研发和使用的过程中将产生显著的正外部性效应，通过这种效应的聚集、释放和传递将引致技术落后方的研发思想革新、生产工序改进和效率提高，最终通过跨境产业转移实现生产技术的进步和研发、产业的升级。一般来讲，跨境产业转移过程中，技术外溢路径包括外商直接投资、进口贸易和对外直接投资三种，外商直接投资和进口贸易通过外资企业的本土化研发和技术互动、获取和吸收机制形成了本国或本地区产业内外企业的技术进步，也就是通过跨境产业转移实现了产业的升级。与此类似，对外直接投资也将产生明显的技术溢出现象，

其实现原理如图 3 - 2 所示:

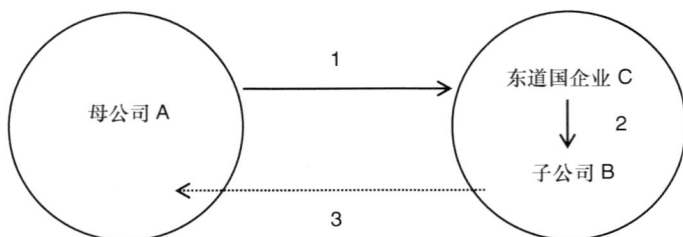

图 3 - 2　对外直接投资逆向技术溢出示意

从图 3 - 2 中我们可以看出，产业较落后国家的母公司 A 通过对外直接投资（途径 1）将产业转移到了较发达国家并成立了分支机构 B，通过与东道国本土企业 C 展开研发合作和交流互动，子公司 B 接近了技术领先国的研发资源密集地带，获取并掌握了前沿的技术研发思路和要素资源（途径 2），提升了子公司 B 的研发能力和生产效率水平，创新了研发思想，并经由公司内部渠道转移至国内母公司 A（途径 3），进一步提高了母公司的产品技术水平和研发能力，优化了生产流程，并使经营管理效率得到提升，通过企业之间的互动和资源转移带动了国内生产效率的提升和技术进步，最终完成了整个技术溢出和传导过程，鉴于投资方向与技术外溢方向的互逆，这种技术溢出可以称为逆向技术溢出。

（三）产业价值链低端锁定与高端攀升

产业价值链理论基于产业内分工理论，重点在于关联的上下游产业的价值创造与分割，而全球价值链理论是全球产品内分工的发展，强调参与主体和分工空间的全球性，全球价值链分工体系有别于传统的垂直专业化分工。全球价值链可以看作全球生产网络的价值简化和抽象映射。但二者从根本上来说都是侧重于价值维度来解析分工体系的，因此，对产业价值链低端锁定分析可以从全球价值链低端锁定视角进行，全球价值链可分为三大环节：首先是技术环节，包含了研发、创意设计、生产加工技术提升、技术培训等。其次是生产环节，包含了采购、质量控制、包装、系统生产、终端加工、测试和库存管理等。最后是营销环节，包括了批发及零售、品牌推广以及售后服务等环节。国际分工正深化为增值过程在各国间的分工，导致了全球价值链之中的发展中国家低端锁定现象的广泛存在。"全球价值链"对全球市场和经济生活进行了深刻的改造。从全球化的生产和营销中获得的收入，是基于"进入壁垒"或者垄断条件而产生的"租"，而非古典经济学中的"要素回报"或者由风险承担交换得到的"企业家回报"。Kaplinsky[1]认为，"经济租"可以区分为内生的和外生的两大类。内生经济租中包括：技术、人力资源、组织机构、品牌、关系以及商业秘密和知识产权等，各种维度上以不同形态存在的进入壁垒。外生经济租包括：自然资源、政策、基础设施、融资机会等。"经济租"具有可累加的特性，且处于不断变动中。已经得到的"经济租"会由于进入壁垒被突破而流失，由于技术扩散而消失，新的经济租也还会不断被产生出来。经济租会随竞争性加强、进入障碍降低而减小，最终以低价或高质形式转化为消费者剩余。

　　经过多年发展后，可以发现，市场往往并不能换来前沿、核心的技术。在众多产业领域之中，我国企业沦为了跨国公司的代加工工厂，只能从事技术水平较低的生产制造或组装、原料加工，在价值链中只能获取整体利润的较少份额，而具有高附加值的功能环节（研发、设计、售后等）被发达国家的跨国公司占据。一个商品的生产可以被分解为众多生产和加工环节，分散在全球不同的国家或地区完成（见图4）。比如，一个美国的服装公司可以在意大利设计；在印度采购面料；在韩国采购辅料；在台湾省采购拉链及纽扣；在我国大陆地区缝制成衣；随后在香港地区检验和包装；最终，这件服装出口到美国。价值链不同环节所创造的附加值以及获得的"经济租"是不同的。靠近"微笑曲线"中间的环节在价值链中创造的附加值较低，对应着较低的"经济租"，

---

　　① Kaplinsky R. , "Spreading the Gains from Globalization：What Can Be Learned from Value – Chain Analysis?", *Problems of Economic Transition*, Vol. 47, No. 2, 2004, pp. 74 – 115.

靠近"微笑曲线"两端的环节在价值链中创造的附加值高，因而获得了更多的"经济租"。技术水平的不断提高促使生产环节的进入壁垒迅速降低，发展中国家纷纷参与到经济全球化进程中的生产过程，这一环节的"经济租"逐渐被蚕食，增加值不断下降。因此，能产生较高"经济租"的领域越来越脱离具体的生产过程，而转向设计和营销等领域，这些技术密集或知识密集的活动会形成进入壁垒和专利，构成价值链中收益的大部。无形活动越来越建立在知识和技能的基础上，并且逐步深化根植于组织体系中。因此，大多数处于全球价值链生产环节上的发展中国家地位远不如发达国家。

发展中国家企业参与全球价值链，获得产业升级的机会，但是目前的全球价值链已经非常成熟，领导企业不愿在高附加值的环节与其他成员分享自己的知识。发达国家的领导企业为了防止低端企业对其的垄断地位和利益产生威胁，会选择阻碍发展中国家企业功能升级和产业链升级，而发展中国家大多数企业还处于全球价值链低端，随着发展中国家融入全球经济的深度和广度不断增加，发展中国家低端锁定的现象要改变"被俘获"现状，必须加强国内价值链的培育。我国企业陷入"低端锁定"的原因既来自于企业自身，也由于跨国公司对中国企业技术创新的路径进行了封锁，因此需要改善企业的心智模式、构建我国企业自身的市场势力，并着力培育国内需求市场，基于功能视角的价值链延伸会招致价值链主导企业的阻击而难以突破低端锁定，而基于"产品—功能"的多重嵌入可以实现价值模块的动态调整，继而达到价值链升级的目标。

六　跨国公司成为推动跨境产业转移重要力量

跨国公司的迅速发展和膨胀是当今国际经济发展的典型特征，它已成为国际贸易、国际投资和跨境产业转移的主要承担者。据联合国有关机构统计，截至 2019 年，全球跨国公司已经超过 8 万家，它们的子公司超过 100 万家。这些跨国公司的产值已占全球总产值的 1/3 以上，跨国直接投资已占全球跨国投资的 90%，跨国公司内部和相互贸易已占世界贸易的 60% 以上，控制世界新技术和知识产权的 70% 以上。跨国公司的跨国经营推动了世界各国产业结构的调整，使原有国家之间的生产分工国际化，传统的贸易形式发生了根本性改变。跨国公司的直接投资，将原有的国际贸易替代为包括资本、技术、人才和管理等众多生产要素及生产过程的国际转移；同时，国际贸易变为跨国公司内部的交易，使得产品的交换过程变成一种生产过程。可见，跨国公司的跨国经营，导致生产要素的国际化和生产组织的全球化将直接推动世界产业结构的调整，发展和利用跨国公司的能力将成为今后促进世界各国经济发展和提高国际竞争力的重要因素，并成为发展中国家接纳跨境产业转移、实现产业结构转型和升级的重要契机。

跨国公司是新一轮跨境产业转移的主体，跨国公司的出现极大地改变了世界经济的面貌，跨国公司在产生、兴起到快速发展的过程中，从自然资源寻求，到商品输出、资本输出，到战略性、系统性的跨境产业转移，其跨国经营也从简单的利润追逐逐渐转变为获取和维持全球化竞争优势。来自不同经济发展阶段的国家纷纷积极地参与到新一轮跨境产业转移中，并表现出不同的目标和流向特征。跨国公司在现代社会经济生活中起着举足轻重的作用，是世界经济领域中的超级巨人。目前全球数以万计的跨国公司掌控着全世界最大的银行、工业集团、商业集团。国际贸易额和国际直接投资的主体也都是由跨国公司控制，绝大多数具有划时代意义的新产品源于跨国公司。它们不仅是全球资本和新技术开发的主要来源，也是世界金融市场的主要控制者和国际资本运营的龙头。跨国公司发行的股票占世界主要股票市场市值的很大比重。作为市场国际化和世界经济一体化的主要推动力量，跨国公司将主宰未来全球经济。

国际分工深化是经济全球化的必然产物。从传统国际分工理论创立至今，在跨境产业转移的带动下，国际分工经历了由产业间分工到产业内分工，再到产品内分工不断深化的历程。第二次世界大战之前，在产业革命的促进下，资本主义生产力迅速发展，生产方式发生转变，世界市场逐渐形成，国际贸易迅速扩大，推动了社会分工空前发展并跨越国家和民族的界限，向国际分工大规模转变。这一阶段的国际分工的显著特征是国与国之间的分工在不同产业间展开，其中发展中国家主要从事初级资源类产品的生产和出口，发达国家主要从事制成品的生产和出口或者是发展中国家主要生产和出口劳动密集型产品，发达国家主要生产和出口资本、技术密集型产品。这种以自然资源为基础的工业品生产国和初级产品生产国之间的垂直型国际分工体系，产业边界清晰，是典型的产业间分工。

第二次世界大战结束后，随着国际经济交往的日益频繁和深入，国际分工进入深化阶段。大量劳动密集型企业和生产环节由发达国家转移到一些发展中国家或地区，促进了发展中国家的工业化，发展中国家工业在世界工业体系中的地位得到提高。与此相对应，产业结构的升级使发达国家逐步进入工业化后期甚至后工业化社会，制造业领域战线收缩，向高端工业和产业链高端环节集中的"去工业化"趋势明显，产业知识化特征日益突出。国际分工逐步从产业间分工转向以产品差异化和规模经济为基础的产业内分工。发达国家逐渐着力于研发、营销和品牌经营，控制核心技术、营销渠道和品牌，并将加工制造环节对外转移。而发展中国家通过承接发达国家移出的加工制造环节融入全球价值链。进入 20 世纪 90 年代，随着信息技术的兴起和世界各国开放度的提高，为国际分工的进一步深化提供了条件。世界制造业生产体系经历了空前的垂直分离和再构，全球的生产过程被进一步专业化细分，国际分工也由产业内分工进一步发展和深化为按照同一产品的不同工序，或零部件的不同技术含量进行全球范围内的产品内分工，即根据对生产条件要求的差异将同一产品的各个价值创造环节布局于不同的国家或地区进行生产或加工。技能含量高的环节、附加值高的部件一般由发达国家来完成，发展中国家承担的大多是低附加值的初级零部件生产，或者进口主要部件、承担最后加工装配的工序，从而最大限度降低成本，提高效益。不同国家嵌入全球生产网络并共同成为后者的有机组成部分。经过深刻的变革，当代发展中国家与发达国家之间呈现出产业间分工、产业内分工与产品内分工并存的多层次分工格局。

在国际分工由产业间分工向产业内分工和产品内分工演进的过程中，跨境产业转移成为主要的实现途径，同时跨国公司逐渐成为国际分工的主导力量。跨国公司在长期发展过程中逐渐成为国际贸易、国际投资和跨境产业转移的主要承担者，在跨国公司全球化经营的推动下，世界对外直接投资规模快速发展，在非全球化环境下，国际分工的主体是国家，企业生产产品的种类、生产的方式、生产出的产品如何进行交换等，在很大程度上由所在国的要素禀赋和技术水平决定，企业不具备对要素禀赋的影响能力，只能根据现有要素和技术状况决定的生产函数进行具体的生产活动。在这种分工模式下，由于不同国家劳动力和资本等要素相对丰裕度的差异，在要素跨国流动受到极大限制的条件下，要素禀赋中必然存在"缺口"，结果在发达国家，相对充裕的资本不得不与相对稀缺的劳动力相结合进行生产，而在发展中国家，相对充裕的劳动力与相对稀缺的资本结合，从而形成了发达国家生产资本和技术密集型产品，发展中国家生产劳动密集型产品的产业间分工格局。尽管跨国公司的生产已跨越国界，但其海外子公司所生产的产品主要供应当地市场或返销母国，海外子公司的生产之间内在关联性很弱。国际分工发生在最终产品之间，国际贸易几乎成为实现国际分工的唯一途径。而在经济全球化时代，贸易和投资自由化的迅猛推进使跨国公司充当起了全球化生产组织者的角色。分散在世界各地的子公司之间不再彼此独立运作或仅与母公司发生联系，而是与母公司及其他子公司之间高度一体化。各海外子公司服务的对象不再仅仅局限于所在国市场，而是嵌入以占据区域乃至全球市场为目标的整个跨国公司体系。在跨国公司体系内，资金、产品、技术及人员频繁跨国界流动，各国之间分工联系更为紧密，逐渐建立以各国和地区紧密分工和合作的全球性网络型生产分工体系。跨国公司在跨境产业转移中处于支配地位，成为跨境产业转移中名副其实的主角。

随着经济全球化的发展，在传统发达国家的跨国公司大力开拓世界市场，富可敌国的超级跨国公司不断涌现的同时，一些后发的国家在经济发展中也逐渐培养起数量众多的优秀企业，并且已经在世界市场一体化的潮流中走向了国际竞争的舞台。各个产业的国际竞争环境发生了剧烈的变化。一方面，传统的跨国公司在继续与来自其他发达国家的跨国公司在资金、技术、管理、营销等环节展开激烈竞争的同时，还要面临后发国家跨国公司的成本竞争。另一方面，资金、技术、管理、营销上不占优势的后发国家跨国公司总是首先充分利用价格优势进入国际市场，蚕食发达国家跨国公司的市场份额，同时也在不断弥补自身竞争力的不足。日益加剧的国际竞争下，决定跨国公司能否在竞争中取得成功的因素更多地体现在跨国公司是否以全球的视野和战略，利用全球资源最大限度地维持和获取持续的竞争优势。20世纪90年代以来，为了适应经济自由化、技术变革及竞争加剧等经营环境的变化，跨国公司的海外规模呈现出加速扩张的态势。如果说以往的跨境产业转移更多的是因为跨国公司在本国要素成本上涨或出于市场进入的无奈之举，那么新一轮跨境产业转移则从单个企业的自发行为转变为群体性的自觉行动、由被动性转移转变为主动性转移、由主要为绕开贸易壁垒和进入新市场转变为获取和维持竞争优势。跨国公司的跨国经营推动了世界各国产业结构的调整，使原有国家之间的生产分工国际化，传统的贸易形式发生了根本性转变。跨国公司的直接投资，将原有产品的国际贸易替代为包括资本、技术、人才和管理等诸多生产要素及生产过程的国际转移。通过外部市场内部化，减少市场不确定性，降低交易成本的同时，国际贸易转变为跨国公司内部的交易，使得产品的交换过程变成一种生产过程。目前，跨国公司内部贸易占世界贸易总量的比重高达1/3以上，跨国公司生产的全球化趋势显著增强，全球一体化生产体系的脉络已日渐清晰。跨国公司主导的全球一体化生产体系依托全球资源，将价值链中的各个环节配置于全球最优区位，从而充分利用各国生产要素和制度优势，改善公司的竞争优势构成，增强跨国公司在全球范围内的竞争力。伴随全球化程度不断加深，跨国公司将资源集中于战略性业务单元，不断强化特定环节的排他性竞争优势以抵御市场风险，同时不断地利用外包、出售等方式退出某些过度竞争的非核心领域。通过全球性、系统化经营，跨国公司掌握着绝大多数产业的发展方向，甚至控制着一些国家的经济命脉。跨国公司的兴起，深刻改变了全球经济、技术乃至政治、社会和文化，跨国公司已经成为全球经济一体化事实上的载体和领导者。

在国际分工由传统的产业间分工向产业内分工和产品内分工演进和深化的过程中，跨国公司扮演的角色越发重要。尤其是在进入 21 世纪 20 年代以来的新一轮跨境产业转移浪潮中，跨国公司通过主导国际分工而成为跨境产业转移的主体。在技术革命与知识经济迅猛发展和经济全球化进程加快的背景下，跨国公司为了其全球化战略的需要，通过在客体、流向、方式等方面迥异于以往的跨境产业转移，使得国际分工格局发生了重大变化。

第三节　本章小结

进入 21 世纪后，随着世界经济全球化、区域经济一体化步伐的加快，国际经济融合速度不断提高、融合程度逐渐加深、融合范围进一步扩大，跨境产业转移也出现了一系列新的特征和发展趋势。本部分对跨境产业转移的新特征做了详细分析。

首先，跨境产业转移中产品分工不断细化。进入 21 世纪后，产品内分工及其产业转移开始大规模出现，成为经济全球化的重要体现。它的出现需要满足几个条件，即标准化或模块化生产、运输成本降低、发达的通信技术。产品内分工刻画了当代国际分工的基本层面从产品深入工序的特点，产品内分工和贸易使得原来在同一个企业内执行的生产链条被拆分成很多不同的环节或工序，一个企业可能只专业化于全球生产链条上的某一个价值环节，从而产生了生产过程的垂直专业化，即实现了价值链的分解，这一产业分工细化的过程凸显了跨境产业转移的新特征。

其次，跨境产业转移不断朝价值链纵向深入延伸。跨境产业转移本质上是产业要素在比较优势、市场条件、政策环境等条件发生变化时出现的跨境空间转移，会给资源的优化配置乃至产业的高端化发展带来契机。跨境产业转移促使生产要素供给更加优化、推动基础设施更加完善、促使跨国企业更加成熟、助推制度环境更加稳定、促使社会治理更加新颖、推动转移网络更加复杂，进一步，跨境产业转移也促进了价值链的进一步重组，价值链的全球性空间重组推动了制造业的大规模跨境转移，以价值链拆分和产业重组整合为支撑的制造业全球生产体制的形成，使各国通过建立新的国际分工格局，进而出现了向价值链纵向延伸的特征。

跨境产业转移的第三个特征是集群效应越发突出。随着经济全球化和国际产业分工体系的不断深化，跨境产业转移越来越多地表现为集群式的转移，即位于同一产业链上的企业或具有产业关联的企业在进行跨境产业转移时其中的全部或部分企业选择集体行动，在东道国产生产业集群现象，本书将这种现象称为"国际产业集群式转移"。在当今国际分工体系中，产业之间的纵向和横向联系越来越广泛。近年来，跨境产业转移中的产业集聚现象日益突出，规模较大的跨国公司在海外的投资成为产业集群形成的重要平台，跨境产业转移中出现了产业供应链整体搬迁的趋势。

跨境产业转移的第四个特征是跨境产业转移结构向服务化方向发展。在产品内分工的国际分工格局下，生产过程被分解为不同的环节，服务业既是助推生产环节在空间上实现高效配置的经济手段，又是链接各个生产环节以构成生产链条的重要纽带，因此，服务业全球化是生产全球化深入发展的内在要求和必然结果。另外，将产品的价值增值特性"叠加"于生产链而形成的全球价值链不仅催生了形式多样的生产组织方式，也使得各参与主体间的生产关系更为复杂，在瞬息万变的市场环境中，价值链主导者为持续有效地控制整个价值链条并充分获取最大的附加价值，借助现代服务业的专业化和信息优势以动态整合全球资源并加速价值的实现。

跨境产业转移的第五个特征是跨境产业转移形式呈现多样化发展。跨境产业转移出现了主动式产业转移与被动式产业转移，产业梯度转移与逆向产业转移，价值链低端锁定与高端攀升并存的局面。

跨境产业转移的第六个特征是跨国公司成为推动跨境产业转移重要力量。在国际分工由产业间分工向产业内分工和产品内分工演进的过程中，跨境产业转移成为主要的实现途径，同时跨国公司逐渐成为国际分工的主导力量，跨国公司在长期发展过程中逐渐成为国际贸易、国际投资和跨境产业转移的主要承担者。随着经济全球化的发展，在传统发达国家的跨国公司大力开拓世界市场，富可敌国的超级跨国公司不断涌现的同时，一些后发的国家在经济发展中也逐渐培养起数量众多的优秀企业，并且已经在世界市场一体化的潮流中走向了国际竞争的舞台。各个产业的国际竞争环境发生了剧烈的变化。一方面，传统的跨国公司在继续与来自其他发达国家的跨国公司在资金、技术、管理、营销等环节展开激烈竞争的同时，还要面临后发国家跨国公司的成本竞争。另一方面，资金、技术、管理、营销上不占优势的后发国家跨国公司总是首先充分利用价格优势进入国际市场，蚕食发达国家跨国公司的市场份额，同时也不断地弥补自身竞争力的不足。

第 四 章

跨境产业转移的机制分析：
动力、区位、模式与类型

经典理论就跨境产业转移的讨论，基本是围绕"产业为什么会出现转移"这一关键性问题展开的，即探讨产业转移的动因与机制。通过对国际投资理论、区域生产网络布局理论、跨境经济合作理论、劳动密集型产业转移理论、边际产业转移理论、产品生命周期理论等进行归纳总结，本书认为，跨境产业转移的动力机制在于企业的利润最大化的经济行为。

第一节　跨境产业转移的动力机制

一　跨境产业转移的机制分析

跨境产业转移是经济主体为实现自身利益最大化而产生的经济行为。因此，跨境产业转移的内在动因是基于经济主体对利润的追求。已有研究从技术、资本、制度等角度出发，对跨境产业转移进行了探讨，但系统性地探讨发生条件、基础、动力的成果较少，国内只有少数学者试图从要素流动、产业级差、利益差等方面刻画跨境产业转移的机制。在以上研究的成果基础上，本书对跨境产业转移的动力机制进行进一步的梳理。

对于产业的转出区域而言，产业之所以转出主要由于本区域市场需求变化、要素价格变化产生的产业优势变化，以及为了充分利用承接地资源增加利润。随着较发达国家经济发展水平不断提高和资源禀赋的变化，在一些劳动力投入较为密集、技术含量较低、处于标准化生产阶段的制造业行业中，较发达国家与较不发达国家生产成本之间出现"成本差"。在全球经济一体化程度加深的开放经济环境下，这种"成本差"的存在会导致欠发达国家该行业企业经营效益低下、产品缺乏竞争力。因此，较发达国家的企业自然有了从高成本向低成本迁移的利益最大化动机。相应地，较不发达国家作为承接方在承接较发达国家的跨境产业转移之前，工业化水平较低，工业产出总体规模较小，部门结构脆弱。倘若能够迅速扩大产出规模，实现产业的升级及要素的有效利用，对于产业的承接无论从主观还是客观上的诉求都是迫切的。承接产业转移也有利于扩大本地市场，无论在扩大工业经济总量，还是提升产业结构等方面，都有利于产业利润的增加。这也是跨境产业转移能够展开的最根本的利益机制。

（一）跨境产业转移发生的基础条件——产业级差

经济发展的过程是产业结构不断变动、升级的过程。发展经济学中的结构主义认为，经济发展的过程其实质是经济结构尤其是产业结构的升级和优化过程。纵观世界经济发展历程，各国产业的演变经历了技术水平从低到高的过程，根据一般通用技术理论，世界范围内的主导产业演变脉络为从纺织工业到钢铁工业到汽车工业再到信息通信工业最后到生物工程工业的产业转移过程，产业的要素结构也经历相似的演变脉络，从资源密集型产业到劳动密集型产业到资本密集型产业，再到技术密集型产业，最后到知识密集型产业的产业转移过程。区域经济发展的不平衡性，导致各国之间存在巨大的产业结构差异。而伴随经济的发展，发达国家产业结构将会进一步高级化，从而引起部分产业向次发达国家转移，次发达国家则会进一步将本国低一级的产业向较不发达的国家转移。以此类推，产业转移现象就会在国家不停地进行。跨境产业转移的过程也正是产业转出国与承接国双方技术升级、经济发展的过程。纵观世界发达国家产业转移的历史，美国、日本等发达国家对墨西哥及亚洲新兴工业国家的跨境产业转移，都是在存在明显产业级差的前提下进行的。

（二）跨境产业转移的直接动力——产业的利润级差

经济学中最基本的假设"理性人"假设指出，经济主体的根本动机是追求经济利润最大化。根据这根本假设，作为产业转移的主体，企业的转移行为也正是基于利润最大化的考虑。因此，产业间存在"利润差"是构成跨境产业转移的直接动力。所以在开放经济系统中，产业转移的区位选择取决于产业转移相互比较中的利益导向，即"利润差"的比较。在开放经济条件下，不同国家自然资源禀赋、技术水平、劳动力素质、资本存量、市场需求等相关因素变化会引起产业均衡条件发生改变，导致国家间产业利润差异，从而产业资本为了追逐利润而发生国家间的产业转移。

（三）跨境产业转移的直接诱因——成本推力与市场拉力

"企业迁移行为理论"是成本推力与市场拉力的最早探索，该理论认为，企业迁移的动力主要是区位推力与引力的合力。推力主要有企业的内部因素与外部因素。其中，内部因素主要与企业扩张有关，外部因素主要包括到达企业所在地较困难、远离市场、政策环境不稳定等。吸引力作为推力的相反面，主要的影响因素与之相反。因为企业迁移是产业转移的微观基础，也就是说，影响企业空间迁移的因素即为产业空间转移中的影响因素。

如前所述，产业空间转移是基于企业利润的追求，而造成企业在不同国家与地区的利润差异有两个主要方面因素：转出国的成本推力与承接国的市场拉力。成本推力方面：不同国家与地区间的经济发展水平、资源禀赋不同，导致区域间要素价格差异，当产业在不同国家与地区之间的竞争日益加剧时，会导致要素价格昂贵地区产品的生产成本升高，从而迫使产业向密集使用该要素且价格便宜的地区转移。市场拉力方面：市场需求是产业转移的强劲拉力。由于区域的人口规模、购买力水平和经济发展的不同，从而产生不同规模的市场。当某一国家或地区市场规模较大时，即产业需求大于产业供给时，就会形成较大的产业利润差，从而吸引相邻国家或地区的产业突破贸易壁垒进入投资，最终形成扩张性产业的跨境转移。

（四）跨境产业转移的必要条件——生产要素流动与产业竞争

产业的空间位置变化是产业转移的实质。跨境产业转移的发生主要是通过企业对外投资而实现的，企业通过对外投资，带动劳动力、资本技术等生产要素的跨区域流动和重新组合，从而形成新的生产能力和产业规模，最终形成产业的跨境转移。因此，产业的跨境转移过程中转移方向和速度受到生产要素流动的自由度影响。假定两国相互封闭，则生产要素不能流动，产业的跨境转移也就不存在。生产要素是否能够流动取决于经济制度，各国间经济开放与融合，减少生产要素在区域间流动的障碍，推进各国积极参与分工与合作。产业竞争是产业转移的另一个条件。如果产业所在国家因技术、政策、自然资源等因素形成垄断，则其会通过垄断来实现高额利润，产业的跨境转移也就不会发生。相反，产业间竞争的存在，会促使生产要素流动、企业投资区位发生转移，从而产业的跨境转移能够得以实现。可见，各国间生产要素的流动和产业竞争的存在是产业转移的必要条件。

二　跨境产业转移的内在因素

从回顾第二次世界大战后全球经历的数次大规模国际产业转移"浪潮"的经验事实中归纳总结出跨境产业转移的内在因素。通过第三章第一节四次国际产业转移浪潮的梳理与分析，可以总结出跨境产业转移的几点重要的内在因素。

（一）市场结构及其变化

随着经济的发展，产业转出国的需求结构会逐步提升。产业需求中，诸如食品，纺织、一般机械等劳动密集型产业的产品需求将会减少，而对信息通信设备、医疗保健产品、住房等资本或技术密集型产品的需求将会迅速增长。正是由于需求结构的变化，带来了产业结构调整的压力。这种压力直接表现为低技术的劳动密集型产业的产品市场竞争日益激烈。因此，本国企业会采取各种形式进行产业转移，以期释放资源，以便容纳本地需求旺盛的产业。在适应市场需求变化的过程中，那些市场需求萎缩的产品和产业会逐步被转移到其他国家或地区。市场需求旺盛的产业将得到发展，转出国的产业结构得到优化。

（二）市场规模与分工细化

市场扩大将会促进分工的发展，从而促进生产效率的提高。伴随着市场扩大、分工发展，必然产生区域的专业化和精细化，其间必然导致产业的转移与重组，在现代市场经济中，市场规模扩大，促进了合理产业分工的形成，促使产业在各国之间进行转移。产业转移与市场和分工也存在着相互影响的机制，在市场和分工促进产业转移的同时，产业转移也可以促进和完善垂直分工与水平分工，包括同产业内部、企业内部的不同工序之间的分工。

（三）生产要素价格的变化

生产要素价格的变化，将引起产业的空间转移。通过产业转移，可以在更广阔的范围内综合有效地利用各种资源，促使转出国与承接国的产业结构升级和效率提高。伴随城市化发展和产业集聚的加强，产业转出地区可能面临劳动力价格上升、土地成本增加、市场萎缩、资源环境成本增加等一系列问题，为了降低生产成本，可以将劳动密集型产业转移到劳动力丰富、成本低的国家；为了加强市场销售、拓宽市场，可以将产品销售部门转移到市场需求旺盛的国家；为了降低污染成本，可以将部分污染性企业转移到环境承载力大的地区。通过产业转移，可以实现要素资源的综合有效利用，增强企业竞争力、优化产业结构等目标。

（四）自然资源禀赋

自然资源是资源型产业建立和发展的重要根基。由煤炭、水电、矿产开发等资源型产业和农、林等初加工产业一般依据自然资源而分布。资源型产业布局也会随着自然资源分布和储量变化在全球范围内变动。然而，现在制造业转移呈现越来越不受自然资源的约束和影响的趋势。

第二节　跨境产业转移的区位选择

一　跨境产业转移区位选择的影响因素

近年来，劳动力、土地和环境成本的上升以及人民币升值导致中国劳动密集型产业成本优势正在减弱。随着东盟、印度、中美洲和非洲等新一轮产业转移承接国家或地区的崛起，产业转移呈现中低端向东南亚转移、高端向欧美回流的特征，全球劳动密集型产业生产区位处于调整与重构之中。200 多年的工业发展史表明，除了少数几个石油资源大国之外，发展比较好的国家的共同经验是，先经过劳动密集型产业创造大量就业，实现劳动力从农业人口向现代制造业人口转变，然后通过创新驱动，逐步实现产业结构升级，从而跨越中等收入陷阱，进入到高收入或准高收入国家的行列。国际经验表明，在低收入阶段，劳动密集型产业是创造就业的关键，也是推动经济体进入经济起飞阶段的重要角色。"一带一路"沿线国家多数仍处于吸收外商直接投资的阶段，急需借助国际社会资本与技术推动本国经济发展，同时兼具廉价而又丰富的劳动力与巨大的市场容量，可以利用劳动密集型产业作为其实现工业化的跳板，实现与中国产能合作的互利共赢，成为我国劳动密集型产业的海外承接地。

随着中国的产业升级，部分劳动密集型产业会转移到"一带一路"沿线发展中国家。抓住这个机遇，会有很多发展中国家像中国过去 40 年一样，通过承接国际产业转移实现经济快速增长。因此，我国劳动密集型产业按照经济合理性的原则向外转移，可以为"一带一路"沿线发展中国家带来快速发展的机遇期，这是中国发展经验的传递，也是中国开放智慧的传播，通过产业转移与承接促进人类命运共同体的建设。

跨境产业转移的区位选择问题需要从国际直接投资理论中寻求答案。然而，传统的国际直接投资理论却没有系统研究国际直接投资区位选择问题。关于区位理论的思想，最早可追溯到工业区位理论①，其较早考察企业经济活动与区位选择的关系，认为企业工业布局是为了实现生产成本的最小化。由垄断优势理论②发展起来的发达国家国际直接投资理论一开始并没有直接讨论国际直接投资的区位选择问题，直至 Dunning③ 的国际投资折中理论首次将国家区位优势引入国际直接投资理论的分析架构中，他认为国际直接投资的流向直接受到地区区位优势的影响，强调了人口流动制度、商业惯例、经济体制、政府战略、语言以及文化等制度因素对国际直接投资的影响。

目前，有关中国对"一带一路"沿线国家投资的文献较多，其中具有代表性的有：杨英和刘彩霞④研究发现中国的产业结构调整会推动对"一带一路"沿线国家的直接投资。"一带一路"倡议中的投资空间对于企业、地区和国家都具有重要战略意义，中国在该地区投资具有显著的市场和资源寻求动机，应优先对周边"一带一路"沿线国家投资，但要避免在区位上过度集中⑤。"一带一路"倡议的提出为中国对外直接投资的布局优化创造了机遇和条件，我国对"一带一路"沿线国家投资效率水平和平均值都比较可观，具有巨大的投资潜力⑥。中国对"一带一路"沿线国

---

① Alfred Weber, *Theory of the Location of Industries*, The University of Chicago Press, 1909.

② Stephen Hymer, *International Operation of Domestic Enterprises：A Study on Foreign Direct Investment*, MIT, 1960.

③ Dunning J., H. Trade, "Location of Economic Activity and the MNE：A Search for an Eclectic Approach", *The International Allocation of Economic Activity*, 1977, 395 – 419.

④ 杨英、刘彩霞：《"一带一路"背景下对外直接投资与中国产业升级的关系》，《华南师范大学学报》（社会科学版）2015 年第 5 期。

⑤ 周五七：《"一带一路"沿线直接投资分布与挑战应对》，《改革》2015 年第 8 期；刘来会：《中国对"一带一路"沿线国家直接投资：现状、动机与政策建议——基于 Heckman 两阶段的实证研究》，《国际商务》2017 年第 9 期。

⑥ 张亚斌：《"一带一路"投资便利化与中国对外直接投资选择——基于跨国面板数据及投资引力模型的实证研究》，《国际贸易问题》2016 年第 9 期；李计广、钊锐、张彩云：《我国对"一带一路"国家投资潜力分析——基于随机前沿模型》，《亚太经济》2016 年第 4 期；张述存：《"一带一路"战略下优化中国对外直接投资布局的思路与对策》，《管理世界》2017 年第 4 期。

家投资在国际直接投资领域中具有重要地位,形成了世界新的经济增长极,同时显著提高了沿线国家的人均实际 GDP 水平①。从影响因素角度来看,"一带一路"沿线国家政治环境、政府效率、劳动力丰裕程度、国家内部的制度质量、基础设施、资源禀赋与我国直接投资显著相关(曲智、杨碧琴,2017)。通过上述分析,可以看出影响跨境产业转移区位选择的因素主要包括以下几点:

(1)承接国市场规模。市场规模是决定对外直接投资进入的重要因素,市场规模越大,越有利于对外直接投资发挥规模经济和范围经济优势,提高资源使用效率。

(2)工业化水平。纵观各国经济发展史,经济增长首先表现为工业化的过程,在工业化高度发展以后,才进入以技术、知识、信息密集为特征的"后工业化"时代。工业化进程推动产业从劳动密集型到资本密集型再到技术密集型的升级,最终推动了经济的发展。工业化的不同阶段意味着主导产业、制造业能力、技术水平等的差异。不同工业化水平的国家,会有不同的产业合作方式。

(3)市场化程度。经济自由是经济增长的关键,自由市场、保护私有产权以及政府最小限度地干预经济活动,将促使一国走向经济繁荣。大量研究表明,经济自由可以促进经济增长②。同时,贸易自由度与资本市场自由度越高,FDI 的流入越多,企业融资、技术创新、专业化分工以及出口可以得到更多、更稳定的支持;政治民主、法制完善和注重知识产权保护可以降低外资企业在当地的可变成本,有利于吸引外资③。市场化程度较高的国家,不仅有利于国内经济增长,而且为外商提供了良好的投资环境,有利于吸引 FDI 流入。

---

① 黄亮雄、钱馨蓓:《中国投资推动"一带一路"沿线国家发展——基于面板 VAR 模型的分析》,《国际经贸探索》2016 年第 8 期。

② 项卫星、李宏瑾:《经济自由与经济增长:来自各国的证据》,《南开经济研究》2009 年第 5 期。

③ 武力超:《国外资本的流入是否总是促进经济增长》,《统计研究》2013 年第 1 期。

（4）创新能力。从发达国家的发展历程来看，经济增长模式总是从最初的要素驱动型增长模式发展到创新驱动型增长模式，技术进步成为经济持续稳定增长的核心动力，而技术进步离不开创新。创新能力强的国家能够为企业提供高素质人才，带来产品的创新和生产流程的优化，从而提高企业的生产效率；良好的创新激励措施与制度环境，能够保护企业的创新成果，激发企业的创新潜力。

（5）营商环境。营商环境是一个国家或地区推动和限制商业活动所形成的一套制度环境，它包括与经济活动有关的各种行政许可等法律和法规。便利的营商环境能简化行政审批流程，节省企业的资金和时间，降低企业的运营成本。而在糟糕的营商环境中，企业家将会在游说政府、收买官员、争取特殊政策和利益等非生产性活动上花费更多时间。

（6）政治稳定性。政治稳定性低的国家在面临政权更迭、民族内部矛盾尖锐时往往无力保证国家政策有效实施，尤其对外国投资者政策的延续性较差。东道国一旦发生政局动荡、国内战争、恐怖主义等，将会给企业带来不可估量的损失。研究发现，东道国政局稳定性变化1%，将引起中国企业对外直接投资0.26%的流量变化[①]。

（7）宏观经济环境。宏观经济环境的稳定不仅对企业持续发展十分重要，而且对一国的整体竞争力提升具有重要意义。宏观经济运行紊乱会损害经济健康持续发展，这一点在欧洲债务危机中体现得尤为明显。债台高筑的国家政府，不能提供持续有效的服务，财政赤字大大限制了政府对经济周期波动的应变能力。因此，唯有宏观经济环境稳定，国家经济才能实现可持续增长。

（8）基础设施。东道国基础设施情况是吸引外商投资的重要

---

① Ramasamy B., Yeung M., Laforet S., "China's outward foreign direct investment: Location choice and firm ownership", *Journal of World Business*, Vol. 47, No. 1, 2012, pp. 17 – 25.

因素之一，Martin 和 Rogers[①] 在考察基础设施对工业区位的影响时发现，企业倾向于投资那些具有较好基础设施的国家。完善的基础设施，能够大大降低企业的运输成本与信息收集成本，提高要素生产率、市场交易的能力和效率[②]。此外，大量的文献研究表明，基础设施的完善有助于经济增长[③]。

二　跨境产业转移区位选择的机制分析

在跨境产业区位选择过程中涉及不同区位和企业之间的相互选择过程，对于企业来说，希望在不同的区位之间选择已实现自身利润最大化和长期持续发展企业进行跨境产业转移首要进行的就是区位选择；而对于区位来说，希望能够从众多准备进入的企业中选择那些辐射能力强、外部收益高、能够推进本国经济发展的企业，实现本国综合经济效益最大化。因此，跨境产业转移的区位选择过程实际上是企业和承接国之间的相互选择的过程。

（一）模型设定

企业进行区位选择决策的重要因素包括承接国市场规模、工业化水平、市场化程度等前一节所分析的诸多因素。跨境产业转移企业在承接国已有企业既定产量下进行生产经营决策追求利益最大化。在企业进行区位选择决策过程中形成了不同企业之间的完全信息动态博弈过程。对进行承接国选择的企业决策行为做如下假定：

（1）进行承接国选择过程中，存在 x、y 两个可供企业进行产业转移的承接国，各承接国通过提供实现预期收益最大化的区位因素来吸引企业进行区位选择，不同承接国之间存在着一定的博弈关系。

①　Martin P., Rogers C. A., "Industrial Location and Public Infrastructure", *Journal of International Economics*, Vol. 39, No. 3, 1995, pp. 335 – 351.

②　李平、王春晖、于国才:《基础设施与经济发展的文献综述》，《世界经济》2011年第 5 期。

③　张军:《要管好用好农村公共服务设施》，《北京观察》2007 年第 4 期。

（2）承接国在一定经济发展条件下能够提供的影响企业区位选择的和再选择的因素有运输费用 $k\tau_i$，资源禀赋 r_i，市场因素，承接国的管制与税率 $t_i, i = x, y$。

（3）企业选择承接国的行为遵从经济理性的特征。在进行承接国选择的过程中，企业以追求利润最大化为目标。承接国选择企业与承接国内部企业是生产同质产品的古诺厂商，企业 j 在 i 区域的反需求函数为 $p_{ij} = \alpha_i - \beta_i \sum_{j=1}^{n} q_j$。

（4）企业在进入某承接国前所有厂商在相同生产条件下的初始边际成本为 c_i，而具有外部性的厂商进入承接国后之所以能够实现生产成本的节约，成本节约的大小与承接国选择企业的外部性有关。

（5）在企业选择承接国的过程中，各承接国之间为了吸引有些企业的进入，彼此间进行着以区位因素与政策优惠为基础的竞争性博弈。企业在 x 国、y 国的反需求函数分别为 $P_x = \alpha_x(m_x) - \beta_x Q_x$，$P_y = \alpha_y(m_y) - \beta_y Q_y$，其中 $Q_x = q_x + Q_x^1, Q_y = q_y + Q_y^1$。$Q_x$、$Q_y$ 分别是承接国 x、y 的总需求量，q_x、q_y 分别是企业在 x、y 中放入市场需求量，Q_x^1、Q_y^1 分别为 x、y 除了承接国选择企业之外其他企业所面临的需求总量，α_x、α_y、β_x、β_y 为正值调整系数，$\alpha_x(m_x)$、$\alpha_y(m_y)$ 分别为 x、y 两国产业面临的市场容量，β_x、β_y 分别表示 x、y 两国的企业产品对市场需求的敏感系数。

（二）均衡过程分析

根据以上模型的设定，企业在选择承接国的过程中的利润函数为：

$$\pi_i = p_i q_i - c_i q_i - k\tau_i q_i - t_i q_i, (i = x, y)$$

企业在进行承接国选择的目标是实现利润最大化的国家，即满足：

$$\text{Max}\{[\alpha_i(m_i) - \beta_i(q_i + Q_i^1)]q_i - k\tau_i q_i - t_i q_i\}, (i = x, y)$$

根据利润最大化条件，求解上式可以得到企业需求的反应函数：

$$q_i = \frac{\alpha_i(m_i) - \beta_i Q_i^1 - c_i - k\tau_i - t_i}{2\beta_i}, (i = x, y)$$

得到企业需求的反应函数后，可以求解承接国选择企业在 x、y 两国的需求量与最大化利润函数：

$$q_i = \frac{\alpha_i(m_i) - \beta_i Q_i^1 - c_i - k\tau_i - t_i}{4\beta_i}, (i = x, y)$$

$$\pi_i = \frac{[\alpha_i(m_j) - c_i - k\tau_i - t_i]^2}{16\beta_i}, (i = x, y, j = x, y)$$

企业在选择承接国时，基于利益最大化考虑，必然选择 $\pi_i(i = x, y)$ 较大的一国作为企业进行跨境产业转移的落脚点。通过对承接国选择主体的企业完全信息动态博弈的分析过程可知，两个承接国之间通过提供实现企业利润最大化的区位因素吸引企业进入而进行博弈。博弈的结果显示，企业进行跨境产业转移承接国选择主要考虑以下因素：当地资本、劳动力等资源禀赋所决定的 c_i ；企业距离原材料、销售市场所在地远近所带来的运输费用 $k\tau_i$ 企业所选择的承接国政府规制及税率 t_i ；以及承接国本地竞争企业市场销售量 $\beta_i Q_i^1$ 。

（三）归纳总结

企业通过在承接国之间进行选择来实现利润最大化的过程中，各承接国因素对于企业区位选择的作用机制可以从以下几个方面总结：

（1）承接国市场容量对于企业进行区位选择产生的作用。市场容量对企业通过选择承接国进行跨境产业转移产生根本影响。假设 $c_x = c_y, k\tau_x q_x = k\tau_y q_y, t_x = t_y$ ，若 x 国提供的市场容量大于 y 国提供的市场容量，即 $\alpha_x(m_x) > \alpha_y(m_y)$ ，则 $\pi_x > \pi_y$ 。因此，两个国家的技术条件、运输费用、要素成本及政府管制与产业政策相似，而其中一个国家拥有潜力巨大的市场容量时，该国是企业进行跨境产业转移的主要目的地。一个国家市场容量的大小对通过承接国选择方式进行跨境产业转移的企业的经营决策影响巨大，巨大的市场容量能够在某种程度上抵消其他区位因素不足的劣势，吸引发达国家的先进企业来此投资。

（2）区位成本变化推动企业进行跨境产业转移。生产要素成本主要包括生产经营中花费在土地、资本和劳动力等要素方面的企业生产经营费用；交易费用主要是指与市场活动相关的成本，是企业在生产经营过程中因进行市场活动而发生的间接费用，包括广告、仓储、运输、港口服务和通信等服务费用等。在其他条件不变的情况下，即 $\alpha_x(m_x) = \alpha_y(m_y), k\tau_x q_x < k\tau_y q_y, t_x = t_y$，若 $c_x < c_y$，则 $\pi_x > \pi_y$，由于 x 国的生产经营成本下降，带来企业投资利润上升，企业对该国的投资欲望也逐渐增加。近年来，我国开始选择"一带一路"沿线国家进行产业梯度转移就是基于生产经营成本节约、实现利润提升的战略考虑。

（3）从生产地到产品市场的运输费用对企业通过跨境产业转移的作用机制。在市场容量、要素成本和政府产业政策相同条件下，即 $\alpha_x(m_x) = \alpha_y(m_y), c_x = c_y, t_x = t_y$ 时，一个国家 x 的交通运输条件成为吸引企业投资的决定因素，便利的交通运输条件使生产企业能够降低成本，且更加接近市场，假设 $k\tau_x < k\tau_y$ 则存在 $\pi_x > \pi_y$。在经济全球化背景下，现代产业发展的基本特征之一就是特定产品的不同生产工序或生产环节逐渐形成了跨境的产业价值链条，从而使越来越多不同区域的企业在特定生产过程中结合得越来越紧密。由此，进行承接国区位选择的企业选择在运输条件便利，即 $k\tau_i$ 值相对较小的国家进行投资，从而更有利于加入全球产业价值链中。

（4）承接国的产业政策与税收对企业跨境产业转移的作用分析。在企业进行跨境产业转移的承接国选择过程中，承接国政府的产业政策与税收政策、招商引资战略、市场发育程度等对企业的未来产业发展战略产生重大影响。在企业进行区位选择过程中更倾向于选择法治、市场和配套设备等方面更为完善的国家。假设在两国家的其他条件相同 $\alpha_x(m_x) = \alpha_y(m_y), c_x = c_y, k\tau_x q_x = k\tau_y q_y$ 的条件下，一个国家 x 的市场体系越完善、政府产业政策和税收越优惠和宽松 $t_x < t_y$，企业将产业转移到该国的盈利水平越高

$\pi_x > \pi_y$, ，该区域对通过承接国区位选择进行跨境产业转移的企业吸引力就越大。一个国家能否吸引企业进行产业转移的加入，和该国的市场容量呈正相关关系，和区位所在地资源禀赋、技术条件决定的单位边际成本、运输条件、运费率及政府管制、税率呈负相关关系，和企业生产的产品所在国家的价格需求弹性呈负相关关系。

第三节　跨境产业转移的模式分析

一　封闭条件下的跨境产业转移模式

鉴于在封闭条件下，经济系统内的两个区域相互封闭，因此并无分工，产业之间也不会发生跨境转移。两个区域经济均衡所实现的效用水平之和低于分工后的效用水平之和。各自区域内的产业均衡、规模仅由该区域产业的供给与需求来决定，区域内影响产业均衡和规模的因素主要包括区域内的生产成本要素（资源、资本、劳动力、技术等）、环境要素（基础设施、制度环境和发展水平等）、收入要素（收入与需求）及要素的流动性。在封闭条件下，由于各种限制性条件的影响，产业转移不会发生，两区域将会在各自区域内进行两种商品的生产。区域间的劳动力和资本没有交流与协作，两区域生产率的提高不能享受分工之益。

从现实世界的经验事实出发，完全封闭的经济并不存在，对封闭经济条件下的分析也不具备现实意义。因此，本书仅对封闭经济条件下的状况进行简单的概括性描述并将着重分析开放分工条件下跨境产业转移的模式。

二　开放条件下的跨境产业转移模式

在开放条件下，受产业利润差的吸引，经济系统内将会形成分工，国家或地区间的产业将会随之发生转移。本部分借鉴国内学者运用新古典经济学理论框架来解释产业转移的做法,分析开放条件下跨境产业转移模式与经济增长的关系。

首先对基本假设做以下设定:(1)经济系统中存在着 A、B 两个国家,消费两种商品 X、Y;(2)生产商品仅使用劳动与资本两种要素;(3)劳动力与资本能够自由流动,且技术水平相同;(4)两个国家有三种生产方式可供选择,即选择两种商品都生产的自给自足模式、专一生产其中一种商品并通过出售这种商品以换取另一种商品的分工模式及同时生产两种商品但也进行部分交换的半分工模式;(5)生产函数选择柯布道格拉斯函数形式,其数学表达式为:

$$Q_{ix} = a_i L_{ix}^\alpha (b_{ix} K_{ix})^{1-\alpha}, Q_{iy} = a_i L_{iy}^\alpha (b_{iy} K_{iy})^{1-\alpha} i = (1,2)$$

其中,a_i 是产量系数,反映国家 i 的诸如法制环境、市场发育度、技术传播力、基础设施水平、信用水平等外生环境因素对经济增长的作用;b_{ix} 与 b_{iy} 是资本效率系数,反映国家 i 的劳动力和原材料价格、自然资源、环境容量、产地与市场距离等因素对资本使用效率的影响;K_{ix} 与 K_{iy} 分别代表区域 i 投入生产 X 与 Y 两种产品的资本数量。

假设 X、Y 对效用函数的贡献率相同且规模报酬不变,则两国的总效用函数为:

$$U = Q_{1x}^{\frac{1}{4}} Q_{2x}^{\frac{1}{4}} Q_{1y}^{\frac{1}{4}} Q_{1y}^{\frac{1}{4}}$$

(一)自给自足的两国生产模式

通过总效用函数可以建立非线性规划的生产模型如下:

$$\begin{cases} \text{Max } U_1 = Q_{1x}^{\frac{1}{4}} Q_{2x}^{\frac{1}{4}} Q_{1y}^{\frac{1}{4}} Q_{1y}^{\frac{1}{4}} \\ Q_{ix} = a_i L_{ix}^\alpha (b_{ix} K_{ix})^{1-\alpha} \\ Q_{iy} = a_i L_{iy}^\alpha (b_{iy} K_{iy})^{1-\beta} \\ \quad L_{ix} + L_{iy} \leqslant L_i \\ \quad K_{ix} + K_{iy} \leqslant K_i \\ \qquad i = 1, 2 \end{cases}$$

由于 A、B 独立生产,目标函数与约束条件是可分的,模型方

程可以分解为两个子问题求解,运用库恩塔克条件,可以得到自给自足两国生产模式条件下的总效用为:

$$U_1 = a_1^{\frac{1}{2}} a_2^{\frac{1}{2}} (b_{1x} b_{2x})^{1-\alpha} (b_{1y} b_{2y})^{\frac{1-\beta}{4}} \left(\frac{\alpha}{\alpha + \beta}\right)^{\frac{\alpha}{2}} \left(\frac{\beta}{\alpha + \beta}\right)^{\frac{\beta}{2}}$$

$$\left(\frac{1-\alpha}{2-\alpha-\beta}\right)^{(1-\alpha)/2} \left(\frac{1-\beta}{2-\alpha-\beta}\right)^{(1-\beta)/2} (L_1 L_2)^{\frac{\alpha+\beta}{4}} (K_1 K_2)^{\frac{(2-\alpha-\beta)}{4}}$$

(二) 专业分工的跨境产业转移模式

一般而言,分工的二重性——专业化与多样化是实现经济发展的基本机制,这种机制的作用可以通过以下几个方面来体现。(1) 按比较优势的分工,一种方式是一个国家可以充分发挥原有资源优势,实现产业分工,通过交换从而提高经济体系整体经济福利水平;另一种方式是 B 国的产业 X 转移到 A 国专门生产 Y,A 国的产业 Y 转移到 B 国专门生产 X。这样就形成了区域之间的产业专业化分工。(2) 分工演进将推动经济系统内产业部门不断分解,衍生出越来越多的新产业,体现了经济系统内产业的多样化。随着分工的细化,不同专业的种类数增加,而自给自足产品的种类减少。结果共同产品越来越少,差异性产品越来越大,从而增进了经济系统内部经济结构的多样化程度。(3) 经济系统内两国分工促进不同地区劳动专业化的形成,有利于提高劳动生产率。(4) 经济系统内两国通过专业分工为规模经济的发展提供了更广阔的市场条件。此外,两国分工也是经济系统要素积累的重要途径,还是经济系统内结构优化的重要推动力。

假设 A 国为较发达国家,B 国为较不发达国家,且两国都生产 X、Y 两种商品,后发国家 B 生产 Y 产品具有优势,而较发达国家 A 生产 X 产品具有优势,两国在发展专业分工后,生产可能性曲线都会外移,两国所获得的收益都会高于分工之前的收益。两国通过分工获得了"额外"的收益。通过以上分析,当同时满足 $a_1^{\frac{1}{2}} b_{1x}^{(1-\alpha)/4} > a_2^{\frac{1}{2}} b_{2x}^{(1-\alpha)/4}$ 与 $a_1^{\frac{1}{2}} b_{1y}^{(1-\beta)/4} < a_2^{\frac{1}{2}} b_{2y}^{(1-\beta)/4}$ 条件时 B 国的产业 X 转移到 A 国专门生产 Y,A 国的产业 Y 转移到 B 国专门生产 X。这样就形成了两国之间的产业专业化分工,两国之间的生产模型转变为:

$$\begin{cases} \mathrm{Max}\ U_2 = Q_{1x}^{\frac{1}{2}}\ Q_{2y}^{\frac{1}{2}} \\ Q_{1x} = a_1\ L_{1x}^{\alpha}\ (b_{1x}\ K_{1x})^{1-\alpha} \\ Q_{2y} = a_2\ L_{2y}^{\alpha}\ (b_{2y}\ K_{2y})^{1-\beta} \\ L_{1x} + L_{2y} \leqslant L_1 + L_2 \\ K_{1x} + K_{2y} \leqslant K_1 + K_2 \end{cases}$$

运用库恩塔克条件，可以得到专业化分工条件下两国的总效用为：

$$U_2 = a_1^{\frac{1}{2}}\ a_2^{\frac{1}{2}}\ b_{1x}^{(1-\alpha)/2}\ b_{2y}^{(1-\beta)/2} \left(\frac{\alpha}{\alpha+\beta} \right)^{\frac{1}{2}}$$

$$\left(\frac{1-\beta}{2-\alpha-\beta} \right)^{(1-\beta)/2} (L_1 + L_2)^{(\alpha+\beta)/2} (K_1 + K_2)^{(2-\alpha-\beta)/2}$$

（三）跨境转移产业空心化的两国生产模式

当同时满足 $a_1^{\frac{1}{2}}\ b_{1x}^{(1-\alpha)/4} > a_2^{\frac{1}{2}}\ b_{2x}^{(1-\alpha)/4}$ 与 $a_1^{\frac{1}{2}}\ b_{1y}^{(1-\beta)/4} > a_2^{\frac{1}{2}}$ $b_{2y}^{(1-\beta)/4}$ 条件时，较不发达国家 B 的 X 与 Y 商品将都转移到较发达的 A 国生产。如果没有新兴产业的替代，较不发达的 B 国将出现产业空心化问题。这种条件下的两国生产模型转变为：

$$\begin{cases} \mathrm{Max}\ U_3 = Q_{1x}^{\frac{1}{2}}\ Q_{1y}^{\frac{1}{2}} \\ Q_{1x} = a_1\ L_{1x}^{\alpha}\ (b_{1x}\ K_{1x})^{1-\alpha} \\ Q_{1y} = a_1\ L_{1y}^{\alpha}\ (b_{1y}\ K_{1y})^{1-\beta} \\ L_{1x} + L_{1y} \leqslant L_1 + L_2 \\ K_{1x} + K_{1y} \leqslant K_1 + K_2 \end{cases}$$

可以得到完全分工条件下两国的总效用为：

$$U_3 = a_1\ b_{1x}^{(1-\alpha)/2}\ b_{2y}^{(1-\beta)/2} \left(\frac{\alpha}{\alpha+\beta} \right)^{\frac{1}{2}}$$

$$\left(\frac{1-\beta}{2-\alpha-\beta} \right)^{(1-\beta)/2} (L_1 + L_2)^{(\alpha+\beta)/2} (K_1 + K_2)^{(2-\alpha-\beta)/2}$$

通过以上分析可以得到以下结论：在开放分工背景下，由于市场激烈竞争的压力，受到区域产业利润差的诱使，"经济理性"企业的将会对外投资，从而引起产业发生大规模转移。但是，跨境产业转移的方向最终将取决于区域产业利润差的比较,而产业利润差则取决于关键变量 $a_i^{\frac{1}{2}} b_{ix}^{(1-\alpha)/4}$ 与 $a_i^{\frac{1}{2}} b_{iy}^{(1-\beta)/4}$ 值的大小,也就是说跨境产业转移的方向取决于反映构架的环境因素与资金效率影响因素。其中,环境因素主要包括文化背景、市场需求、政策制度、营商环境、基础设施水平;资金因素主要包括自然资源、劳动力、技术。由此可见,一国能否吸引产业跨境转移主要取决于环境因素和资金效率两大因素。一个区域商业文化发达、市场发育度完全、营商环境良好、政策环境稳定、基础设施完善、自然资源丰富、技术发达,将会吸引更多的境外产业向该国转移和集中。

表 4 - 1   **开放条件下两国模型跨境转移模式及效用**

转移模式	关键条件	总效用
自给自足	无	U_1
专业分工	$a_1^{\frac{1}{2}} b_{1x}^{(1-\alpha)/4} > a_2^{\frac{1}{2}} b_{2x}^{(1-\alpha)/4}$ 且 $a_1^{\frac{1}{2}} b_{1y}^{(1-\beta)/4} < a_2^{\frac{1}{2}} b_{2y}^{(1-\beta)/4}$	U_2
完全分工	$a_1^{\frac{1}{2}} b_{1x}^{(1-\alpha)/4} > a_2^{\frac{1}{2}} b_{2x}^{(1-\alpha)/4}$ 且 $a_1^{\frac{1}{2}} b_{1y}^{(1-\beta)/4} > a_2^{\frac{1}{2}} b_{2y}^{(1-\beta)/4}$	U_3

通过对以上三种跨境产业转移的模式进行比较能够发现,在经济发展的不同环境下,产业跨境转移的情况完全不同,三种模式经济系统中的总效用由大到小依次为 U_3、U_2、U_1。这表明,开放环境下,两国自给自足的生产模式总效用最低,两国完全分工生产模式的总效用大于两国专业分工模式的跨境产业转移总效用。

基于以上分析,对以上模型的含义和结论进行总结:产业转移的根本原因是出于对产业利润最大化的追求,表现在企业层面,是出于对于利润最大化的理性追求,企业进行跨境的投资与扩张。产业转移的发生机制主要包括,利润差是跨境产业转移的动力;生产要素流动和产业竞争是跨境产业转移发生的必要条件;要素成本压力和市场供求压力是跨境产业转移的基本诱因。

第四节　跨境产业转移的方式类型

按照不同的分类标准，跨境产业转移分工模式可以划分为不同的类型。以下着重介绍最主要的分类标准。

一　跨境产业分工与转移的截面分类

由于跨境产业分工的各经济主体存在要素禀赋、生产技术等不同，进而在劳动生产率和经济发展水平等方面的差距，使得各国在分工中所处的地位有所不同，据此可以将跨境产业转移分工模式划分为：垂直型、水平型和混合型。

（一）垂直型跨境产业分工与转移

垂直型跨境产业分工是指在经济技术发展水平和劳动生产率差距悬殊国家之间的分工。具体包括三种形式：

（1）部分地区供给初级原料，而另一部分地区供给制成品的分工形态。如较不发达国家生产初级产品，相对发达国家生产工业制成品。这是不同国家在不同部门或行业间的垂直分工。另外，一种产品从原料到制成品，须经过多个生产步骤。相对发达的国家，工业化程度越高，分工就越细密，产品生产过程也就越繁复，加工步骤也就越多。加工可以分为初级加工和深加工。只经过初级加工的为初级产品，经过多次加工的为制成品。初级产品与制成品这两类产品的生产过程也构成垂直关系，彼此互为市场，较发达国家的初级产品产业通过跨境产业转移向较不发达国家迁移。

（2）同一部门内生产高级技术密集型产品与生产低级技术密集型产品的跨境分工转移，即在同一部门内、不同产品间的垂直分工。较发达的国家通过跨境产业转移将低级技术密集型产品的生产部门转移到较不发达国家。

（3）同一生产过程中承担高技术密集型工序与承担低技术密集型工序的跨境分工转移。即不同国家在同一产品、不同工序的垂直分工与产业转移。从目前来看,垂直型跨境产业分工,特别是同一部门、不同产品之间和同一产品、不同工序间的垂直分工是相对发达国家与较不发达国家之间最主要的分工模式,也是当前跨境产业转移的最主要类型。

（二）水平型跨境产业分工与转移

水平型跨境产业分工与转移是与垂直型相对的一种类型,指经济技术发展水平相同或相接近的国家在同类产品生产上的产业分工。水平型跨境产业分工与转移可以分为两种形式:

（1）产品水平分工。又称"差异产品分工"是指同一产业内不同厂商生产的产品虽有相似或近似的技术程度,但其外观设计、内在质量、规格种类、品种、商标及价格上有所差异,从而产生的跨境分工,其暗含着寡头企业的竞争和消费者偏好的多样化。

（2）部门间水平分工。指不同部门制成品之间的跨境分工。由于不同国家之间要素禀赋、经济特征和侧重发展的部门有所不同,各国都倾向于以其重点发展部门的产品去换取非重点发展部门的产品,这类部门间的区域分工也是非常重要的水平型跨境产业分工模式。

（三）混合型跨境产业分工与转移

混合型跨境产业分工与转移是"垂直型"和"水平型"结合起来的产业分工与转移类型。例如,相对发达国家从较不发达国家输入原料、输出深加工的工业产品;而从其他发达地区输入机械设备、零配件的同时,输出本地区主导部门即专业化部门,生产的其他类型的机械设备和零配件。

二　跨境产业分工与转移的顺序分类

跨境产业分工与转移是分工在国家间的空间表现形式。人类社会分工的发展表现为几种不同形态的演进,以历史顺序分别为:部门间分工、产品间分工和产品内分工。基于此,根据出现顺序的先后,也可以将跨境产业分工与转移的类型划分为:产业分工、产品间分工和产品内分工。这是目前研究跨境产业分工和国家贸易问题中普遍的分类方式。

　　跨境部门间分工是参与分工的各国之间基于不同部门和行业的分工，即不同行业和部门的专业化生产。与之相对的概念是跨境部门内分工，指参与分工的各国基于同一部门和行业的分工。跨境产品间分工和跨境产品内分工是国家间部门内分工的两个层次。其中跨境产品间分工是同一部门、不同产品的专业化生产；跨境产品内分工是指同一产品、不同生产环节的专业化生产。

　　相对于第一种分类而言，跨境产业分工和跨境产品间分工既可以是垂直型分工，也可以是水平型分工。而跨境产品内分工是典型的垂直型分工。鉴于产品内分工符合 Hummels，Paporport 和 Yi[①] 所定义的垂直专业化必须满足的三个条件：（1）最终产品的生产过程为连续数个阶段。（2）至少两个国家，每一个国家从事一个以上专业化生产阶段，但不是专业化的所有阶段。（3）在生产过程中，至少某一生产阶段必须是跨国的。

表 4 - 2　　　　　　　　跨境产业专业化历史演化历程的分类

分类	产业间分工与转移	产业内分工与转移	产品内分工与转移
垂直型	跨境产业间垂直分工与转移	跨境产业内垂直分工与转移	跨境产品内垂直分工与转移
水平型	跨境产业间水平分工与转移	跨境产业间水平分工与转移	/

　　结合两种分类标准，能够总结出跨境产业分工与转移的历史演化进程分类。但要说明的是，跨境产业分工与转移还存在着诸如自然型产业分工与转移、积累型产业分工与转移等其他分类标准。

---

　　① Hummels, Rapoport, Yi, "Vertical Specialization and the Changing Nature of World Trade", *Federal Reserse Bank of New York Economic Policy Review*, No. 6, 1998, pp. 79 - 99.

第五节　跨境产业转移的动态变迁

一　发达国家"再工业"战略

2008 年经济危机爆发后，发达国家面临着经济增长不断下滑、就业率持续低迷和制造业严重萎缩等诸多困难，这在一定程度上与发达国家"去工业化"浪潮下制造业向外迁移、金融业的飞速发展导致的金融衍生市场过度膨胀和第二产业空心化有关。在此背景下，发达国家逐渐由虚拟经济向实体经济转移，重视制造业的基础地位，实行"再工业化"战略，推动高端制造业回流，中低端制造业继续寻找成本更低的地区进行转移。

发达国家实行"再工业化"战略的实质是指一方面通过控制生产成本、完善工业生产体系来改善国内制造业的发展环境，实现就业和出口的增加；另一方面是突出制造业在国民经济发展中的重要与核心地位，但并不是对传统制造业简单的回归，而是实现二、三产业融合共进，发展先进制造业，适当弱化服务业比重，提升"硬"实力。发达国家实行"再工业化"战略意图既有理论支撑也有现实的考量：一方面"工业社会"和"后工业社会"是社会经济由第二产业向第三产业转移在社会形态上的体现，工业社会迈向后工业社会的质变需要高度的工业化作为支撑，因此如果第二产业发展实力不足，第三产业成为社会经济发展的基础，稳固性欠缺，那么工业化进程就违背了社会前进的规律。因此，"再工业化"战略是发展实体经济的必要措施，也是对社会发展基本规律的理论考量[①]。另一方面，经济危机（2008 年金融危机与2020 年全球新冠疫情危机）造成的经济实力下滑和失业率居高不下等问题需要通过工业尤其是制造业的发展进行解决，制造业发

---

① 赵颖：《再制造企业经营管理差异性分析》，《再生资源与循环经济》2016 年第9 期。

展不但可以通过对技术的内生需求促进技术创新和进步，同时对国内就业有着巨大的拉动作用，并且制造业生产过程的复杂性需要更多相关产业的支持。因此"再工业化"战略是发达国家解决实体经济与虚拟经济失衡，应对危机带来的不良影响下的现实选择。

二　其他发展中国家和低收入国家成本及贸易优势凸显

产业发展的逐利性使得制造业发展向低成本及具有贸易优势的国家转移，制造业在过去几十年中逐渐向中国转移在很大程度上是因为我国具备劳动力、资源及政策优势，但是随着中国许多优势的逐渐丧失，如劳动力供给减少和成本增加、资源禀赋不足等严重限制了中国制造业发展的提升空间。目前制造业已经有了向外转移的压力和迹象，发达国家跨国公司逐渐加大了向成本更加低廉的发展中国家和低收入国家的投资力度。

发达国家向其他发展中国家和低收入国家进行产业转移主要基于四方面原因：第一，劳动力和土地等价格较低，"洼地效应"明显；第二，产业承接国出台的贸易优惠政策；第三，规避贸易壁垒；第四，资源丰富。结合上述因素，东南亚和南亚是承接产业转移的主要区域，除亚洲部分地区外，非洲和南美洲也具备一定的相对优势承接产业转移。

首先，东南亚国家作为中国制造业转移的主要地区，其在产业承接方面具备一系列优势：一是劳动力充足且低廉。与中国东部地区劳动力薪资水平每年10%的增长速度相比，这些国家薪资水平增长速度较慢，如泰国2013年劳动力成本仅为2.78元/小时，全国90%以上的识字率和大约每年有10万名理工科专业毕业生，而印度尼西亚的劳动力成本不到中国的1/5，马来西亚的工人收入仅为新加坡的1/4等。二是土地价格低廉。相比于中国近几年土地价格的急剧上升，东南亚国家的土地租金相对较低，如越南和柬埔寨厂房租金最低仅为每平方米2美元，远低于中国。三是东南亚国家出台诸多政策吸引国外商业资本家投资建厂。如越南规定含有外资成分的企业可以获得优惠的税收政策,前三年免税。四是规避贸易壁垒。由于发达国家与东盟自贸区的建设不但可以实现"零关税",同时还可以避免贸易争端。五是自然资源丰富。由于东南亚国家自然资源较为充足,特别是制造业发展所需要的铁矿石、铜矿石、石油、木材和橡胶等,水资源也同样较为丰富。

其次,南亚虽然包含7个国家和1个地区,但是印度在承接产业转移方面最具有竞争力,主要包含以下优势:一是劳动力价格低廉且素质较高。同时,印度有丰富的科学家和人才储备,工程师数量较为充足,英语作为印度的官方语言在一定程度上可增加与外商的联系。二是地理环境与位置较为优越。由于印度地处亚热带地区,大部分企业不需要有防寒的需要,可以节约部分成本,同时印度与中国距离较近,可以较为方便地进行产业转移,海上运输较为便捷。三是较高的国内经济增速为制造商提供了内生需求。

最后,对于非洲和部分南美洲国家而言,劳动力成本低廉和丰富的资源是吸引制造业转移的重要因素。对非洲来说,除南非人均收入较高以外,其他国家劳动力供给非常丰富和低廉,并且工资上涨较慢,同时,非洲的矿物资源种类多且丰富,黄金储量接近世界的35%;对于南美洲来说,部分国家劳动力价格较低且素质较高,自然资源禀赋齐全且储量丰富,如委内瑞拉石油储藏含量位居世界前列,巴西拥有非常充足的铁矿石等,同时,南美地区土地资源非常充足,人口密度极低。但是,非洲和南美洲承接产业转移综合条件较差,政治和社会治安问题较为严重,基础设施建设落后,政府腐败且工作效率较低,劳动力和资源在一定程度上并不能完全利用和开发,因此在产业转移承接综合优势上不如东南亚和南亚地区。

三 中国制造业成本相对上升

改革开放以来,我国制造业依靠低成本优势迅速进入发展的快车道，快速地融入了全球产业分工体系。但是近年来由于劳动力供需变化、资源环境的约束、市场体系发展不完善和实体经济能力不足等原因，使得我国制造业各项成本全面上升，制造业综合成本竞争能力逐渐下降。各项生产要素正面临东南亚和南亚等国家更低价格的竞争，而在税费、物流和融资成本方面明显超过美国和日本等发达国家，这在一定程度上导致了国际产业向发达国回流和向低成本的发展中国家转移。

首先，我国用工成本上升较快，劳动力成本优势相对下降。我国制造业用工成本增速远远超过劳动生产率的增速，主要是由于我国社保费用提高、人力资源管理费用提升和劳动者对工资待遇要求的提高造成的；另外，从国际劳动力成本和劳动生产率来看，虽然当前发达国家制造业工资水平仍然高于我国，但整体差距在缩小，并且发达国家劳动生产率增长速度大于平均工资增长速度，同时我国制造业平均工资水平特别是东南沿海地区已经超过东南亚和南亚大部分国家，在劳动力成本方面已经不再具备优势。

其次，我国用地价格上升较快，用地成本相对较高。由于我国的土地管理制度如土地的所有权、经营管理、行政制度和耕地保护制度等都较为严格，所以我国在工业化发展过程中土地要素受到了严格的控制，同时受到土地市场周期的影响，我国近几年用地成本大幅提高。一方面，从我国城市地价水平变化来看，整体呈现较快的上涨趋势。另一方面，从国际地价比较来看，我国工业用地成本虽然低于韩国和泰国等地，但已经超过美、日等发达国家和越南等发展中国家。

再次，我国能源成本相对较高。制造业发展所涉及的能源主要包含石油、煤炭（天然气）和用电三项，虽然近几年由于技术水平的提升我国制造业企业耗能有所下降，但与技术发展水平较高的发达国家相比，我国目前制造业耗能成本仍然相对较高，对制造业成本有较大的影响。

复次，我国交易成本即税负成本相对较高。从行业间税负比较来看,制造业企业税收负担率较大。不但如此,从宏观税负水平来看,我国企业实际税负大于 40% 或成为"死亡税率"。宏观税负是衡量一个国家税负总水平的重要指标,与一国的经济健康发展有着密切的关系,通常以一定时期税收总量占国内生产总值的比例来表示,而发展中国家和发达国家分别有着不同的"最佳宏观税负",具体来说,低收入、中下等收入、中上等收入和高收入国家的最佳值分别是 13%、20%、23% 和 30% 左右。2016 年天津财经大学李巧光教授针对我国民营企业家税费负担问题进行调研,指出我国企业目前 30%—40% 的宏观税负水平会导致处于东部沿海的大多数加工业企业陷入困境,甚至亏损倒闭,由于我国大部分企业利润率不足 10%,因此宏观税负 30%—40% 或成为"死亡税率"。具体来看,我国企业面临较重的税负种类主要是增值税和企业所得税。在所得税方面,我国所得税税率为 15%—25%,而美国、日本、韩国和泰国分别为 8.84%、9%—15%、10%—18% 和 10%—12%,均低于我国;而增值税方面,韩国的 10% 税率低于我国的 17% 的税率。目前美国和越南为了吸引制造业回流和移入均实行了税收优惠政策,而我国税费成本相对于部分发达国家和发展中国家来说比较高,所以成为众多制造业企业"走出去"的重要原因之一。

最后,我国制造业企业利息支出上涨加快,融资耗费成本较高。从我国工业企业融资成本历年变化来看,虽然我国贷款总体基准利率呈现下降趋势,但是当前我国制造业融资成本并没有出现显著下滑,反而利息支出呈现逐年上升趋势。不但如此,实际贷款中由于对风险的考量,制造业小微企业获得贷款的利率还将大幅提升,再加上手续费、担保费、咨询费、登记费和承兑贴息等各项费用后,最终融资成本可能高达 15% 以上,这为中国制造业的成本优势带来不利的影响。

综上所述,由于我国劳动力成本、土地成本、能源成本、税费成本和融资成本的相对提升,导致我国制造业成本竞争力下滑。2015 年波士顿咨询发表的 *The Shifting Economics of Global Manufac-*

turing 报告中通过对 2014 年全球工业制成品总出口占比 90% 的 25 个经济体进行研究，绘制了反映全球制造业成本竞争力的指数图表。该项评估认为，主要是劳动力薪资水平、劳动力生产率、能源成本和汇率四大因素导致制造业成本竞争指数发生了巨大改变，而我国目前已经成为制造业成本竞争类型中"面临压力"型国家，需要适时进行跨境产业转移进而达到优化资源配置，产业结构升级的效果。

第六节 本章小结

本章从理论机制上分析了跨境产业转移的机制。从理论层面深入探讨跨境产业转移的动力机制，并总结出其中的关键机制，即跨境产业转移的动力机制在于企业的利润最大化的经济行为。跨境产业转移主要以产业级差为基础条件，以产业利润差为直接动力、以成本推力与市场拉力为直接诱因，以生产要素流动与产业竞争为必要条件。

本章运用完全信息下的动态博弈模型分析跨境产业转移的区位选择机制，得出一个国家能否吸引企业进行产业转移的加入，和该国的市场容量呈正相关关系，和区位所在地资源禀赋、技术条件决定的单位边际成本、运输条件、运费率与政府管制、税率呈现负相关关系，和企业生产的产品所在国家的价格需求弹性呈负相关关系的结论。

本章还通过不同条件下的跨境产业转移模式分析比较自给自足、专业分工、完全分工三种模式对两国经济系统总效用，得出产业转移的根本原因是出于产业利润最大化的追求，表现在企业层面，是出于对于利润最大化的理性追求，企业进行跨境的投资与扩张。

本章最后在对跨境产业转移的方式类型与动态变迁的梳理中得出，由于我国劳动力成本、土地成本、能源成本、税费成本和

融资成本的相对提升，在发达国家"再工业"战略与其他发展中
国家和低收入国家成本及贸易优势凸显的背景交叠影响下，我国
制造业成本竞争力下滑，需要适时进行跨境产业转移进而达到优
化资源配置、产业结构升级的效果。

第 五 章

跨境产业转移的微观基础
——跨国公司

第一节 跨国公司跨境产业转移模式的理论模型

本章结合异质性企业内生边界理论和全球价值链理论，构建跨国公司组织模式选择的理论模型，探讨发展中国家的全球公司建设及其运营。借鉴 Antras 和 Chor（2013）基于异质性企业内生边界理论的研究框架，通过引入生产阶段的技术排序，分析了跨国公司跨境产业转移的模式选择。

一 跨境产业转移模式选择的基准理论模型

首先，假设企业最终产品的生产需要一系列连续的生产阶段 $j \in [0, 1]$，每个阶段需要由不同的供应商提供中间投入品，$x(j)$ 是第 j 个生产阶段的供应商提供给生产最终品的企业的中间投入，经过质量调整的最终品的生产函数为：

$$q = \theta \left(\int_0^1 x(j)^{\partial} I(j) \, dj \right)^{1/\partial} \qquad (1)$$

其中 θ 是生产最终品企业的生产率参数，$1/(1-\partial)$ 是不同生产阶段中中间投入品的常替代弹性。$I(j)$ 是指示性函数，使得：

$$I(j) = \begin{cases} 1 & \text{如果所有的第} j' \text{阶段已经完成生产，其中} j' < j \\ 0 & \text{其他} \end{cases} \qquad (2)$$

行业中存在着许多生产最终品的企业，不同企业生产的最终品存在着差异。并且假设每个阶段中间投入品的供应商生产一单位的中间投入品的边际成本都为 c（在后面内容中我们将放松这一对称性的假设）。消费者的偏好是同质的，效用函数为：

$$U = \left(\int_{w \in \Delta} (\varphi(w) q'(w))^{\rho} dw \right)^{1/\rho} \tag{3}$$

其中 Δ 是最终品种类集合，$\varphi(w)$ 是第 w 种最终品的质量，$q'(w)$ 是非质量调整的消费数量，$1/(1-\rho)$ 为消费者的需求弹性，$\rho \in (0,1)$。此外有 $q(w) \equiv \varphi(w) q'(w)$。假设 E 为消费者可支配支出，根据消费者的预算约束有：

$$\int_{w \in \Delta} p(w) q'(w) dw = E \tag{4}$$

最终品企业需要与每个阶段的中间投入品提供商通过谈判达成协议。假设最终品企业通过投资设立子企业，并与这个子企业签订提供某一阶段中间投入品的协议时，最终品企业将获得这一阶段生产得到的增加值的 β_v 份额；如果最终品企业将这一阶段的中间投入品外包给其他供应商，最终品企业将获得这一阶段生产得到的增加值的 β_o 份额。由于相比于外包的供应商，最终品企业对子企业具有更多的控制权，在谈判中具有更大的讨价还价能力，因此假设 $\beta_v > \beta_o$。根据生产函数我们可以得到第 m 阶段的收益为：

$$r(m) = A^{1-\rho} \theta^{\rho} \left[\int_0^m x(j)^{\partial} dj \right]^{\frac{\rho}{\partial}} \tag{5}$$

其中 $A > 0$ 是由所有行业其他需求的解释变量决定的，可以看作外生的。再利用 Leibniz 法则，我们可以得到第 m 阶段收益的增加值为：

$$r'(m) = \frac{\partial r(m)}{\partial m} = \frac{\rho}{\partial} (A^{1-\rho} \theta^{\rho})^{\frac{\partial}{\rho}} r(m)^{\frac{\partial-\partial}{\rho}} x(m)^{\alpha} \tag{6}$$

由式（6）可以得到：当 $\rho > \partial$ 时，第 m 阶段以前的阶段提供的中间投入品越多，$r(m)$ 将越大，第 m 阶段的收益增加值 $r'(m)$ 也将越大；当 $\rho < \partial$ 时，第 m 阶段以前的阶段提供的中间

投入品越多，$r(m)$ 将越大，第 m 阶段的收益增加值 $r'(m)$ 却越小。

由于第 m 阶段的供应商可以获得 $1 - \beta(m)$ 份额的第 m 阶段的收益增加值，其中：

$$\beta(m) = \begin{cases} \beta_o & \text{如果最终品企业外包第 } m \text{ 阶段} \\ \beta_v & \text{如果最终品企业一体化第 } m \text{ 阶段} \end{cases} \tag{7}$$

因此根据中间投入品供应商的利润最大化原则，可以得到：

$$\operatorname*{Max}_{x(m)} \pi_s(m) = (1 - \beta(m)) \frac{\rho}{\partial} (A^{1-\rho} \theta^\rho)^{\frac{\rho}{\rho}} r(m)^{\frac{\rho-\partial}{\rho}} x(m)^\alpha - c x(m) \tag{8}$$

其中 $x(m)$ 是第 m 阶段中间投入品供应商的中间投入。由式（8）可以得到：

$$x(m) = \left[(1 - \beta(m)) \frac{\rho (A^{1-\rho} \theta^\rho)^{\frac{\partial}{\rho}}}{c} \right]^{\frac{1}{1-\partial}} r(m)^{\frac{\rho-\partial}{\rho(1-\partial)}} \tag{9}$$

由式（9）我们可以看出当 $\beta(m)$ 减小时，$x(m)$ 将增大。由于 $\beta_v(m) > \beta_o(m)$，因此当最终品企业将第 m 阶段的中间投入品外包给其他供应商时，将会有利于激励第 m 阶段的中间投入品的供给。另外由式（9）可以看出：如果 $\rho > \partial$，那么第 m 阶段以前的阶段的中间投入品供应得越多，第 m 阶段提供的中间投入品也会越多，我们称之为顺序互补；如果 $\rho < \partial$，那么第 m 阶段以前的阶段的中间投入品供应得越多，第 m 阶段提供的中间投入品却越少，我们称之为顺序替代。

进一步我们将式（9）代入式（5）中，可以得到：

$$r'(m) = \frac{\rho}{\partial} \left(\frac{(1 - \beta(m)) \rho \theta}{c} \right)^{\frac{\partial}{1-\partial}} A^{\frac{\partial}{\rho} \langle \frac{1-\rho}{1-\partial} \rangle} r(m)^{\frac{\rho-\partial}{\rho(1-\partial)}} \tag{10}$$

其中式（10）为一阶微分方程，利用初始条件 $r(0) = 0$，得到：

$$r(m) = A \left(\frac{1-\rho}{1-\partial} \right)^{\frac{\rho(1-\partial)}{\partial(1-\rho)}} \left(\frac{\rho \theta}{c} \right)^{\frac{\rho}{1-\rho}} \left[\int_0^m (1 - \beta(j))^{\frac{\partial}{1-\partial}} dj \right]^{\frac{\rho(1-\partial)}{\partial(1-\partial)}} \tag{11}$$

再将式（11）代回式（9），我们就可以求出第 m 阶段的中间投入品的供应量 $x(m)$，得到：

$$x(m) = A\left(\frac{1-\rho}{1-\partial}\right)^{\frac{\rho-\partial}{\partial(1-\rho)}}\left(\frac{\rho}{c}\right)^{\frac{1}{1-\rho}}\theta^{\frac{\rho}{1-\rho}}(1-\beta(m))^{\frac{1}{1-\partial}}$$

$$\left[\int_0^m (1-\beta(j))^{\frac{\partial}{1-\partial}}dj\right]^{\frac{\rho-\partial}{\partial(1-\rho)}} \tag{12}$$

最终品企业的利润为 $\pi_F = \int_0^1 \beta(j)r'(j)dj$，利用式（10）和式（11），我们可以计算得到最终品企业的利润函数为：

$$\pi_F = A\frac{\rho}{\partial}\left(\frac{1-\rho}{1-\partial}\right)^{\frac{\rho-\partial}{\partial(1-\rho)}}\left(\frac{\rho\theta}{c}\right)^{\frac{\rho}{1-\rho}}\int_0^1 \beta(j)(1-\beta(j))^{\frac{\partial}{1-\partial}}$$

$$\left[\int_0^j (1-\beta(k))^{\frac{\partial}{1-\partial}}dk\right]^{\frac{\rho-\partial}{\partial(1-\rho)}}dj \tag{13}$$

对于每一个阶段 $j \in [0,1]$，最终品企业选择 $\beta(j) \in \{\beta_v, \beta_o\}$ 使得利润 π_F 最大化，即最终品企业根据利润最大化的原则选择是否对第 m 阶段实行一体化或外包。这里借鉴 Antras 和 Helpman（2004，2008）的方法，假设最终品企业可以自由地从 $[0,1]$ 中选择 $\beta(m)$，因此利用 π_F 对 $\beta(m)$ 求一阶偏导数得到：

$$\frac{\partial \pi_F}{\partial \beta(m)} = \tau\,\theta^{\frac{\rho}{1-\rho}}(1-\beta(m))^{\frac{\partial}{1-\partial}-1}\varnothing(m) \tag{14}$$

其中：

$$\varnothing(m) = \left(1-\frac{\beta(m)}{1-\partial}\right)\left[\int_0^m (1-\beta(k))^{\frac{\partial}{1-\partial}}dk\right]^{\frac{\rho-\partial}{\partial(1-\rho)}} -$$

$$\frac{\rho-\partial}{(1-\partial)(1-\rho)}\int_m^1 \beta(j)(1-\beta(j))^{\frac{\partial}{1-\partial}}\left[\int_0^j (1-\beta(k))^{\frac{\partial}{1-\partial}}dk\right]^{\frac{\rho-\partial}{\partial(1-\rho)}-1}dj \tag{15}$$

并且 $\tau = A\frac{\rho}{\partial}\left(\frac{1-\rho}{1-\partial}\right)^{\frac{\rho-\partial}{\partial(1-\rho)}}\left(\frac{\rho}{c}\right)^{\frac{\rho}{1-\rho}}$ 为正的常数。

当 $\varnothing(m) = 0$ 时，可以得到最终品企业和第 m 阶段的中间投入品供应商（或子企业）对于第 m 阶段的收益增加值的最优划分份额 $\beta^*(m)$，有：

$$\beta^*(m) = \max\left\{1-\partial\right.$$

$$-\frac{\dfrac{\rho-\partial}{1-\rho}\displaystyle\int_{m}^{1}\beta(j)(1-\beta(j))^{\frac{\partial}{1-\partial}}\left[\displaystyle\int_{0}^{j}(1-\beta(j))^{\frac{\partial}{1-\partial}}\right]^{\frac{\rho-\partial}{\partial(1-\rho)}-1}}{\left[\displaystyle\int_{0}^{m}(1-\beta(k))^{\frac{\partial}{1-\partial}}dk\right]^{\frac{\rho-\partial}{\partial(1-\rho)}}},0\Bigg\}\ (16)$$

定理 1：当 $\rho > \partial$ 时，即生产阶段为顺序互补时，第 m 阶段的收益增加值的最优划分份额 $\beta^*(m)$ 是 m 的弱增函数，并且当 $\lim\limits_{m\to0}\beta^*(m)=0$ ，$\beta^*(1)=1-\partial$ ；当 $\rho < \partial$ 时，即生产阶段为顺序替代时，第 m 阶段的收益增加值的最优划分份额 $\beta^*(m)$ 是 m 的弱减函数，并且当 $\lim\limits_{m\to0}\beta^*(m)=1$ ，$\beta^*(1)=1-\partial$ 。

两种类型生产阶段的收益增加值的最优划分份额 $\beta^*(m)$ 与 m 的关系如图 5 - 1（a）和图 5 - 1（b）所示。

由图 5 - 1（a）可以看出，当最终品企业所面临的需求弹性较大时，即 $\rho > \partial$ ，最终品企业会将初始的生产阶段外包给其他中间投入品的供应商；由图 5 - 1（b）可以看出，当最终品企业所面临的需求弹性较小时，即 $\rho < \partial$ ，对于初始的生产阶段，最终品企业将会选择一体化的生产方式，即最终品企业将会通过投资设立子企业，子企业生产初始阶段的中间投入品提供给母企业（最终品企业）。

以上我们分析的是生产阶段的上游生产方式，接下来我们分析生产阶段的下游生产方式。需要注意的是图 5 - 1 中，尽管画出了 $\beta_v > 1-\partial > \beta_o$ 的情景，但实际上我们只能确定 $\beta_v > \beta_o$。β_v 或 β_o 与 $1-\partial$ 的相对大小并不确定。当 $\beta_v < 1-\partial$ 时，在两种类型的生产阶段中，最终品企业都会将最下游的生产阶段以一体化的方式进行生产，即最终品企业此时将会通过投资的方式设立子企业，子企业为最终品企业生产提供最下游生产阶段所需的中间投入品；当 $\beta_o > 1-\partial$ 时，在两种类型的生产阶段中，最终品企业都会将最下游的生产阶段以外包的方式进行生产，即最终品企业此时会将最下游的生产阶段外包给其他供应商，供应商生产提供最下游生产阶段所需的中间投入品给最终品企业；当 $\beta_o < 1-\partial < \beta_v$ 时，下游的生产阶段是实行一体化的生产方式还是实行外包的

(a)生产阶段互补（$\rho > \partial$）

(b)生产阶段替代（$\rho > \partial$）

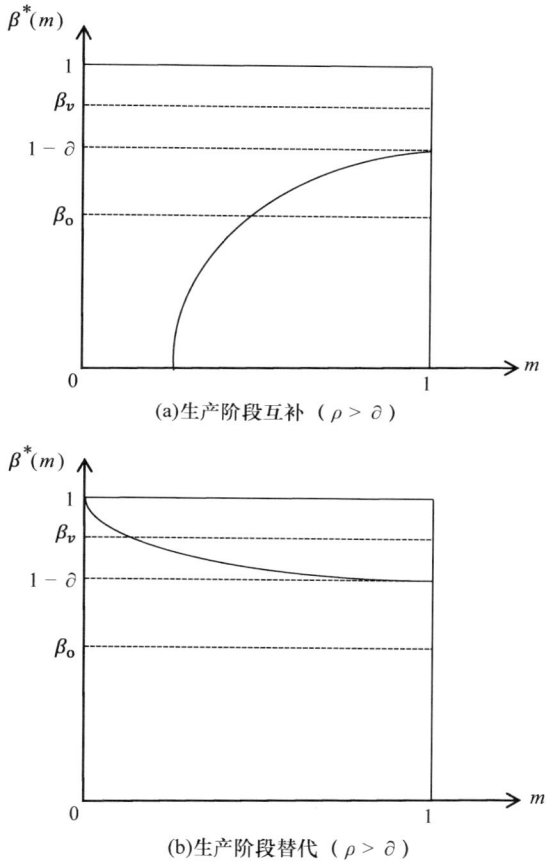

图 5-1 增加值的最优划分份额 $\beta^*(m)$ 与 m 的关系

生产方式取决于其他参数，需要具体问题具体分析。

总之，当最终品企业具有较弱的市场定价能力时，即 $\rho > \partial$，企业应将相对的上游生产阶段外包出去，由其他供应商提供上游生产所需的中间投入品，同时应将下游的生产阶段一体化于企业内部，既通过投资设立子企业为母企业生产提供下游的中间投入品；当最终品企业具有较强的市场定价能力时，即 $\rho < \partial$，企业应将相对的下游生产阶段外包出去，由其他供应商提供下游生产所需的中间投入品，同时应将上游的生产阶段一体化于企业内部，

既通过投资设立子企业为母企业生产提供上游的中间投入品。

定理2：在生产阶段互补的情形中，存在唯一的 $m_c^* \in (0,1)$，使得：（i）所有的 $m \in [0, m_c^*]$ 阶段将会被外包出去，（ii）所有的 $m \in [m_c^*, 1]$ 阶段将会被企业一体化为企业的边界内部；在生产阶段替代的情形中，存在唯一的 $m_s^* \in (0,1)$，使得：（i）所有的 $m \in [0, m_s^*]$ 阶段将会被一体化为企业内部，（ii）所有的 $m \in [m_s^*, 1]$ 阶段将会被外包出去。

具体有：

$$m_c^* = \min \left\{ \left[1 + \left(\frac{1 - \beta_o}{1 - \beta_v} \right)^{\frac{\partial}{1 - \partial}} \left[\left(\frac{1 - \frac{\beta_o}{\beta_v}}{1 - \left(\frac{1 - \beta_o}{1 - \beta_v} \right)^{-\frac{\partial}{1 - \partial}}} \right)^{\frac{\partial (1 - \rho)}{\rho - \partial}} - 1 \right] \right]^{-1}, 1 \right\}$$

（17）

和

$$m_s^* = \min \left\{ \left[1 + \left(\frac{1 - \beta_v}{1 - \beta_o} \right)^{\frac{1}{1 - \partial}} \left[\left(\frac{\left(\frac{1 - \beta_v}{1 - \beta_o} \right)^{-\frac{\partial}{1 - \partial}} - 1}{\frac{\beta_v}{\beta_o} - 1} \right)^{\frac{\partial (1 - \rho)}{\partial - \rho}} - 1 \right] \right]^{-1}, 1 \right\}$$

（18）

定理3：当生产价值链中同时存在一体化和外包的两种生产组织方式时，需求弹性的下降，即 ρ 的下降，将会扩大垂直一体化的生产阶段的分布范围。

这是因为需求弹性下降时，企业具有更大的市场势力，具有更多的定价权，此时最终品企业会更加看重一体化所带来的更大的增加值份额，即选择 $\beta_v (\beta_v > \beta_o)$，而较少地考虑到一体化所带来的无效率投资。

二 跨境产业转移模式选择的拓展模型

以上基准模型中存在三个缺陷：一是基准模型中并没有考虑到不同行业对总部要素密集使用程度的不同（Antras & Helpman，

2004）；二是基准模型中并未突出最终品企业的异质性；三是基准
模型假设不同生产阶段的中间投入品的边际成本都是 c，这与现实
中不同中间投入品的供应商具有不同的生产率和不同区位的生产
要素的价格不相同的现实相违背。为了弥补以上缺陷，现对基础
模型进行拓展，进一步考察在不同生产阶段中企业的一体化或外
包的抉择。

（一）总部服务密集型行业

借鉴 Antras 和 Helpman（2004）的模型，假设生产中需要总
部服务要素（研究开发和管理投入等），并且总部服务要素只能由
最终品企业（母企业）提供。为了将总部服务要素吸纳到基准模
型中，我们将经过质量调整的最终品的生产函数［式（1）］修
正为：

$$q = \theta \left(\frac{h}{\mu} \right)^{\mu} \left(\int_0^1 \left(\frac{x(j)}{1-\mu} \right)^{\partial} I(j)\, dj \right)^{\frac{1}{\partial}} \tag{19}$$

其中 h 是最终品企业（母企业）提高的总部服务。u 为生产中
总部要素所占的份额。根据生产函数［式（19）］我们可以得到
第 m 阶段的收益为：

$$r(m) = A^{1-\rho}\, \theta^{\rho} \left(\frac{h}{\mu} \right)^{\rho\mu} (1-\mu)^{-\rho} \left[\int_0^m x(j)^{\alpha} dj \right]^{\frac{\rho}{\partial}} \tag{20}$$

其中 $\rho' \equiv (1-\mu)\rho$。由于总部服务是在最终品企业（母企业）
与中间投入品供应商或子企业进行协议谈判之前就已经投资生产，
因此总部服务要素的引入对我们在基准模型中的分析思路和结论
影响不大。类似的分析我们可以得到企业在第 m 阶段的一体化或
外包的抉择取决于 $\rho' \equiv (1-\mu)\rho$ 与 ∂ 的相对大小。当 ρ 较大和 μ
较小时，企业更倾向于外包上游的生产阶段，而通过投资设厂一
体化下游的生产阶段；当 ρ 较小和 μ 较大时，企业更倾向于通过投
资设厂的方式一体化上游的生产阶段，而将下游的生产阶段外包
给其他的中间投入品供应商。定理 2 和定理 3 的结论依然成立。
需要特别说明的是：当最终品企业（母企业）同时通过一体化和
外包的生产方式获取中间投入品时，u 越大，采用一体化方式的生

产阶段也越多，即当最终品企业（母企业）所在的行业是总部服务密集型的行业，那么该企业更倾向于将更多的生产阶段一体化于企业内部，更倾向于通过投资设厂的方式来获取生产过程中所需的中间投入品。

（二）异质性的最终品生产企业

在基准模型中我们假设不同最终品企业都具有相同的生产率，即最终品企业是同质的。这里我们采用 Melitz（2003）的方法放松这一假设。假设企业从帕累托分布 $G(\theta)$ 中独立地抽取自己的生产率水平 θ。其中帕累托分布 $G(\theta)$：

$$G(\theta) = 1 - \left(\frac{\underline{\theta}}{\theta}\right)^{z} \tag{21}$$

其中 $\underline{\theta}$ 是企业进入市场的门槛值，z 是帕累托分布 $G(\theta)$ 的方差的倒数。此外，同外包相比，一体化需要投资设厂，需要更多的资源用于对子企业的管理、协调和交流沟通等，因此相比于外包的固定组织成本 f_o，一体化的固定组织成本 f_v 更高，即 $f_v > f_o$。

类似分析我们可以得到：（1）对于互补性生产阶段（$\rho > \partial$），存在唯一的 $m_c^* \in (0,1)$，使得：（i）所有的 $m \in [0, m_c^*]$ 阶段将会被外包出去，（ii）所有的 $m \in [m_c^*, 1]$ 阶段将会被企业一体化为企业的边界内部。不同的是，此时 m_c^* 不存在显示解，m_c^* 满足以下条件：

$$m_c^{\frac{\rho-\partial}{\partial(1-\rho)}} \left[\left(1 - \frac{\beta_o}{\beta_v}\right) - \left(1 - \left(\frac{1-\beta_v}{1-\beta_o}\right)^{\frac{\partial}{1-\partial}}\right)\right.$$
$$\left[1 + \left(\frac{1-\beta_v}{1-\beta_o}\right)^{\frac{\partial}{1-\partial}} \left(\frac{1-m_c}{m_c}\right)\right]^{\frac{\rho-\partial}{\partial(1-\rho)}}\right] = \frac{f_v - f_o}{\aleph\,\theta^{\frac{\rho}{1-\rho}}} \tag{22}$$

由式（22）我们得到：当 θ 增大时，m_c 将减少，也就是说生产率越高的企业，它的产品的不同生产阶段外包的范围更小，一体化的生产阶段更多，即生产率越高的企业越倾向于一体化。

（2）对于替代性生产阶段（$\rho < \partial$），也存在唯一的 $m_s^* \in (0,1)$，使得：（i）所有的 $m \in [0, m_s^*]$ 阶段将会被一体化为企业

内部，（ii）所有的 $m \in [m_s^*, 1]$ 阶段将会被外包出去。并且当 θ 增大时，m_s 将增加，更多的生产阶段将被企业以一体化的生产方式进行生产。

通过（1）和（2）的对比，我们可以看出，在考虑企业异质性时，基准模型的结论依然成立，并且无论是哪种生产类型，生产率越高的企业都更倾向于一体化的生产方式，更倾向于通过投资设立子企业 i 为母企业提供生产所需的中间投入品。

（三）中间投入品的生产异质性

在基准模型中假设不同阶段的中间投入品都是以相同的边际成本 c 进行生产的，这与现实不相符合。那么依靠这种以相同的边际成本 c 进行中间投入品生产的简化假设而推导分析得到的结论是否在现实情况中也成立呢？为此我们将经过质量调整的最终品的生产函数修正为：

$$q = \theta \left(\int_0^1 (\varphi(j)x(j))^{\partial} I(j)dj \right)^{1/\partial} \tag{23}$$

其中 $\varphi(j)$ 表示不同生产阶段的边际产出。另外将不同生产阶段的中间投入品的边际成本设为 $c(j)$，以体现不同生产阶段的供应商或子企业的生产率的不同和所在地要素价格的不同。经过类似于基准模型的推导分析，我们发现定理 2 和定理 3 的结论在考虑到不同阶段的中间投入品生产的异质性时依然成立。

三　研究结论

本书利用了异质性企业内生边界理论和全球价值链理论，借鉴了 Antras 和 Chor[1] 基于异质性企业内生边界理论的研究框架，构建全球公司组织模式选择的理论模型，分析了企业的内生性边界，并得出了许多具有建设性的结论。

（1）当最终品企业（母企业）所面对的市场需求弹性较大时，最终品企业（母企业）具有较弱的市场定价能力，此时母企

---

[1]　Antràs P., Chor D., "Organizing the Global Value Chain", *Econometrica*, Vol. 81, No. 6, 2013, pp. 2127 - 2204.

业应将相对的上游生产阶段外包出去，由其他供应商提供上游生产所需的中间投入品，同时应将下游的生产阶段一体化于企业内部，既通过投资设立子企业为母企业生产提供下游的中间投入品；而当最终品企业（母企业）所面对的市场需求弹性较小时，母企业具有较强的市场定价能力，此时母企业应将相对的下游生产阶段外包出去，由其他供应商提供下游生产所需的中间投入品，同时应将上游的生产阶段一体化于企业内部，既通过投资设立子企业为母企业生产提供上游的中间投入品。

（2）无论生产阶段是顺序替代型还是顺序互补型，若最终品企业（母企业）所面对的市场需求弹性下降了，母企业将具有更强的市场势力，此时母企业应扩大垂直一体化的生产阶段的分布范围，即应将更多的生产阶段通过投资设立子企业的方式来为母企业生产提供所需的中间投入品。

（3）当最终品企业（母企业）所在的行业是总部服务密集型的行业，那么该企业更倾向于将更多的生产阶段一体化于企业内部，更倾向于通过投资设厂的方式来获取生产过程中所需的中间投入品。

（4）无论生产阶段是顺序替代型还是顺序互补型，生产率越高的企业都更倾向于一体化的生产方式，更倾向于通过投资设立子企业为母企业提供生产所需的中间投入品。

第二节　中国建设跨国公司的战略框架

当然第二节的模型为我们探讨一般意义上企业的全球化组织形式提供了一个基础的理论框架，而对于发展中国家尤其是中国建设全球公司进程中对于外包和一体化策略选择及相关企业治理策略，仍需要我们探索出更具针对性的战略方案。

根据 IBM 发布的《中国企业如何制胜于全球化新时代》指出，全球公司的主要特点是：抓住全球市场的增长机遇；利用全球的技能、流程和技术实现跨边界无缝运作；利用全球资产带来的强大能力；通过开发和合作，获得一流的全球竞争力；通过与全球客户和合作伙伴协作而实现。国内研究全球公司的系列代表性文献王志乐[1]也指出，全球公司通过全球战略、管理架构和理念文化的调整，成功地吸纳整合了全球资源，与一般跨国公司相比，全球公司的全球化程度大大增加，全球竞争力和盈利能力也相应地增强。因此，新常态下建设中国的全球公司主要包括三个阶段：一是适应全球化；二是推进全球化；三是实现全球化。按此步骤，中国企业首先应该建立一套有效的全球公司治理机制来管理日益复杂的业务，清晰定义总部与子公司之间的角色和职责分工以及决策方式。同时，需要从全球角度整合所有职能，实现效益最大化。尽管企业常常从核心竞争力最密切相关的领域着手（例如，供应链和制造），但整合后台运营其实也能带来明显价值，如财务、人力资源等。最后，中国企业应该考虑以独特的技术使用方式来兼顾全球和本地的矩阵式运营。对此，我们认为具体可以从如下八个方面进行努力：一是领导力；二是可重复的流程；三是优化资产；四是整合能力；五是组织变革；六是技术优化；七是品牌塑造；八是合规经营。对于中国建设全球公司的战略框架及其实施，见表 5 – 1。

一　企业领导力塑造

为了提高公司的竞争力和效率，要求公司领导层能充分利用跨国公司的各种规模经济和范围经济的优势，以及全球市场定位中的潜在竞争优势。为此跨国公司领导层必须对跨国经营机会和潜在风险具备洞察力，还要具备超越这些障碍，协调、整合跨国经营运作、获取潜在利润的能力。在愈演愈烈的全球竞争中，只有具备全球视角和责任心的管理层，才能制定出符合跨国公司现

---

① 王志乐：《被动防御还是主动整合——新时期对外开放战略的选择》，《浙江经济》2007 年第 6 期；王志乐：《我国企业"走出去"与合规经营》，《国际经济合作》2012 年第 11 期；王志乐：《强化企业合规文化建设》，《思想政治工作研究》2015 年第 7 期。

在和未来的利润最大化的战略方针，才能根据战略目标合理地调配跨国界的全球资产和资源，才能协调好跨国公司内部的高效的运作。因此公司管理层必须充当好三个角色：全球经营战略的制定者、全球资产和资源结构的设计者和跨国界的协调者。在跨国公司发展的不同阶段，需要设计不同的组织结构。当跨国公司发展到全球性结构时所采用的组织形式为全球结构。而全球性结构大体可分为全球职能机构、全球产品结构、全球地区结构和全球矩阵结构。具体采用哪一种结构，就需要领导者做出决策。当领导者采取正确的组织结构时能促进组织的发展，当领导者采取不适合公司发展的组织结构时就会阻碍公司的进步。

表 5 - 1   中国建设全球公司的战略框架

	指标	战略实施
中国建设全球公司的战略框架	领导力	高级主管具备全球整合转型的洞察与责任，企业资源以全球视角进行组织和监控/管理
	可重复的流程	业务的全球组件化、采用共用标准和最佳实践、流程的全球标准化
	优化资产	采用全球化理念，在最能发挥潜力的地方执行流程，无论在任何地点都利用创新，能够在适当的时间以适当的成本获得适当的技能，所有地区和所有业务单位都具备技能高超的劳动力和管理团队
	整合能力	实现全球职能的无缝整合，共享支持流程以增强生产力，通过水平整合而注重端到端流程，并提高效益和效率
	组织变革	高效的变革管理，持续治理，业务战略与经营执行直接关联
	技术优化	利用技术实现全球整合，通过消除冗余系统并减少手工活动而提高成本效率
	品牌塑造	利用全球价值链的技术环境，着力实现产品质量升级和全球知名品牌塑造，走出"自主品牌误区"
	合规经营	建立和健全企业内部的合规体系，加强合规风险预警和控制机制

二　可重复的流程设计

可重复的流程可以规范社会的生产活动，规范市场行为，引领经济社会发展，推动建立最佳秩序，促进相关产品在技术上的相互协调和配合。随着科学技术的发展，生产的社会化程度越来越高，技术要求越来越复杂，生产协作越来越广泛。许多工业产品和工程建设，往往涉及几十个、几百个甚至上万个企业，协作点遍布世界各地。这样一个复杂的生产组合，客观上要求必须在技术上使生产活动保持高度的统一和协调一致。这就必须通过制定和执行许许多多的技术标准、工作标准和管理标准，使各生产部门和企业内部各生产环节有机地联系起来，以保证生产有条不紊地进行。全球标准化有利于实现科学管理和提高管理效率。标准化可以使资源合理利用，可以简化生产技术，可以实现互换组合，为调整产品结构和产业结构创造了条件。全球标准化不但为扩大生产规模、满足市场需求提供了可能，也为实施售后服务、扩大竞争创造了条件。需要强调的是，由于生产的社会化程度越来越高，各个国家和地区的经济发展已经同全球经济紧密结成一体，标准和标准化不但为世界一体化的市场开辟了道路，也同样为进入这样的市场设置了门槛。标准化有利于稳定和提高产品、工程和服务的质量，促进企业走质量效益型发展道路，增强企业素质，提高企业竞争力。标准的水平标志着产品质量水平，没有高水平的标准，就没有高质量的产品和强大的市场竞争力。

三　资产优化配置

资产配置应随企业经营情况调整。在企业发展的过程中，企业资产配置结构是否完善，不仅关系着企业一切财务活动的顺利运行，而且还关系着企业运营的正常发展，因而在企业整体管理中有着极其重要的作用。而企业的经营情况作为企业一切经济效益的根本来源，是维持企业一切经济活动的必要因素。由此就需要在企业资产配置的过程中，结合着企业的日常经营状况进行及时的整合。只有这样，才能实现企业利润的最大化。另外企业管理人员的管理水平，不仅决定了企业资产的使用效率，同时还决定了企业今后的发展。而在优化企业资产的过程中，公司充分结合企业管理人员的水平进行优化。针对管理水平高的管理人员，可以将有限的资产发挥在"刀刃"上，在减少资产损失的同时，提高资产的利用率。此外，在优化实物资产结构的过程中，主要包括以下三个方面：首先，针对企业固有的资产进行优化，提高资产的优化质量和利用率。其次，针对企业半成品等存货进行质量优化，在保证产品质量的同时，防止出现潜亏、账实不符等现象。最后，增加产品的知识含量，在日常经营中，坚决杜绝假冒伪劣产品的出现，打好公司"好品牌"的旗帜。要改善企业资产结构，提高资产利用率和效益，企业首先要做好企业内部资产的整合。企业内部资产的整合是指各种资产在现有经营条件下，使各种资产占用量优化，各种资产间的比例平衡、协调，进而降低资产占用的成本，提高资产利用率，最后使企业效益最大化。实现企业内部资产的整合，企业首先要进行市场调查，了解所在行业各企业目前的经营状况，分析市场需求和发展趋势，对本企业建设项目和开发产品进行市场定位；同时增强对新产品的开发力度，为企业的发展寻找新的增长点。然而，仅仅依靠内部调整是不够的。资产必须在企业与企业之间进行流动和转移，才能够达到结构优化的目的，这就要进行资产重组。一方面收购兼并，跨国公司利用其机制、管理和技术的优势，有计划地收购优质资产，实现资本或资产的快速膨胀；另一方面企业将与主营业务无关的业务或者质量差的资产进行出售处置。

四　整合运用能力

成功的跨国企业必须具有很强的整合能力，将不同的财力和物力融合成为企业的资源，并灵活地运用以追求新的机会。如果企业没有很强的整合能力，那么开拓新业务的能力与机会也将受到很大的削弱。整合能力就像一种黏合剂，将不同部分融合在一块儿，协调它们的开创性的活动。资源并不能自动产生竞争优势，要想让资源能够产生竞争优势，形成企业核心竞争力，就必须对不同类型资源进行有效整合。资源整合是一个动态的过程，对于一个企业或组织来说，必须要时刻学会将与企业战略密切相关的资源融合到企业的核心资源体系中来，这项任务伴随着企业的整个生命周期。在企业的整个资源体系中，资源整合始终处于一个非常关键的位置，它是创造新资源、提高资源使用效率和效能的前提。因此，企业资源整合能力，即在企业生产经营活动过程中所具有的选择、汲取、配置、激活和融合企业不同类型资源的能力，将决定着企业资源的效能能否得到充分有效发挥，亦将影响着企业竞争优势。

资源整合具有以下四大特征：（1）激活特征。资源只有被激活才能发挥其效能，实现价值创造。（2）动态特征。资源整合受外部环境的变化而变化，新创企业在成立初期以及后来的成长发展过程中都会采取不同的资源整合方式。（3）系统特征。在资源整合的前期识别与汲取阶段，就必须构建一个系统的资源体系结构，使各种资源匹配和功能互补。资源的整合要将企业所有资源纳入整体中，形成一个体系。（4）价值增值特征。资源整合通过对各种资源进行有机结合和相互匹配，使其达到"1＋1＞2"的效果，而不是简单的加总。

五　组织机构变革

企业的组织结构形式取决于经营战略，又会促进战略的实施。并不存在适用于所有跨国公司的最佳的组织结构形式，中国的跨国经营企业应根据自身发展的需要和企业内外部环境等因素，选择合理的组织结构和管理形式，来确保国际化经营战略的实施。由于影响跨国经营企业组织结构选择的诸多因素具有复杂性和动态性，因此中国跨国经营企业的组织结构和控制管理也要随之不断调整，来适应激烈的国际竞争。目前我国跨国企业的组织结构主要存在组织结构僵化、组织战略落后于国际化经营战略的需要、结构刚性、对市场反应不灵敏、分公司缺乏组织权等问题。要解决这些问题，我国企业首先要在思想上重视组织结构战略对企业全球战略实施的重要性，摒弃组织结构战略不能迅速转化为直接经济效益的狭隘观念。其次要建立明确的国际化经营战略，并从全球视角出发构建企业的组织结构，企业应在综合分析自身成长阶段、行业特征、竞争优势等因素的基础之上，确定合理的整体战略目标。最后要改革用人机制，建立现代企业人力资源管理制度，确保组织结构战略的优先实行。具体的结构变革可以主要有两种类型。一是促进企业组织结构的扁平化。所谓组织扁平化，就是通过破除公司自上而下的垂直高耸的结构、减少管理层次、增加管理幅度、裁减多余人员来建立一种紧凑的横向组织达到使组织变得灵活、高效、富有韧性和创造性的目的。二是促进企业组织结构向网络化转变。网络化的组织结构可以大大提高企业内部各部门之间以及企业与外界信息交流的效率，有利于扭转中国跨国经营企业信息传递效率低下的现状。

六　技术升级优化

我国企业要在跨国经营中不断提升技术，必须首先建立规范的生产管理流程。规范的生产管理流程可以使我国跨国企业与产业链的核心供应商和国外顾客保持长期的联系和合作，可以逐步进入到跨国公司的国际生产和技术网络中去，逐渐实现由模仿、改进到自主创新的转变。规范的生产管理流程也是企业具备学习吸收能力、技术提升能力和创新能力的保证，是企业形成并不断加强核心能力的必要条件。另外在经济全球化背景下，我国企业"走出去"可以通过合资、并购和联盟等方式获取和提升技术，可以使企业的技术提升由被动变主动。同时我国企业也应重视通过国际研发提升技术。国际研发可以使得企业充分接近东道国前沿技术资源，跟踪、学习和获取先进技术和适用技术，还可以充分利用国际研发的逆向转移和知识溢出，向国内的进行技术转移和扩散，带动跨国公司的技术水平的提升。中国企业在对外直接投资的技术提升中，虽然技术的学习、吸收、借鉴和改进十分重要，但是自主创新仍是重中之重。在学习、借鉴的基础上持续自主创新是企业技术实力提升的源泉，如此才能使企业保持和增强其持久的全球竞争能力。在全球化的市场竞争中，中国的跨国企业必须树立危机感，只有进行技术的自主创新，中国企业才能提高核心竞争力，更好地发挥后发优势和在国际市场上赢得竞争优势；只有真正拥有自主创新能力，才能摆脱过多依赖国外技术的被动局面，"中国制造"才能变为"中国创造"，才能形成具有自主核心技术的名牌产品。

七　品牌形象塑造

企业实施品牌国际化会为企业带来五大优势：（1）国际品牌能够为企业在世界范围内形成稳定的需求，企业因而可以实现大量生产和大量流通的规模效应，实现生产与流通的规模经济。（2）实施品牌国际化，企业可以在包装、促销、广告宣传以及其他营销沟通方面进行统一的行动，节省大量的经营和营销成本。（3）国际品牌向世界各地的消费者传递这样一种信息，即他们的服务或产品是值得信赖的。（4）国际品牌运用各种媒体资源对不同国家的消费者进行统一的品牌宣传，展示统一的品牌形象，能反映出该品牌相同的价值观保持品牌形象的一贯性。（5）品牌国际化能增强企业组织的竞争能力，无论是在企业的研发、营销还是生产制造方面，企业都能在全球范围内汲取新的知识，能不断创新，或提高整体竞争力。我们可以看到打造全球知名品牌对企业特别是全球公司的发展极具意义。但就我国企业当前而言，虽然随着我国经济不断发展、国内竞争日趋激烈及企业实力的逐渐增强，一些在各自行业中处于领先地位的企业已经开始努力创建国际知名品牌。有些企业已经在海外建立研发、生产、营销机构，进入了品牌国际拓展的快车道。不过，总体来看，我国仍然是一个制造大国、品牌弱国，突出表现为国际知名品牌的数量与发达国家相比还有非常大的差距。所以，打造全球知名品牌是我国企业做大做强，走出国门必须面对的一个问题。我国企业要想打造全球知名品牌必须始终坚持四种价值观：一是人的价值高于物的价值；二是共同价值高于个人价值；三是社会价值高于利润价值；四是用户价值高于生产价值。在品牌建立和管理过程中，"品牌建设靠的就是五分素质、三分文化和二分长相"。这个规律简单地说就是，"企业要用五分的气力提升自己的素质，三分的气力构筑自己的文化，二分的气力完善自己的形象"。

八　完善合规经营

企业社会责任的概念是由 H. R. Bowen[①] 在《商人的社会责任》中第一次提出，将企业社会责任定义为"商人按社会的目标和价值向有关政策靠拢，做出相应的决策，采取理想的具体行动的义务"。A. B. Carroll[②] 将企业社会责任分为经济责任、法律责任、伦理道德责任和慈善责任四个层次，并提出了企业社会责任金字塔模型。企业的合规性包括遵守法律法规、自己总部和投资所在国国家的法律法规，遵守公司自己制定的规章制度，还有企业员工要遵守或者追求一种道德规范、职业操守。（1）在承担全面的社会责任和环境责任方面，王志乐[③]指出全球公司在东道国树立诚信合规企业公民形象最主要的途径是管理好在东道国投资的企业，在负责任的商业行为方面发挥示范和带动作用。在承担股东责任的同时，要求其承担东道国的社会责任，保障劳工工作和生活的基本标准，承担东道国的环境责任，减少排放保护环境。（2）在强化合规经营方面，中国的全球公司应顺应世界潮流强化合规经营。国际组织和一些国家政府机构以及跨国公司在强化企业社会

---

① Bowen H. R., *Social responsibilities of the businessman*, New York Press, 1953.

② Carroll A. B., "A Three Dimensional Conceptual Model of Corporate Social Performance", *The Academy of Management Review*, 1997（4），pp. 497 – 505；Carroll A. B., "The Pyramid of Corporate Social Responsibility：Toward the Moral Management of Organizational Stakeholders", *Business Horizons*，1991（34），pp. 39 – 48.

③ 王志乐：《全球公司的出现与中国企业的崛起——静悄悄的革命：从跨国公司走向全球公司》，《国际经济合作》2018 年第 3 期。

环境责任的基础上正在加大合规反腐的力度。在中国企业正在加速全球化发展的背景下，我们应当高度重视国际企业界这一动向，借鉴跨国公司合规反腐的经验和教训，遏制商业贿赂，净化中国的商业环境。中国有关政府机构应当制定中国海外企业合规管理指引，也可以制定中国企业反海外腐败的法规，引导企业在海外强化合规管理遏制商业贿赂。中国的全球公司应从企业理念文化方面入手树立诚信合规企业公民形象。从过去忽视公司社会责任到强化公司责任，从单纯强调公司股东责任到全面强化公司责任，从强调环境社会责任到将"监督与合规"视为企业最大的风险的全面合规经营，是企业管理体制和企业发展战略的重大转折。通过提升公司以责任为核心的责任文化或合规文化，打造合规的负责任的公司。（3）在企业如何具体开展合规管理建设方面，中国企业应从完善合规管理的架构、体系及流程入手，强化企业内部控制，开展合规管理建设。在完善合规管理的架构方面，企业董事会负责制定与本公司战略目标一致且适用于全公司的合规风险管理战略，监事会负责监督董事会和经营者合规管理职责的履行情况，企业高级管理层负责执行董事会批准的合规管理战略、总体政策及体系。同时，企业还应设立合规负责人和合规管理部门，识别、评估、通报、监控并报告企业合规风险。在完善合规管理体系及流程方面，企业首先应搞清楚合规管理的对象，包括公司业务中的合规风险，机构设立、变更、合并、撤销、并购、战略合作过程中的风险，涉及不正当竞争、限制竞争或垄断等市场竞争方面的风险等。其次，企业应建立包括风险识别、合规审查、合规检查、合规培训及对外沟通的合规管理体系，完善合规管理的相关流程。企业在建设合规管理体系时，应重点确定风险识别和评估的内容、方式、标准、报告路径等方面，其步骤一般包括收集企业所有的合规风险点，形成合规风险列表，分析合规风险形成或者产生的原因，对合规风险进行高、中、低分类，对合规风险进行测试，形成整体的合规风险评估报告并进行预警提示等。（4）在企业树立诚信合规的全球公司企业公民形象的具体途径方面，王辉耀①认为，首先在企业制度上，应规范公司治理结构，使企业建立适应国际市场规则、守法高效、财务合理的制度体系，建立对外直接投资项目的管理、监控、考核和激励机制，对海外子公司充分授权，大力推进管理与运行的本地化，正确处理国内母公司与海外子公司的关系。其次，要履行企业社会责任，提升企业的国际形象。尊重东道国法律、文化与习俗，保护投资地环境。充分依托国际中介机构的力量，加强与东道国投资地社区与居民的友好沟通，积极参与当地社区的活动，积极参与东道国与企业有关的慈善活动，构建具有企业特色的社会责任体系。最后，充分利用东道国的各类媒体，做好企业形象宣传。

第三节 本章小结

本章结合异质性企业内生边界理论和全球价值链理论，构建跨国公司组织模式选择的理论模型，分析了跨国公司跨境产业转移的模式选择，并进一步探讨了中国跨国公司的建设及其运营。

其中关于跨国公司组织模式选择的理论分析得出：（1）当最终品企业（母企业）所面对的市场需求弹性较大时，最终品企业（母企业）具有较弱的市场定价能力，此时母企业应将相对的上游生产阶段外包出去，由其他供应商提供上游生产所需的中间投入品，同时应将下游的生产阶段一体化于企业内部，即通过投资设立子企业为母企业生产提供下游的中间投入品；而当最终品企业（母企业）所面对的市场需求弹性较小时，母企业具有较强的市场定价能力，此时母企业应将相对的下游生产阶段外包出去，由其他供应商提供下游生产所需的中间投入品，同时应将上游的生产阶段一体化于企业内部，即通过投资设立子企业为母企业生产提供上游的中间投入品。（2）无论生产阶段是顺序替代型还是顺序

---

① 王辉耀：《中国企业迎来国际化新纪元》，《重庆与世界》2015 年第 1 期。

互补型，若最终品企业（母企业）所面对的市场需求弹性下降了，母企业将具有更强的市场势力，此时母企业应扩大垂直一体化的生产阶段的分布范围，即应将更多的生产阶段通过投资设立子企业的方式来为母企业生产提供所需的中间投入品。（3）当最终品企业（母企业）所在的行业是总部服务密集型的行业，那么该企业更倾向于将更多的生产阶段一体化于企业内部，更倾向于通过投资设厂的方式来获取生产过程中所需的中间投入品。（4）无论生产阶段是顺序替代型还是顺序互补型，生产率越高的企业越倾向于一体化的生产方式，倾向于通过投资设立子企业为母企业提供生产所需的中间投入品。

而关于发展中国家跨国公司建设及其运营的探讨，研究发现：新常态下建设中国的全球公司主要包括三个阶段：一是适应全球化；二是推进全球化；三是实现全球化。按此步骤，中国企业首先应该建立一套有效的全球公司治理机制来管理日益复杂的业务，清晰定义总部与子公司之间的角色和职责分工以及决策方式。然后需要从全球角度整合所有职能，实现效益最大化。尽管企业常常从核心竞争力最密切相关的领域着手，但整合后台运营其实也能带来明显价值，如财务、人力资源等。最后，中国企业应该考虑以独特的技术使用方式来兼顾全球和本地的矩阵式运营。对此，我们认为具体可以从如下八个方面进行努力：一是领导力；二是可重复的流程；三是优化资产；四是整合能力；五是组织变革；六是技术优化；七是品牌塑造；八是合规经营。

第 六 章

跨境产业转移的实证测度
及其动态演变

定量测度跨境产业转移，首先要对跨境产业转移内涵进行严格界定。狭义的跨境产业转移是指企业将部分或全部生产功能由原生产地转移到其他国家和地区的现象，而更为广义的跨境产业转移则是指一定时期内由于国家间产业竞争优势消长转换而导致的国际产业区位重新选择和分布的结果，是产业发展在空间上和地理位置上的部分或整体迁移，还包括产业区位的变化。根据跨境产业转移的广义内涵，本书跨境产业转移是指一定时期内，在扣除自身需求增长后，产业生产份额在国际区位上的变化。即跨境产业转移不仅包括产（企）业在地理位置上的部分或整体迁移，还包括产业生产份额在区域之间此消彼长的过程。即使两个国家或地区间没有直接的产（企）业迁移活动，但一个国家或地区的需求增加导致另一个地区产业的增加也被看作产业转移的发生。长期来看，跨境产业转移历史累积的结果就是生产地域分工的形成和国家间贸易的发生。产值或贸易的变化可以在一定程度上反映国家间的跨境产业转移，但在实际中要明确区分跨境产业转移却不是一件简单的事情，特别是随着网络型产业转移模式的出现①，严格区分跨境产业转移更为复杂。跨境产业转移最终还是由于国际最终需求变化引起的，中间使用则体现了为满足最终需求的生产环节转移。国家间投入产出表是用来系统刻画国家间产业

---

① 赵张耀、汪斌：《网络型国际产业转移模式研究》，《中国工业经济》2005 年第10 期。

投入产出关系的综合模型，根据国家间投入产出关系的变化，可以更加全面地测算国家间的跨境产业转移。

然而当前产品内分工已经成为国际分工的主要形式，如果利用传统的贸易统计方法，很容易忽视国际生产活动中的中间贸易和中间投入品的作用，从而导致部分数据重复统计和贸易数据的扭曲，因此基于传统贸易总量的统计方法测算全球分工布局下的跨境产业转移具有极大的偏误和误导性。而从增加值贸易的视角来研究全球分工布局下的产品流动和产业转移，将能够准确地跟踪产品增加值的实际流动，更为清晰地区分实际产品价值的归属和转移，从而更为科学合理地透视国际跨境产业转移的发展现状及其演变趋势。接下来我们就对这一研究方法进行深入探讨。

第一节 传统贸易与增加值贸易的联系与区别

一 增加值贸易统计方法的提出

自 20 世纪 80 年代以来，随着信息通信技术的发展和全球范围内贸易关税的普遍下降，使得全球范围内跨国分工协作得以成为可能，促进了基于国际垂直化分工的全球价值链的形成。国际分工开始由产业间分工和产业内分工逐渐转变为同种产品不同工序间的分工。产品的生产工序不仅不断被细分，而且产品的全部生产工序不再是在某一个国家内全部完成，而是由世界范围内众多国家和地区共同参与，每个国家和地区只负责该产品生产的某一种工序和某一部分工序，每种产品的不同生产工序分布在世界范围内的多个国家和地区。国际贸易理论中的国家间比较优势不仅体现在了不同产品间，更多的是体现在了产品生产过程中的不同工序间。在这一新的全球化生产的趋势中，产品的生产链条逐渐被拉长，中间品和半制成品在不同的国家之间反复频繁流动，中间品贸易成为国际贸易的主流。国际贸易的主要交易对象不再是由一个国家单独完成的最终产品，而是由众多国家参与贡献的零部件、半制成品和中间产品。这导致了一个国家的出口产品不再全部是由该国家自己生产贡献的，其中还包含了参与该产品生产的其他国家生产贡献的。而传统的贸易统计方法是将一个国家的出口产品价值全部算作该国家贡献的。传统贸易统计方法局限于地域分割和最终产品统计，无法反映现在的跨国分工协作的产品生产过程和产地信息。用传统的贸易统计方法计算现在的贸易额，不仅会导致不同国家间贸易额的重复计算，还会高估各个国家的出口规模和贸易利得，尤其是高估了处于全球价值链下游国家的出口规模和贸易利得，因此传统贸易统计方法现在无法真实地反映一个国家的贸易利益，即"所见非所得"。

　　为了直观说明"所见非所得"，本节在 Johnson 和 Noguera（2012）提出的测算方法的基础上，利用 WIOD 数据库的国际投入产出表和社会—经济账户表对我国的出口增加值进行了测算，进一步对比考察以出口增加值衡量的贸易利益与出口规模间的差异，如表6-1所示。表6-1报告了1995—2009年我国分行业的增加值变化情况，整体来看保持持续增长的态势，且行业差异明显，其中制造业从1995年的752.24亿美元增加至2009年的5633.97亿美元，服务业从1995年的368.64亿美元增加至2009年的1426.80亿美元，制造业出口增加值快于服务业。与此同时，在制造业和服务业内部仍旧差异显著，在制造业中，考察期内增加值出口规模排名前三的行业分别为电气、光学设备制造业（14）、纺织原料及纺织制品（4）和基本金属及金属制品业（12），排最后三位的分别是木材、软木及其制品（6）、焦炭，精炼石油及核燃料加工业（8）和皮革和鞋类制造业（5），其中前三个行业增加值出口占制造业增加值出口总额的近半壁江山，达到47.85%。从服务业来看，考察期内增加值出口规模排名前三的行业分别为除汽车、摩托车外的商品批发、代理销售业（20）、设备租赁及其他商业服务业（30）和金融业（28），排最后三位的分别是建筑业（18）、医疗卫生和社会工作（33）和公共管理、国防及社会保障业（31），其中前三个行业增加值出口占服务业增加值出口总额的 50.24% ，同样占据一半以上的比重。

表 6 - 1　　　　　1995—2009 年我国增加值出口的行业动态

年份行业	1995	1998	2001	2004	2007	2009	均值
1	19065.09	18019.99	18683.45	36787.41	75081.75	80880.48	37636.40
2	7536.98	8396.85	13193.38	29878.62	56141.98	56051.50	26470.89
3	4571.29	5594.92	6478.80	11250.89	24958.24	27104.57	12266.01
4	15376.59	18277.92	21216.97	32979.27	64122.77	70280.05	34576.31
5	2834.37	3338.00	3928.59	5713.73	11083.95	12416.28	6140.47
6	1709.73	1885.24	2265.36	3984.57	9718.25	9432.92	4456.27
7	2402.32	3522.93	4649.82	8113.76	13870.17	14632.84	7448.84
8	1749.51	1730.45	3006.61	7161.00	12331.24	12652.50	5903.80
9	6134.38	8876.86	12039.99	23833.90	51709.79	54979.02	24086.80
10	3891.13	5785.61	7594.66	12064.06	24545.47	26557.31	12501.51
11	3705.64	4736.59	5708.96	8022.28	14107.64	13510.49	8045.65
12	10156.20	11467.62	14921.07	35069.52	79443.50	77616.73	34574.07
13	4366.29	5669.00	8338.24	15883.15	41099.32	42635.94	17795.97
14	11233.14	15372.98	25565.36	54945.90	113249.39	123889.54	52300.57
15	1908.75	2993.55	4638.20	9320.83	22789.79	23746.01	9837.60
16	1848.69	2842.33	5316.05	7559.66	18279.62	21262.24	8750.82
17	3335.97	4731.55	7130.43	19033.34	32027.86	32680.35	15155.07
18	462.54	442.56	687.59	996.72	2025.90	2038.14	1029.00
20	7863.60	15971.85	22590.27	37552.00	68377.74	77571.38	34541.70
21	1626.79	3302.09	4685.46	7808.20	14221.38	16118.28	8562.99
22	2645.64	3164.89	3808.95	7490.55	14089.46	15433.20	7211.99
23	5320.66	6532.69	9640.82	16826.51	29745.98	29479.87	15287.27
24	775.58	1252.05	4480.12	10400.40	19664.71	20186.25	8709.68
25	1204.83	1363.58	2189.10	3669.45	5252.98	5455.71	3031.73
26	2795.98	2303.04	1185.05	2219.90	5802.92	5393.98	3025.21
27	1294.36	2278.76	4076.54	8315.74	16507.28	17794.32	7708.06

年份\行业	1995	1998	2001	2004	2007	2009	均值
28	6298.94	6839.96	8509.78	13854.15	40042.85	49362.02	17814.36
29	2077.53	2015.54	2272.04	4947.65	14902.71	16902.94	6072.63
30	1916.74	4890.34	8002.71	20036.89	44932.67	50633.26	19330.46
31	84.81	36.96	104.03	268.28	672.37	879.80	299.58
32	269.61	435.76	485.45	1020.39	2324.23	3045.96	1137.96
33	67.18	123.29	276.32	774.64	2321.08	2957.38	929.79
34	2159.50	3158.92	5739.88	9026.10	14292.16	16131.61	7987.89

注：鉴于汽车、摩托车销售和维修、燃料零售行业（19）及有雇佣人员的家庭行业（35）数据缺失，测算中并未包括上述行业。限于篇幅，我们仅报告部分年份的数据。

此外如图6-1和图6-2所示。图6-1（a）报告了我国出口增加值与传统出口额总体变化趋势。从图中可以看出，1995—2009年我国出口增加值由1386亿美元迅速增长到10297亿美元，增加了近7.5倍；而我国的传统出口额也由1680亿美元增加到了13332亿美元，增加了近8倍，两者的变化趋势基本相同。其中可以看出出口增加值占传统出口额的比重（出口增加值率）也由83%下降到约为74%，这反映了我国更加深入地参与了全球价值链。图6-1（b）中将我国出口增加值分为了初级产品和资源的出口增加值、制造业出口增加值和服务业出口增加值，四者的趋势基本相同。

图6-2（a）将我国制造业的出口增加值同传统出口额进行了对比，从图中可以看出1995年至2009年，我国制造业的出口增加值小于制造业的传统出口额，为传统出口额的50%—60%。这说明在传统统计口径下，高估了我国制造业的出口，这主要是因为随着全球化分工的深入，我国制造业需要进口国外产品作为中间投入品，进行生产后再出口，因而在传统出口额中有一部分不是属于我国自己贡献的，而是属于国外贡献的。图6-2（b）将我国服务业的出口增加值同传统出口额进行了对比，从图中可

（百亿美元）

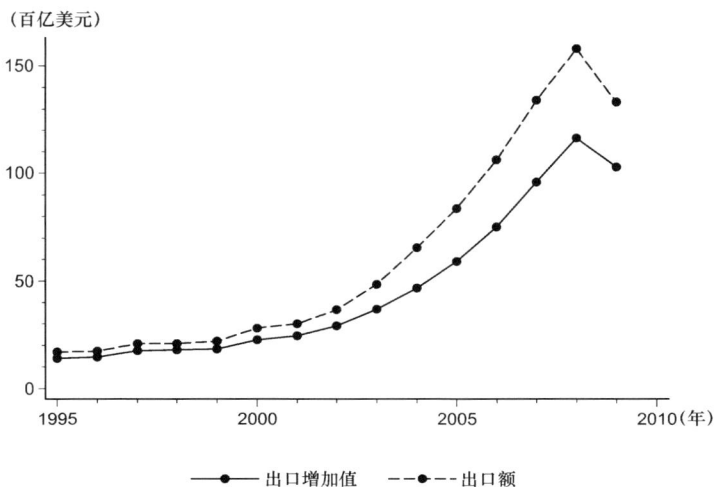

（a）我国出口增加值总体趋势

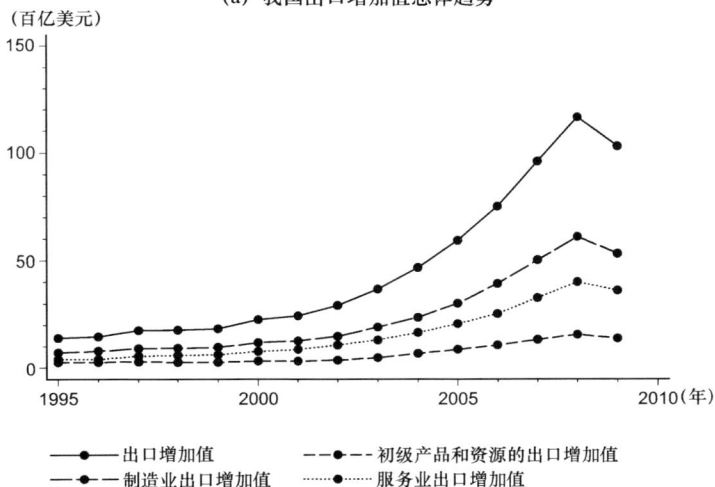

（b）我国各行业出口增加值趋势

图 6-1　我国出口增加值的变化趋势

以看出 1995 年至 2009 年，我国服务业的出口增加值大于服务业的传统出口额，为传统出口额的 1.5—2 倍。这说明了传统统计口径下，低估了我国服务业的出口，而这主要是因为服务业通过嵌入其他行业的出口产品中，实行了间接出口，而在传统口径下这部分服务业出口并未算在内。

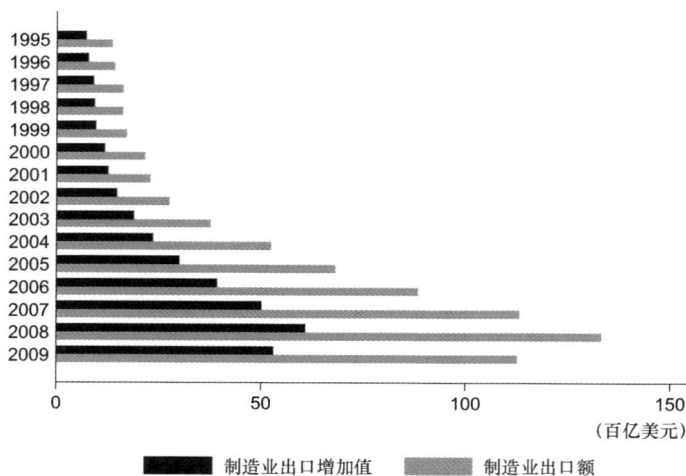

（a）我国制造业出口增加值与传统出口额

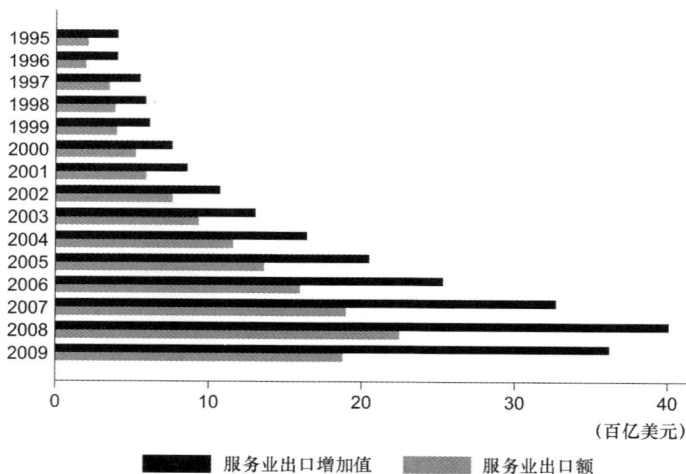

（b）我国服务业出口增加值与传统出口额

图 6-2　我国传统出口规模与出口增加值的对比分析

因此同种产品的不同工序在世界范围内分工的快速发展客观上要求以增加值贸易，即新增价值（附加值）代替传统贸易统计的总价值来刻画生产出口产品中各个国家的各个行业真实贡献的新增价值，从而揭示各个国家的各个行业的真实贸易利得。正是在此背景之下，2011 年 WTO 和 OECD 提出了"增加值贸易"统计方法，以改正传统贸易统计方法在现阶段新型国际分工体系下的"所见非所得"的不足。相对于传统贸易统计方法，"增加值贸易"统计方法具有以下两大优点：第一，相比较传统贸易统计方法对贸易额的注重，"增加值贸易"统计方法更加注重于贸易额中的增加值部分，更加注重各国各行业在贸易总额中的真实贡献和真实的贸易利得。第二，"增加值贸易"统计方法可以沿生产链追溯各个产品和要素在不同国家间的流动，分析各个国家的各个行业在这一过程中的贡献，而这不仅有助于更加微观地观察国际贸易发展情况，也有助于分析国际贸易与各个国家的经济增长之间的联系。"增加值贸易"核算体系即是对传统贸易核算体系的改进，也是某种意义上的改革，在这场革新中，还有许多理论和实务问题需要进行研究。

二　增加值贸易的理论内涵及其研究进展

增加值贸易统计方法是以垂直专业化为基础，通过对垂直专业化指标计算中与现实不符的假设条件的放松和修正，形成的一套基于国际投入产出表的全新贸易统计方法。近年来，许多国内外学者在这方面做出了重要贡献。接下来我们对增加值贸易理论进行梳理和总结。

David Hummels、Jun Ishii 和 Kei – Mu Yi（2001）将垂直专业化（VS）定义为用于生产出口产品的进口投入，并首次利用一国的投入产出表给出了垂直专业化的度量方法。定义 VSS 表示单位出口额中包含的进口产品的价值，有 $VSS = uA^M[I - A^D]^{-1}$，其中 A^M 为国外中间投入消耗系数矩阵，A^D 为国内直接投入消耗系数矩阵，u 为元素为 1 的行向量，I 为单位矩阵。由定义可知：$VS = VSS \times X$，其中 X 为一国的出口。由于 VS 为出口产品中的进口投入，而将出口中剔除掉 VS 剩下的就是一国自己贡献的了。因此一国的出口增加值可表示为：$(1 - VSS) \times X$。例如，i 国 j 产品的出口国内增

加值为 $x_{ij} = (1 - VSS_{ij}) \times X_{ij}$，其中 X_{ij} 为 i 国 j 产品的出口。但 HIY 的方法建立在两个假设之上。一是假设一国从国外进口的中间产品不含有本国的增加值，即所有的进口投入都 100% 的是国外增加值；二是假设从国外进口的中间投入均等地用于生产内销的最终产品和用于出口的最终产品。然而在现实中第一个假设不满足，因为生产的零碎化，任何国家的进口中间品都可能包含来自许多其他国家的进口投入，同时也可能包含来自本国的投入。对于发达国家来说，第一个假设尤其难以满足，因为发达国家常常凭借自身的技术优势从事高附加值的上游生产环节，然后通过跨国公司将生产出高附加值的中间产品出口到国外，再进行低附加值的中间生产，然后又进口回来，从而在发达国家的进口中间产品中更有可能含有自己本国的增加值部分。第二个假设在中国、越南和墨西哥等加工贸易盛行的国家也是不成立的，因为加工贸易存在关税减免等优惠政策，进口的中间投入更多地被用于生产出口的最终产品。

为了放松 HIY 中的第二个假设，KWW① 将加工出口、一般出口和国内最终消费的投入产出系数矩阵区分开，研究了在加工贸易普遍存在的情况下的出口的国内增加值。他们基于这一方法，利用中国的投入产出表，测算了中国出口中的国内增加值份额约为 60%。然而虽然这一方法放松了 HIY 中的第二个假设，但仍然没有解决第一个假设与现实不符的问题。

由于 HIY 中的一国的投入产出表只能刻画一国的进口投入和出口生产，并不能追踪到进口价值的来源和出口的去向，因此不能反映出进口产品中是否含有本国返回的增加值。WWP② 首先从两国贸易模型开始分析，逐渐推广到三国和多国模型，利用国际投入产出模型分析了出口中的国内增加值。但需要指出的是 WWP

---

① Koopman R., Wang Z., Wei S. J., *How Much of Chinese Exports is Really Made in China? Assessing Foreign and Domestic Value Added in Gross Exports*, NBER Working Paper, 2008.

② Wang Z., W. Powers, Wei S. J., *Value Chains in East Asian Production Networks*, USITC Working Paper, 2009.

提出方法并没有考虑到加工贸易的存在。

同时放松 HIY 中的两个假设是在 KWWP[1] 的研究中。他们利用 GTAP 的数据，构建了国际投入产出表，同时利用了中国和墨西哥的国家投入产出表将加工贸易考虑在内，将一国的总出口分解为国内增加值和国外增加值两个部分。他们研究发现新兴国家已经深深地嵌入全球的生产网络，他们的出口中包含了更多的国外增加值。

对于构建增加值贸易核算体系，理论界提出了两种不同的测算方法，分别是贸易增加值（Value add in trade，VAIT）和增加值贸易（Trade in value add，TIVA）。贸易增加值主要是从进出口的贸易量出发，测算进出口贸易额中的增加值含量，把出口额中的国内增加值称为出口增加值，而把进口中的国外增加值称为进口增加值。增加值贸易主要是从最终需求出发，把国外最终需求拉动的国内增加值称为增加值出口，而把国内最终需求拉动的国外增加值称为增加值进口。由于增加值出口排除了出口增加值中一国出口包含增加值的中间品后又将其以中间品或最终产品进口回来的部分，因此增加值出口能够更真实地反映国内增加值的出口。Johnson 和 Noguera[2] 的研究对增加值出口作出了有益的推进，研究发现基于增加值出口测算得到的中国对美国的贸易顺差只是传统贸易顺差的 60%—70%，因此传统贸易统计方法夸大了中国对美国的贸易顺差。国内学者张咏华[3]利用 Johnson 和 Noguera 的方法测算了我国制造业的增加值出口与中美贸易失衡，发现传统贸易统计方法夸大了我国的出口规模和中美贸易的失衡度，与 Johnson 和 Noguera 得出相似的结果。国内学者罗长远和张军[4]也正是基于 Johnson 和 Noguera 的方法，利用 TIVA 数据库进行了实证研究，结

①　Koopman R. , Powers W. , Wang Z. , Wei S. J. , *Give Credit Where Credit Is Due：Tracing Value Added in Global Production Chains*, NBER Working Paper, 2010.

②　Johnson R. , Noguera G. "Accounting for Intermediates：Production Sharing and Trade in Value Added", *Journal of International Economics*, Vol. 86, No. 2, 2012, pp. 224 – 236.

③　张咏华：《中国制造业增加值出口与中美贸易失衡》，《财经研究》2013 年第 2 期。

④　罗长远、张军：《附加值贸易：基于中国的实证分析》，《经济研究》2014 年第 6 期。

果表明我国的出口中的国内附加值比重呈现先下降后上升的趋势。

对于垂直专业化、出口增加值、增加值出口和出口额等概念和指标，KWW[1]通过把一国总出口分解成最终产品、中间产品但在进口国消化吸收、中间产品但在国外加工后以最终产品进口回来、中间产品的国外成分、中间产品重复计算项等9个部分，将这些概念和指标放进了统一的框架之中，并指出这些概念和指标只是某些成分的线性组合。KWW从总出口的角度将"增加值贸易"核算体系和传统贸易核算体系联系了起来，搭建起了这两种贸易核算体系的桥梁。王直、魏尚进和祝坤福[2]对KWW[3]的分解方法进行了拓展，从部门、双边和双边部门等多个层面，根据最终吸收地，吸收渠道和价值来源等不同，将总出口进一步分解成最终出口的国内增加值、被直接进口国吸收的中间出口、被直接进口国生产向第三国出口所吸收的中间出口、出口隐含的进口国增加值等16个部分。但需要注意的是，以上研究大多都是基于宏观的行业层面，利用一国或国际的投入产出表来测算增加值贸易，而这种宏观层面的测算方法难以反映行业中企业的异质性，难以对出口中的国内增加值的决定因素和变化机制进行详细的研究。

正是基于此，近些年来越来越多的学者开始关注微观企业层面的增加值贸易，利用企业数据对出口中的国内增加值进行研究。Feenstra 和 Jensen[4]利用美国的公司数据研究了美国的进出口；Upward 等[5]利用了中国的工业企业数据库和海关数据库，测算了中

① Koopman R. , Wang Z. , Wei S. J. , *Give Credit Where Credit is due*: *Trace Value Added in Global Production Chains*, NBER Working Paper, 2013.

② 王直、魏尚进、祝坤福:《总贸易核算法：官方贸易统计与全球价值链的度量》,《中国社会科学》2015 年第 9 期。

③ Koopman R. , Wang Z. , Wei S. J. , *Give Credit Where Credit is due*: *Trace Value Added in Global Production Chains*, NBER Working Paper, 2013.

④ Feenstra R. , Jensen B. , "Evaluating Estimates of Materials Off Shoring from U. S Manufacturing", *Econom − ics Letters*, Vol. 117, No. 1, 2012, pp. 170 −173.

⑤ Upward R. , Wang Z. , Zheng J. , "Weighing China's Export Basket: The Domestic Content and Technology Intensity of Chinese Exports", *Journal of Comparative Economics*, Vol. 41, No. 2, 2013, pp. 527 −543.

国企业的出口的国内增加值，研究发现 2000—2006 年间，我国的企业出口的国内增加值率由 53% 上升到了 60%，并且加工贸易企业的出口的国内增加值率只是非加工贸易企业出口增加值率的一半；Kee 和 Tang[1] 针对企业之间可能存在着进口产品转售和中间品识别的问题，利用我国工业企业数据和海关数据重新测算了我国加工贸易企业出口的国内增加值，研究发现我国加工贸易企业出口的国内增加值率由 52% 上升到了 60%。国内学者张杰等[2]充分考虑到我国贸易代理商问题、中间投入品的间接进口问题和资本品进口问题，对 Upward 的方法进行了改进，提供了一个更为准确地从微观企业层面测算出口的国内增加值率的方法。Tang 和 Wang[3] 利用企业数据和约束最优化技术，将传统的投入产出表分解成几个子账目，并测算了不同类型企业出口中的直接和间接的国内增加值，研究发现相对于外资企业和大型私企，我国的国有企业和中小型私企有更高的出口增加值率，并且还发现我国国有企业相对于中小型私企更位于产业的上游。研究发现近些年来许多国家出口中的国内增加值都呈现下降的趋势，而中国出口中的国内增加值却反而在上升。Kee 和 Tang[4] 针对这一问题，利用我国的企业数据和海关数据，从微观层面做出了解释。他们研究发现加工贸易企业的进口材料被国内材料所替代是中国出口中国内增加值上升的原因，他们同时发现进口材料的国内替代是由于近些年来我国的贸易和投资自由化所引起的。贸易和投资的自由化使得我国更加深入地嵌入全球价值链中，使得国内材料更加物美而价廉。

---

① Kee H. L., Tang H., *Domestic Value Added in Exports：Theory and Firm Evidence from China*, Policy Research Working Paper Series, 2012.

② 张杰、陈志远、刘元春：《中国出口国内附加值的测算与变化机制》，《经济研究》2013 年第 10 期。

③ Tang H., Wang Z., *The Domestic Segment of Global Supply Chains in China under State Capitalism*, World Bank Policy Research Working Paper, 2014.

④ Kee H. L., Tang H., *Domestic Value Added in Exports：Theory and Firm Evidence from China*, Policy Research Working Paper Series, 2015.

　　除了对增加值贸易的测算进行研究之外，学者们还在以下几个方面作出了拓展。一是传统指标的重新测算。例如，李昕和徐滇庆[①]从出口中的国内增加值的角度重新测算了我国外贸的依存度和失衡度，研究发现我国 2007 年的外贸依存度和失衡度分别是 31.59% 和 2.11%，而并非是传统贸易统计下的 68% 和 10.13%。魏浩和王聪[②]利用增加值贸易统计方法测算了我国的出口比较优势，研究发现纺织及服装、毛皮制品及鞋类的比较优势下降明显，但仍然是我国出口比较优势最大的两类商品，另外我国机械制品、交通运输设备等产品的出口比较优势上升明显。二是出口中国内增加值的要素分解。例如，蒋庚华和张曙霄[③]利用 WIOD 数据库中世界投入产出表，对 1995—2009 年中国出口国内附加值中所使用的国内生产要素进行了分解，研究发现虽然资本、高技术劳动、中技术劳动和低技术劳动四种要素的使用量随着出口总量的增加而增加，但我国出口中的要素禀赋结构并未改善，仍然集中在资本和低技术劳动上。三是利用出口中的国内增加值测算我国在全球价值链中位置，即上下游的参与度。例如，樊茂清和黄薇[④]利用 WIOD 的数据研究了我国在全球价值链中的位置及演变趋势，研究发现我国的生产活动正在向全球价值链的高端攀升。王岚[⑤]基于增加值贸易框架，测度了中国制造业各行业的国际分工地位，结果表明我国制造业的国际分工地位经历了先下降后上升的"V"形发展轨迹。四是外需隐含国内就业和隐含碳贸易。卫瑞和张文

---

　　① 李昕、徐滇庆：《中国贸易依存度和失衡度的重新估算》，《中国社会科学》2013年第 1 期。

　　② 魏浩、王聪：《附加值统计口径下中国制造业出口变化的测算》，《数量经济技术经济研究》2015 年第 6 期。

　　③ 蒋庚华、张曙霄：《中国出口国内附加值中的生产要素分解》，《中南财经政法大学学报》2015 年第 3 期。

　　④ 樊茂清、黄薇：《基于全球价值链分解的中国贸易产业结构演进研究》，《世界经济》2014 年第 2 期。

　　⑤ 王岚：《融入全球价值链对中国制造业国际分工地位的影响》，《统计研究》2014年第 5 期。

城[1]利用 Johnson 和 Noguera（2012）提出的测算增加值出口的方法，测算了我国外需隐含的国内就业，研究发现从 1995 年到 2009年，虽然我国外需隐含国内就业平均每年增长 76.55%，但低技能就业是外需隐含就业的主体。闫云凤和赵忠秀[2]利用出口增加值和增加值出口的测算方法分别测算了贸易隐含碳和隐含碳贸易，结果表明从最终需求角度测算的隐含碳贸易更为准确合理。五是出口中国内增加值的影响因素分析。例如，卫瑞等[3]利用 WIOD 数据库测算了我国增加值出口，并采用结构分解的方法分析了中国国内产业关联变动、中国后向国际产业关联变动和外国最终需求来源地结构变动等 9 个因素对我国增加值出口变动的影响，研究发现中国前向国际产业关联变动、外国最终需求规模变动和外国最终需求来源地结构变动是影响我国增加值出口变动的 3 个最主要的因素。

三　现行国际贸易统计体系的演进和改进方向

现行的国际贸易统计体系起源于 20 世纪 40 年代，现在主要由国际货物贸易统计、国际服务贸易统计和国家收支统计构成。随着经济全球化的发展，为了应对国际贸易实务的变化，国际贸易统计体系也经历了不断地完善和发展，以期能更真实地反映经济现实。国际贸易统计体系的发展主要可以分为三个阶段。第一个阶段是 90 年代左右。当时在经济全球化的背景之下服务贸易迅速发展，为了反映服务贸易，1993 年国际贸易统计体系开始将服务贸易作为与货物贸易并列的统计门类进行统计，以 1993 年版的SNA 和 BPM5 为代表。第二个阶段是 21 世纪之初，随着国际直接投资和跨国公司的兴起，产生了大量的跨国公司内部的贸易，虽然这些货物或服务跨越了关境，但却并没有发生所有权的转移，

---

① 卫瑞、张文城：《中国外需隐含国内就业及其影响因素分析》，《统计研究》2015年第 6 期。

② 闫云凤、赵忠秀：《中国对外贸易隐含碳的测度研究》，《国际贸易问题》2012 年第 1 期。

③ 卫瑞、张文城、张少军：《全球价值链视角下中国增加值出口及其影响因素》，《数量经济技术经济研究》2015 年第 7 期。

没有发生实际利益的跨国转移；同时跨国公司在国外的子公司在当地的购买和销售，虽然没有发生跨境转移，但却发生了所有权的实际转移。而基于"属地"原则的传统贸易统计将公司内部商品的跨国境流动计入了两国的进出口贸易额，而跨国公司的子公司在当地的销售和购买却没有计入两国的进出口贸易额，因此传统的贸易统计方法无法真实地反映贸易利益的转移。正是基于此，所有权贸易统计方法被提出，用以作为对"属地"贸易统计方法的改进和发展，以 2008 年版的 SNA 和 BPM6 为代表。第三个阶段就是现在我们正在经历的阶段。近些年来随着生产的碎片化，同种产品的不同工序分布在世界的多个国家，中间产品成了贸易的主流。用以前的贸易统计方法计算现在的贸易额，不仅会导致不同国家间贸易额的重复计算，还会高估各个国家的出口规模和贸易利得。

在此情况之下增加值贸易统计方法被众多学者和政府机构所提出，将一国进出口中的属于本国自己贡献的增加值作为进出口贸易额的统计对象。增加值贸易统计方法更加注重于贸易额中的增加值部分，更加注重各国各行业的在贸易总额中的真实贡献和真实的贸易利得。虽然增加值贸易统计方法是对以前贸易统计方法的进一步改进，但仍有许多理论和实务问题需要进一步研究。

增加值贸易统计体系应建立在一个国际范围内统一的框架之上，得到各国的认同和使用。而这项工作应由联合国统计司、世界贸易组织等国际组织来领导承担，其主要负责增加值贸易统计体系的构建和就体系所需要的数据编写采集方案和指导文件，以使得各国之间统计得到的数据口径一致，然后按此程序逐年编算并发布全球的增加值贸易数据以供各国使用。而各国所需要做的就是积极参与增加值贸易体系的机制构建，并按照同一口径提供本国数据。当然有条件的国家也可以进行国家层面的增加值贸易统计体系的构建，为国际层面的增加值贸易统计体系的构建积累经验，以增加该国的国际话语权。总之增加值贸易统计体系是国际贸易统计体系在全球价值链背景下的改进和发展，是国际贸易统计体系的下一个改进方向。

第二节　基于增加值贸易的跨境产业
转移的测度方法

一　基于增加值贸易的跨境产业转移测度的具体方法

本部分在借鉴彭薇和熊科[1]研究的基础上，融合王恕立和吴永亮[2]的增加值贸易的思想，基于国际投入产出模型，构建和测度跨境产业转移的相关指标。

假定有 N 个国家，每个国家有 S 个行业部门，将研究对象集中于多行业、多时段，计算 N 个国家之间多行业多时段的跨境产业转移程度。假定每个国家的每个部门生产一种产品，同时每个国家每个部门需要利用来自国内的中间投入和来自国外的中间投入生产产品。这些产品既可用于满足最终需求，也可作为国内外生产中的中间投入品。据此，建立国际投入产出基本模型如表 6－2 所示。

表 6－2　　　　　　　　　　国际投入产出

投入＼产出			中间使用				最终使用				总产出
			国家 1	国家 2	…	国家 N	国家 1	国家 2	…	国家 N	
			$1 \cdots S$	$1 \cdots S$	…	$1 \cdots S$					
中间投入	国家 1	$1 \cdots S$	X_{11}	X_{12}	…	X_{1N}	F_{11}	F_{12}	…	F_{1N}	Y_1
	国家 2	$1 \cdots S$	X_{21}	X_{22}	…	X_{2N}	F_{21}	F_{22}	…	F_{2N}	Y_2
	…	…	…	…	…	…	…	…	…	…	…
	国家 N	$1 \cdots S$	X_{N1}	X_{N2}	…	X_{NN}	F_{N1}	F_{N2}	…	F_{NN}	Y_N
增加值		$1 \cdots S$	V_1	V_2	…	V_N					
总投入		$1 \cdots S$	Y_1	Y_2	…	Y_N					

[1] 彭薇、熊科：《全球价值链嵌入下 "一带一路" 沿线国家产业转移研究——基于世界投入产出模型的测度》，《国际商务》2018 年第 3 期。

[2] 王恕立、吴永亮：《全球价值链模式下的国际产业转移——基于贸易增加值的实证分析》，《国际贸易问题》2017 年第 5 期。

其中 X_{ij} 表示 i 国各行业生产的被 j 国各部门所使用的中间投入品，因此 X_{ij} 是 $s \times s$ 阶的方阵。F_{ij} 表示 i 国各行业产出被 j 国最终消费的部分，是 $s \times 1$ 阶矩阵。记最终消费 $F = \begin{bmatrix} F_1 \\ F_2 \\ \vdots \\ F_N \end{bmatrix}$，其中 $F_i = \sum_{j=1}^{N} F_{ij}$，$Y_i$ 表示 i 国各行业的产出，也是 $s \times 1$ 阶矩阵。记产出 $Y = \begin{bmatrix} Y_1 \\ Y_2 \\ \vdots \\ Y_N \end{bmatrix}$。令投入系数矩阵为：$A = \begin{bmatrix} A_{11} & A_{12} & \cdots & A_{1N} \\ A_{21} & A_{22} & \cdots & A_{2N} \\ \vdots & \vdots & \ddots & \vdots \\ A_{N1} & A_{N2} & \cdots & A_{NN} \end{bmatrix}$，其中 A_{ij} 是 i 国生产的投入到 j 国的中间投入系数 $s \times s$ 阶矩阵，它的元素为 $A_{ij(s,t)} = X_{ij(s,t)} / Y_{i(t)}$，其中 s 和 t 分别表示 i 国第 s 个行业部门和 j 国的第 t 个行业部门。根据市场出清条件得到：

$$Y = AY + F = (I - A)^{-1} F \tag{1}$$

其中 $(I - A)^{-1}$ 为里昂惕夫逆矩阵。

由于增加值出口是指一国创造的，用以满足其他国家最终消费的那一部分增加值。那么 i 国创造的被 j 国吸收的各行业增加值，即 i 国对 j 国的各行业增加值出口的向量为：

$$V_{ij} = va_i \times Y_{ij} \tag{2}$$

其中 va_i 是 i 国各行业的增加值率的 $s \times s$ 阶对角矩阵。

根据广义的产业转移的定义，j 国最终需求增加引起了 i 国 s 部门的产业增加可以看作 j 国向 i 国的产业转移（刘红光等，2011）。因此 j 国向 i 国 s 部门的跨境产业转移可表示为：

$$\Delta v_s^{ij} = v_{st_2}^{ij} - v_{st_1}^{ij} \tag{3}$$

式（3）中，t_2 和 t_1 分别代表两个不同的时间点。为了能够考察这一跨境产业转移在全球产业结构与国际分工中所处的具体位置和贡献，进一步构建总体产业的净转移率指标：

$$GNIF^{ij} = \Delta v^{ij} / \sum_{i=1}^{N} \sum_{j=1}^{N} \Delta v^{ij} \tag{4}$$

其中式（4）中 Δv^{ij} 表示 j 国向 i 国所有产业进行的跨境产业转移量的总和，而 $\sum\limits_{i=1}^{N} \sum\limits_{j=1}^{N} \Delta v^{ij}$ 表示世界跨境产业转移量的总和。当 $GNIF^{ij} > 0$ 时，表示 i 国为净跨境产业转入国，且 $GNIF^{ij}$ 的数值越大表示 j 国向 i 国跨境产业转入量越高；反之当 $GNIF^{ij} < 0$ 时，表示 j 国为净跨境产业转入国，且 $GNIF^{ij}$ 的数值越大表示 i 国向 j 国跨境产业转入量越高。总体产业的净转移率指标可以较好地帮助我们衡量一国在国际产业转移浪潮中的地位和作用。

此外，总体产业的净转移率指标亦不能体现某一国某一产业在全球产业链中的具体位置。某一个国家为总体产业的净转入国，也可能存在国内某些产业向外转出的情况。基于此，我们构建了一个单一产业的净转移率指标：

$$SNIF_s^{ij} = \Delta v_s^{ij} / \sum_{i=1}^{N} \sum_{j=1}^{N} \Delta v_s^{ij} \qquad (5)$$

其中当 $SNIF_s^{ij} > 0$ 时，表示相对于 j 国，i 国 s 部门是净转入部门，并且比值越大表示转入产业量越高。进一步地将不同国家对 i 国的 $SNIF_s^{ij}$ 值进行排序，对应数值越高的国家，越能反映出该国为 i 国 s 产业的主要转入国。反之，当 $SNIF_s^{ij} < 0$ 时，表示相对于 j 国，i 国 s 部门是净转出部门，并且比值越大表示转出产业量越高。将不同国家对 i 国的 $SNIF_s^{ij}$ 值进行排序，对应负值越高的国家，越能反映出该国为 i 国 s 产业的主要承接国。

二　基于增加值贸易的跨境产业转移测度的数据说明

本部分测算所使用的数据主要来源于世界投入产出数据库（WIOD）中的国家间投入产出表和社会—经济账户表。该数据库由欧盟委员会于 2012 年编制，包括世界投入产出表、国家投入产出表、社会—经济账户表、环境账户表四大部分 13 个子表，提供了 1995—2011 年间世界 40 个主要国家（其中包括 27 个欧盟国家和 13 个其他国家）以及世界其余部分的 35 个行业（其中包括 1 个农业行业、16 个工业行业、18 个服务业行业）的相关数据，具体见表 6 - 3。为消除价格影响，根据 WIOD 提供的现价和前年价多区域投入产出表，将各年投入产出表中的产出、中间使用和最终使用转化为 1995 年价格。

表 6 - 3 　　　　　　　WIOD 投入产出表部门分类

行业代码	部门名称	行业代码	部门名称
1	农业、狩猎、林业和渔业	19	汽车、摩托车销售和维修；燃料零售
2	矿业及土石采取业	20	除汽车、摩托车外的商品批发、代理销售业
3	食品、饮料和烟草制品业	21	除汽车、摩托车外的商品零售业
4	纺织原料及纺织制品	22	酒店餐饮业
5	皮革和鞋类制造业	23	陆地运输业
6	木材、软木及其制品	24	水上运输业
7	造纸、印刷和出版业	25	航空运输业
8	焦炭，精炼石油及核燃料加工业	26	其他辅助性运输活动
9	化学原料及化学制品	27	邮政通信业
10	橡胶及塑料制品	28	金融业
11	非金属矿物产品	29	房地产业
12	基本金属及金属制品业	30	设备租赁及其他商业服务业
13	机械设备制造业	31	公共管理、国防及社会保障业
14	电气、光学设备制造业	32	教育
15	交通运输设备制造业	33	医疗卫生和社会工作
16	其他制造业；废物回收业	34	其他社会、社区和个人服务
17	电力，燃气及水的供应业	35	有雇佣人员的家庭
18	建筑业		

第三节　跨境产业转移的动态演变

本节根据第二节基于增加值贸易的跨境产业转移的具体测算方法，利用 WIOD 数据库中 1995—2011 年的世界投入产出表，从增加值贸易的角度，测算了中国各产业和对各国的跨境产业转移情况。

一　中国各产业跨境产业转移的动态演变

表6-4汇报了基于增加值贸易的跨境产业转移的测算方法得到的中国1995—2011年的各产业净转移率指标。其中第一列为行业代码；第二列为行业名称；第三列为1995年至2011年的净转移率（GNIF）；第四列至第八列将1995年至2011年划分为五个时间段，分别测算1995年至1998年的净转移率（GNIF）、1998年至2002年的净转移率（GNIF）、2002年至2005年的净转移率（GNIF）、2005年至2008年的净转移率（GNIF）和2008年至2011年的净转移率（GNIF）。

表6-4　　　　　中国各产业的净转移率（GNIF）

代码	行业名称	1995—2011年	1995—1998年	1998—2002年	2002—2005年	2005—2008年	2008—2011年
1	农业、狩猎、林业和渔业	0.3274	0.5925	0.3643	0.2259	-0.5255	-0.7522
2	矿业及土石采取业	0.1262	0.2703	0.1141	0.1018	0.0674	-0.1705
3	食品、饮料和烟草制品业	0.2854	0.6263	0.3471	0.1659	0.4919	-0.3922
4	纺织原料及纺织制品	0.7815	3.2946	1.9552	0.7598	-0.6960	-0.1849
5	皮革和鞋类制造业	0.7769	7.0014	1.7115	0.6755	-0.8158	-0.7236
6	木材、软木及其制品	0.6239	11.5234	1.1607	0.2331	-0.7426	-0.2243
7	造纸、印刷和出版业	0.3308	1.7172	0.3015	0.2122	1.0519	-0.2231
8	焦炭，精炼石油及核燃料加工业	0.1388	0.6329	0.1006	0.0805	0.2076	-0.0944
9	化学原料及化学制品	0.4025	2.1698	0.5642	0.2585	0.4210	-0.3331
10	橡胶及塑料制品	0.4610	1.6351	0.8418	0.2537	0.9120	-0.7130
11	非金属矿物产品	0.5905	1.3194	0.8432	0.4072	1.0362	-0.5562
12	基本金属及金属制品业	0.4402	3.4475	0.5474	0.2749	-0.5628	-0.2100
13	机械设备制造业	0.4731	5.9504	0.5892	0.2570	-0.9124	-0.2792
14	电气、光学设备制造业	0.5754	2.6032	1.1341	0.4976	-3.2445	-2.0599

代码	行业名称	1995—2011 年	1995—1998 年	1998—2002 年	2002—2005 年	2005—2008 年	2008—2011 年
15	交通运输设备制造业	0.2874	1.0603	0.4079	0.1525	0.2911	1.0865
16	其他制造业；废物回收业	0.2130	1.0956	0.2529	0.0197	4.3954	0.1787
17	电力，燃气及水的供应业	0.2734	1.9224	0.2202	0.2400	0.3091	− 0.4289
18	建筑业	0.3114	2.1478	0.2854	0.1240	0.5421	− 0.4412
19	汽车、摩托车销售和维修；燃料零售	—	—	—	—	—	—
20	除汽车、摩托车外的商品批发、代理销售业	0.1961	0.5761	0.2361	− 0.0063	0.2720	− 0.7034
21	除汽车、摩托车外的商品零售业	0.0631	0.1550	− 0.0120	0.0916	0.0509	0.8219
22	酒店餐饮业	0.1863	0.5114	0.1993	0.0930	0.1792	0.7576
23	陆地运输业	0.1608	0.4410	0.1423	0.0659	0.3211	− 1.0155
24	水上运输业	0.3137	1.7132	0.2509	0.1085	0.9100	3.9270
25	航空运输业	0.1620	0.6510	0.1448	0.0458	− 0.4810	0.1089
26	其他辅助性运输活动	0.1494	0.6127	0.1349	0.1091	− 0.0819	2.3163
27	邮政通信业	0.1686	0.6683	0.1928	0.1023	0.1180	0.0878
28	金融业	0.1088	0.3883	0.1451	0.0188	0.0265	0.0936
29	房地产业	0.1023	0.4640	0.0887	0.0308	0.0662	0.1042
30	设备租赁及其他商业服务业	0.0877	0.3080	0.0913	0.0446	0.0617	0.0488
31	公共管理、国防及社会保障业	0.0961	0.2099	0.0934	0.0468	0.0797	0.4436
32	教育	0.1917	0.4136	0.2068	0.0958	0.3164	2.6007
33	医疗卫生和社会工作	0.0907	0.2202	0.1082	0.0460	0.0347	0.1694
34	其他社会、社区和个人服务	0.1405	0.3370	0.1623	0.0617	0.1396	0.2386

续表

代码	行业名称	1995—2011 年	1995—1998 年	1998—2002 年	2002—2005 年	2005—2008 年	2008—2011 年
35	有雇佣人员的家庭	—	—	—	—	—	—

注：由于第 19 行业和第 35 行业存在部分数据缺失，所以没测算其净转移率指标（GNIF）。

从表 6-4 中可以看出，1995 年至 2011 年间，中国各产业的净转移率（GNIF）都为正，这说明自 1995 年至 2011 年间，总体来说我国的跨境产业转移为净转入，扮演着国际产业转移的承接者的角色。并且进一步可以看出：（1）相对于其他行业而言，1995 年至 2011 年间，纺织原料及纺织制品、皮革和鞋类制造业的净转移率要更大，说明这段时间内我国主要承接了国际产业转移中的劳动密集型产业，这可能与我国劳动力成本优势密切相关；（2）相对于制造行业，服务行业的净转移率虽然也为正，但要小得多，这说明 1995 年至 2011 年间，我国更多承接的是国际制造行业的产业转移，这可能是行业属性和我国各行业的市场开放度所引致的。

从表 6-4 的后几列中，可以看出 1995 年至 1998 年、1998 年至 2002 年和 2002 年至 2005 年三个时段中，我国各行业的净转移率的指标大多为正，说明在 1995 年至 2005 年的十年间，我国主要是国家市场中的产业转移的承接者。但从 2005 年开始，国内就有部分行业的净转移率（GNIF）开始由正转负，例如劳动密集型的纺织原料及纺织制品、皮革和鞋类制造业和木材、软木及其制品，以及技术密集型的基本金属及金属制品业、机械设备制造业和电气、光学设备制造业等。这说明这段时间内我国开始由国际产业承接者逐渐转变为国际产业的转移者。这与作为跨境产业转移重要方式之一的对外直接投资的变化趋势相一致。从图 6-3 和图 6-4 中可以看出，自 2004 年、2005 年以后，我国对外直接投资开始快速增长。

这段时间内我国各产业的净转移率指标由正转负，我国开始

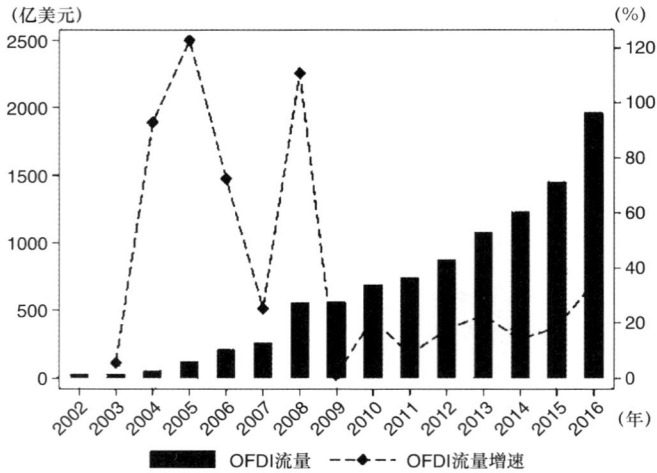

图 6 - 3　中国对外直接投资流量情况

资料来源：根据商务部历年《对外直接投资统计公报》整理得到。

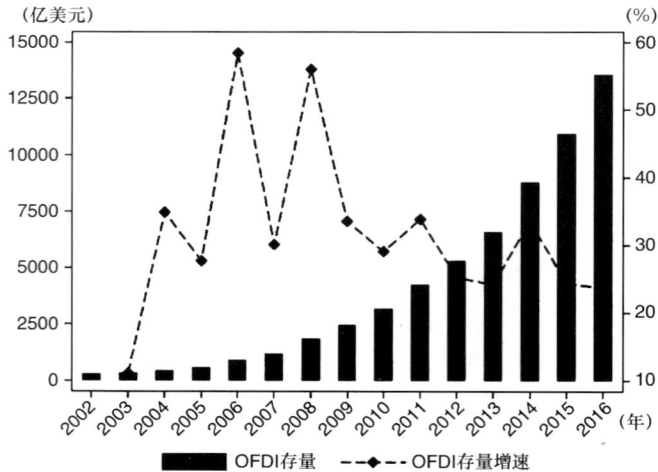

图 6 - 4　中国对外直接投资存量情况

资料来源：根据商务部历年《对外直接投资统计公报》整理得到。

由国际产业承接者逐渐转变为国际产业的转移者可能有两方面的原因。一方面是由于我国人口红利的消失，劳动力成本的不断上升，从而引起劳动密集型产业跨境产业转移；另一方面是由于随着我国技术水平的不断上升，通过对外投资式的产业转移，实现由技术追随到技术引领的转变，从而引起技术密集型产业的跨境产业转移。此外从表6-4的后几列中，进一步可以看出，相较于制造业净转移率的由正转负，服务业的净转移率依然为正，这说明这段时间内，我国的跨境产业转移主要表现为制造业跨境转出。

二　中国对各国跨境产业转移的动态演变

为了更为清楚地判断我国跨境产业转移的分国别情况，我们进一步测算了国别层面的净转移率指标。表6-5汇报了中国对各国的净转移率指标（GNIF）。其中第一列为国家代码；第二列为国家名称；第三列为1995—2011年的中国对各国的净转移指标；后五列分别为1995—1998年、1998—2002年、2002—2005年、2005—2008年和2008—2011年的各国净转移率指标。

表6-5　　　中国对各国（地区）的净转移率指标（GNIF）

国家 （地区） 代码	国家 （地区） 名称	1995— 2011 年	1995— 1998 年	1998— 2002 年	2002— 2005 年	2005— 2008 年	2008— 2011 年
AUS	澳大利亚	0.00201	0.02176	0.00110	0.00140	0.00185	0.00437
AUT	奥地利	0.00030	0.00232	0.00015	0.00024	0.00042	0.00042
BEL	比利时	0.00038	0.00601	0.00028	0.00033	0.00052	0.00046
BGR	保加利亚	0.00004	0.00052	0.00005	0.00004	0.00013	-0.00009
BRA	巴西	0.00133	0.00900	0.00017	0.00047	0.00180	0.00274
CAN	加拿大	0.00183	0.02474	0.00156	0.00160	0.00248	0.00225
CYP	塞浦路斯	0.00001	0.00028	0.00002	0.00002	0.00010	-0.00011
CZE	捷克	0.00025	0.00323	0.00033	0.00012	0.00037	0.00034
DEU	德国	0.00332	0.01102	0.00214	0.00263	0.00466	0.00456
DNK	丹麦	0.00015	-0.00172	0.00007	0.00018	0.00029	0.00004

续表

国家 （地区） 代码	国家 （地区） 名称	1995— 2011 年	1995— 1998 年	1998— 2002 年	2002— 2005 年	2005— 2008 年	2008— 2011 年
ESP	西班牙	0.00082	0.01987	0.00091	0.00108	0.00160	− 0.00026
EST	爱沙尼亚	0.00002	0.00035	0.00007	0.00003	0.00002	− 0.00001
FIN	芬兰	0.00014	0.00131	0.00016	0.00018	0.00031	− 0.00008
FRA	法国	0.00174	0.03532	0.00108	0.00160	0.00232	0.00214
GBR	英国	0.00179	0.07918	0.00242	0.00172	0.00251	0.00129
GRC	希腊	0.00020	0.00406	0.00030	0.00015	0.00043	0.00001
HUN	匈牙利	0.00011	0.00338	0.00027	0.00011	0.00018	0.00003
IDN	印度尼西亚	0.00109	0.01559	0.00098	0.00030	0.00139	− 0.00243
IND	印度	0.00223	0.01748	0.00092	− 0.00126	− 0.00258	− 0.00451
IRL	爱尔兰	0.00021	0.00306	0.00023	0.00015	0.00035	0.00018
ITA	意大利	0.00127	0.01585	0.00150	0.00107	0.00184	0.00132
JPN	日本	0.00467	0.00299	0.00684	0.00492	0.00394	0.00785
KOR	韩国	0.00199	0.01094	0.00443	0.00162	0.00220	0.00266
LTU	立陶宛	0.00002	0.00039	0.00006	0.00002	0.00005	− 0.00002
LUX	卢森堡	0.00002	0.00064	0.00003	0.00003	0.00001	0.00003
LVA	拉脱维亚	0.00001	0.00027	0.00002	0.00001	0.00003	− 0.00001
MEX	墨西哥	0.00112	0.02161	0.00150	0.00088	0.00130	0.00163
MLT	马耳他	0.00001	0.00012	0.00001	0.00001	0.00001	0.00001
NLD	荷兰	0.00071	0.02332	0.00121	0.00042	0.00130	0.00035
POL	波兰	0.00052	0.01130	0.00025	0.00031	0.00108	0.00028
PRT	葡萄牙	0.00010	0.00286	0.00005	0.00009	0.00016	0.00006
ROM	罗马尼亚	0.00011	0.00168	0.00008	0.00013	0.00026	− 0.00008
RUS	俄罗斯	0.00216	− 0.00168	0.00127	0.00064	0.00359	0.00348
SVK	斯洛伐克	0.00011	0.00126	0.00006	0.00007	0.00020	0.00010
SVN	斯洛文尼亚	0.00004	0.00086	0.00003	0.00001	0.00010	0.00000
SWE	瑞典	0.00028	0.00450	0.00013	0.00027	0.00034	0.00041
TUR	土耳其	0.00113	0.00589	0.00022	0.00060	0.00143	0.00224
TWN	中国台湾	0.00056	0.02461	0.00072	0.00057	0.00054	0.00072
USA	美国	0.01329	0.42125	0.02046	0.01424	0.01507	0.01352
RoW	其他	0.01359	0.13537	0.01518	0.01038	0.02220	0.01217

从表 6-5 中可以看出，1995 年至 2011 年间，中国对各国的净转移率指标都为正，40 个国家对我国大多是产业净转入国。但从表 6-5 的后几列中，可以进一步发现，自 2008 年以后中国对部分国家（地区）的净转移率指标开始由正转负，逐渐由产业承担者转为产业转出国。这些国家主要为欧洲小国、部分东南亚和南亚国家，如西班牙、立陶宛、罗马尼亚、印度和印度尼西亚等。此外我们还可以发现对于国际上的经济强国，如德国、韩国、日本和美国等，我国依然是其产业转移的重要承接国。

三　中国对各国各产业层面的跨境产业转移的情况

由于单一国家层面和产业层面的净转移率指标亦不能体现某一国某一产业在全球产业链中的具体位置。某一个国家为总体产业的净转入国，也可能存在国内某些产业向外转出的情况。为了更为深入和具体地分析各国各产业的转移情况，我们基于第二节的式（5），重点测算了 2011 年中国对德国、西班牙、印度尼西亚、立陶宛和罗马尼亚的产业净转移率指标（SNIF），测算结果如表 6-6 所示。

表 6-6　　中国对几国的各产业的净转移率指标（SNIF）

行业代码	德国	西班牙	印度尼西亚	印度	立陶宛	罗马尼亚
1	0.00214	0.00033	- 0.00201	- 0.00256	0.00000	- 0.00004
2	0.00206	- 0.00027	- 0.00135	- 0.00269	- 0.00002	- 0.00006
3	0.00203	0.00051	- 0.00147	- 0.00164	0.00001	- 0.00002
4	0.01635	0.00123	- 0.01136	- 0.00978	0.00004	- 0.00009
5	0.01844	0.01008	- 0.00658	- 0.01025	- 0.00001	- 0.00011
6	0.00426	- 0.00144	- 0.00449	- 0.03416	- 0.00008	- 0.00035
7	0.00581	- 0.00028	- 0.00382	- 0.00742	0.00003	- 0.00009
8	0.00504	- 0.00015	0.00408	0.00409	- 0.00007	- 0.00001
9	0.00960	0.00039	0.00671	0.01183	- 0.00003	0.00000
10	0.01220	0.00025	- 0.00582	- 0.01086	- 0.00003	- 0.00011
11	0.00409	- 0.00121	- 0.00228	- 0.00735	- 0.00006	- 0.00020

行业代码	德国	西班牙	印度尼西亚	印度	立陶宛	罗马尼亚
12	0.00852	− 0.00214	− 0.00423	− 0.01067	− 0.00009	− 0.00042
13	− 0.01028	− 0.00056	0.00642	0.01317	− 0.00010	− 0.00049
14	− 0.01812	− 0.00402	0.00611	0.00798	− 0.00009	− 0.00026
15	0.00969	0.00003	0.00251	0.00513	− 0.00004	− 0.00016
16	0.00169	0.00028	− 0.01066	− 0.17246	− 0.00003	− 0.00024
17	0.00639	− 0.00069	0.00363	0.00722	− 0.00004	− 0.00017
18	0.00018	0.00000	0.00004	0.00005	0.00000	0.00000
19	0.00000	− 0.00000	0.00000	0.00000	0.00000	0.00000
20	0.00459	0.00010	− 0.00126	0.00217	0.00001	0.00001
21	0.00087	− 0.00003	− 0.00102	0.00075	0.00000	− 0.00001
22	0.00182	− 0.00001	0.00162	0.00132	− 0.00001	− 0.00003
23	0.00520	− 0.00010	− 0.00359	− 0.00241	0.00000	− 0.00001
24	0.03013	0.00066	− 0.01131	− 0.00560	0.00044	0.00091
25	0.00829	0.00045	− 0.00724	− 0.00145	0.00000	0.00007
26	0.00427	− 0.00003	− 0.00142	− 0.00106	0.00000	0.00000
27	0.00004	− 0.00009	0.00175	0.00183	− 0.00002	− 0.00037
28	0.00243	− 0.00001	0.00117	0.00188	0.00000	− 0.00001
29	0.00088	0.00006	0.00039	0.00070	0.00000	0.00000
30	0.00178	− 0.00021	0.00090	0.00155	− 0.00001	− 0.00005
31	0.00001	0.00000	0.00001	0.00001	0.00000	0.00000
32	0.00015	− 0.00002	0.00010	0.00014	0.00000	− 0.00001
33	0.00017	− 0.00004	0.00012	0.00019	0.00000	− 0.00001
34	0.00130	− 0.00004	0.00060	0.00093	0.00000	− 0.00003
35	0.00000	0.00000	0.00000	0.00000	0.00000	0.00000

　　从表 6 - 6 中的第一列可以看出，尽管整体上德国是中国产业转移的净转入国，但是在部分行业内部，德国依然是中国产业转移的转出国。进一步还可以发现尽管中国是西班牙、印度尼西亚、印度、立陶宛和罗马尼亚的产业转移的转入国，但并不是所有行业中国都是西班牙、印度尼西亚、印度、立陶宛和罗马尼亚的产

业转移的转入国，在部分行业中中国也是西班牙、印度尼西亚、印度、立陶宛和罗马尼亚的产业转移的转出国。可见全球市场是个相互交织的巨大生产网络，各国都深入嵌入这一全球网络的价值链中，很难有一国是另一国所有产业的跨境产业转移的转入国或转出国。

第四节　跨境产业转移的影响因素分析

一　跨境产业转移影响因素的计量模型设定

（一）跨境产业转移影响因素模型构建

通过前文的分析，可以发现中国各行业和对各国的跨境产业转移同行业自身的生产率水平和行业的劳动力成本密切相关。为了验证这一论断，并且进一步分析影响我国跨境产业转移的因素，构建如下的计量模型：

$$GNIF_{jt} = \beta_0 + \beta_1 \ln TFP_{jt} + \beta_2 \ln LAB_{jt} + \beta_3 \, tariff_{jt}$$
$$+ \beta_4 \, hlab_{jt} + \gamma_t + \delta_j + \varepsilon_{jt} \quad\quad (6)$$

其中 j 表示行业，t 表示年份。$\ln TFP_{jt}$ 为行业层面的要素生产率，具体测算见下文。$tariff_{jt}$ 表示行业的中间品关税税率，具体测算见下文。$\ln LAB_{jt}$ 和 $hlab_{jt}$ 分别表示行业内员工的劳动报酬和高技能员工占比，根据 WIOD 中 SEA 表计算得到。γ_t 和 δ_j 分别为年份和行业的固定效应，ε_{jt} 为误差项。

（二）跨境产业转移影响因素指标构建

1. 要素生产率的测算

本书借鉴赖和朱（lai 和 zhu，2007）和程大中（2014）的方法，测算多边增加值全要素生产率指数（multilater value - added TFP index）。其中 Z_{jt}^i、K_{jt}^i、L_{jt}^i、∂_{jt}^i 分别表示为 t 年 i 国 j 行业的实际增加值、资本投入、劳动投入和劳动成本份额；定义 $\overline{\ln Z_{jt}} = \sum_i \ln Z_{jt}^i / N$、$\overline{\ln K_{jt}} = \sum_i \ln K_{st}^i / N$、$\overline{\ln L_{jt}} = \sum_i \ln L_{jt}^i / N$、$\overline{\partial_{jt}^i} = (\partial_{jt}^i +$

$\sum_i \partial_{jt}^i / N$) /2 （N 为样本国家数）。这样，t 年 i 国 j 行业的 TFP 指数为：

$$\ln TFP_{ijt} = (\ln Z_{st}^i - \overline{\ln Z_{st}}) - \overline{\partial}_{st}^i (\ln L_{st}^i - \overline{\ln L_{st}})$$
$$- (1 - \overline{\partial}_{st}^i)(\ln K_{st}^i - \overline{\ln K_{st}})$$

2. 中间品关税税率的测算

本书将中间投入品关税税率作为中间品贸易自由化指标。中间投入品关税税率的测算方法借鉴了毛其淋（2013）的研究。中间投入品关税税率（$tariff$）为：$tariff_{jt} = \sum_{g \in G_j} \alpha_{gt} \cdot outputtariff_{gt}$，其中下标 j、t 和 g 分别表示行业、年份和投入要素；G_j 表示行业 j 的投入集合，$\alpha_{gt} = input_{gt} / \sum_{g \in G_j} input_{gt}$ 表示要素 g 的投入权重，用投入要素 g 的成本占行业 j 总投入要素成本的比重来衡量。而 $outputtariff_{gt}$ 为最终产品关税税率，其计算方法为：$outputtariff_{gt} = \sum_{s \in I_j} n_{st} \cdot Tariff_{st}^{HS96} / \sum_{s \in I_j} n_{st}$，下标 s 表示 HS6 位码产品，I_j 为行业 j 的产品集合，n_{st} 表示税目数，$Tariff_{st}^{HS96}$ 表示相应产品的进口关税税率。

二　跨境产业转移影响因素的计量结果分析

表 6 - 7 汇报了基于式（6）的跨境产业转移影响因素的回归结果。其中第（1）列中，只控制了行业生产率和行业劳动报酬；第（2）列在控制住行业生产率和行业薪资报酬的基础上，进一步控制了行业的中间品关税和行业中的高技能员工占全部员工数的比例；第（3）列在第（2）列的基础上，进一步控制了年份固定效应和行业固定效应。

从表 6 - 7 中可以看出，行业生产率水平（lnTFP）的系数显著为负。由于跨境产业转移指标（GNIF）越小表示跨境产业转出的程度越大，因此这说明行业要素生产率水平越高，跨境产业转移指标（GNIF）越小。即在其他因素相同时，行业要素生产率水平越高的行业，越有可能对外进行跨境产业转移。生产率水平是行业对外跨境转移的重要影响因素。

表 6 – 7　　　　　　　　　跨境产业转移影响因素的回归结果

	（1）	（2）	（3）
	GNIF	GNIF	GNIF
lnTFP	− 0. 0511 ***	− 0. 0651 ***	− 0. 2494 ***
	GNIF	GNIF	GNIF
	（ − 2. 72）	（ − 2. 13）	（ − 2. 01）
lnLAB	− 0. 0127 ***	− 0. 0170 **	− 0. 3816 **
	（ − 2. 27）	（ − 1. 84）	（1. 79）
tariff		− 0. 0959 ***	− 0. 4532 ***
		（ − 2. 46）	（ − 2. 18）
hlab		− 0. 5531 **	− 1. 8384 **
		（ − 1. 85）	（ − 1. 81）
年份固定效应	否	否	是
行业固定效应	否	否	是
_ cons	0. 3141	0. 6417	− 3. 1125
	（0. 56）	（0. 73）	（ − 0. 69）
N	528	528	528
R^2	0. 012	0. 031	0. 1322

注：表中 ** 、 *** 分别表示在 5%、1% 的水平上统计显著，括号内为 t 值。

表 6 – 7 中行业劳动报酬（lnLAB）的系数也显著为负，说明行业的劳动报酬越高的行业，越可能对外进行跨境产业转出。这是因为劳动报酬越高的行业，相应的劳动成本也越高，企业为了寻求劳动成本的优势，越有可能将生产相关活动转移至其他具有劳动成本优势的国家，从而产生对外的跨境产业转移。行业的劳动成本是影响行业进行跨境产业转移的重要因素。

表 6 – 7 中中间品关税（tariff）的系数也显著为负，即中间品关税税率越高的行业，越倾向于对外进行跨境产业转移。这是因为行业的中间品关税税率越高，企业的生产成本也越高。企业为了规避高税率的关税成本，越倾向于将产业对外进行转移。此外表 6 – 7 中的高技能员工占比（hlab）的系数也显著为负，这与行

业生产率水平（lnTFP）相一致，高技能员工占比越高的行业，其生产率水平也越高，也越有可能对外进行跨境产业转移。

因此本小节关于跨境产业转移影响因素的分析结果，很好地支撑和解释了第三节中根据测算结果而得出的结论和论断。行业生产率、劳动成本和关税水平都是一国对外进行跨境产业转移的重要影响因素。

第五节　本章小结

本章在阐明传统贸易和增加值贸易联系与区别的基础上，基于国际产出投入表，从增加值贸易的视角出发，测度了我国各行业和对各国的跨境产业转移程度，进一步进行了动态演化分析，并且还对我国跨境产业转移的影响因素进行了深入的验证和分析。

本章研究发现：（1）相较于传统贸易统计方法，增加值贸易的统计方法更易于追踪生产要素的流动和真实的贸易利得，能够更为准确地测度我国实际的跨境产业转移；（2）长期来看整体上我国的跨境产业转移仍为净转入，但近些年来我国部分产业已逐渐由净转入转变为净转出；（3）近些年我国对一些欧洲小国和部分南亚和东南亚国家已由产业净转入逐渐转变为净转出；（4）相较于服务行业，近些年来制造行业对外进行跨境产业转移现象更为明显；（5）行业的生产率水平、行业劳动力成本和行业关税水平是影响我国行业对外进行跨境产业转移的重要因素。

第 七 章

跨境产业转移与价值链分工布局

第一节　跨境产业转移与价值链分工的演变与特征

一　跨境产业转移和国际分工格局的历史演变

在产业革命到跨境产业转移这样一个历史演变的过程中，按照发达国家与发展中国家之间联系机制的显著变化来划分国际分工格局，存在着两个重要的历史阶段。

（一）18世纪中叶至19世纪末的跨境产业转移与国际产业分工

英国工业革命始于18世纪中叶，以棉纺织业的技术革新为始，以瓦特蒸汽机的改良和广泛使用为枢纽，以19世纪三四十年代机器制造业机械化的实现为基本完成的标志。英国工业革命的主要表现是大机器工业代替手工业，机器工厂代替手工工场，标志着资本主义由手工业向大机器工业过渡，世界开始分裂成两大类国家：一是一些以农业或小型手工业为主或纯粹从事农业的农业国；二是已经广泛且深入透彻地进行了工业革命的少数几个工业大国。那时的跨境产业转移主要体现在工业大国和农业国之间，表现为工业品和农产品的跨境产业转移。后来逐渐演变为发达国家与发展中国家之间不同产业等级的国际经济关系，国际产业分工和产业转移先是体现为资本密集型产业国与劳动密集型产业国之间的产业分工和商品交换，后来至 19 世纪末进一步体现为技术、资本密集型产业国与劳动密集型产业国之间的产业分工和商品交换。

（二）20 世纪 60 年代至今的跨境产业转移与国际产业分工

"二战"后国际市场中经历四次大的跨境产业转移浪潮。第一次跨境产业转移浪潮的时间是 20 世纪 50 年代，当时美国在确立了全球经济和产业技术领先地位后，率先进行了产业结构的调整升级；在国内集中力量发展汽车和化工等资本和技术密集型工业，而将纺织等传统的劳动密集型产业通过对外直接投资向处于经济复苏的日本和西德等国家进行转移。由于日本整体经济相对落后，劳动力成本相对较低，在承接了美国转移出的产业后，很快成为全球劳动密集型产业的主要供应者，此时"日本制造"畅销全球。

第二次跨境产业转移浪潮的时间是 20 世纪 60 年代至 70 年代，随着科技革命的推动，发达国家加快产业升级的步伐，美国、德国和日本等国集中力量在国内发展钢铁、化工和汽车等资本密集型产业以及电子、航空航天和生物医疗技术密集型产业，而把劳动密集型的纺织业等向外转移。这时亚洲新兴工业化国家积极承接这一轮的国家产业转移，大力发展出口导向的外贸经济，实现了真正意义上的"外围"国家的现代化经济增长。

第三次跨境产业转移浪潮的时间是 20 世纪 70 年代后期。两次石油危机和世界性经济危机的爆发，迫使发达国家努力发展微电子、新能源和新材料等高附加值低能耗的技术密集型和知识密集型产业，而将钢铁、化工、汽车和家电等资本密集型的产业进一步向外转移。与此同时，新兴经济体积极承接从发达国家转移出的资本密集型产业。而东盟等国承接了新型经济体转移过来的劳动密集型产业，沿着新兴经济体发展路径，大力发展出口导向型的外贸经济，实现经济的快速增长。

第四次跨境产业转移浪潮的时间为 20 世纪 90 年代以后。在极大程度上受到产业模块化发展的影响，90 年代，美国计算机产业率先开始模块化战略经营。计算机产业的模块化战略发展极大地推动信息产业的崛起，并很快应用于通信设备等高科技产业和金融服务业。模块化经营进一步拓展了企业的市场范围，推动了跨境产业转移的新一轮浪潮，深刻改变了国际上各国的产业结构和国际产业分工布局。

（三）跨境产业转移与国际产业分工的演变趋势

从上述两个重要的历史阶段中，可以发现科技革命是各国产业结构发生改变升级的重要力量，是跨境产业转移和国际产业分工布局产生的根本动因。跨境产业转移和国际分工布局呈现出一系列的演变趋势和演变方向。

一是高科技产业今后将成为各国重点发展产业，其他产业将进一步加快进行跨境产业转移。由于科学技术水平直接决定了一国在全球价值链的角色以及地位和作用，科学技术发展日益受到各国重视。科学技术水平越领先，越有助于实现国家产业向全球价值链的顶端和高附加值端攀升，越能帮助国家在全球价值链分工布局中占据不可替代的优势，也能帮助国家提升对外经济的真实利得。因此各国将整合国内资源，集中国内力量发展高科技产业，而将其他产业进一步加快对外跨境转移。

二是高新技术与传统产业的融合成为不可阻挡的新趋势，传统产业受到的冲击日益严重，国内产业结构和国际分工布局将受到不小冲击。随着高新技术的发展，高新技术与传统产业的融合已经成为时代的需求。例如，新出现的5G技术已经广泛地应用于传统的交通运输业，促进了无人驾驶等智能交通运输业的快速发展。5G技术的发展也改变了传统的医疗产业，如2019年1月19日，中国一名外科医生利用5G技术实施了全球首例远程外科手术。这名医生在福建省利用5G网络，操控30英里（约合48千米）以外一个偏远地区的机械臂进行手术。在进行的手术中，由于延时只有0.1秒，外科医生用5G网络切除了一只实验动物的肝脏。高新技术与传统产业的融合发展已经成为当代产业经济发展的重要内容，传统产业的转型和国际重新分工布局势在必行。

三是跨境产业转移的广度和深度将使得跨境产业转移的链条

进一步延展。跨境产业转移已经由过去的单一产业的跨境产业转移逐渐转变为产业链上下游的产业集群式转移，从而形成产业的地区集聚优势和网络化经营模式，提升区域整体的国际竞争力。随着跨境产业转移的广度和深度的不断加深，产业跨境转移的进一步加速，跨境产业转移的产业结构将不断升级，跨境产业转移的链条将不断延展。

四是新一轮跨境产业转移的重要载体将是跨国公司，重要方式将是水平跨越方式。新一轮产业转移主要是技术、知识和资本密集型产业，载体是跨国公司。传统产业转移采取垂直梯度方式，主要着眼于劳动力优势与区位优势。而产业链转移则采取水平跨越方式，更加注重东道国的技术、人才、研发能力等综合优势与信息基础设施。

二　跨境产业转移和国际分工格局的新特征

（一）传统的垂直型和水平型分工向工序型分工转变

随着产品内分工的盛行，国际分工布局已经由以前的上下游产业间的单一产业的垂直型跨境转移为主逐渐转向产业内部同种产品不同工序间的跨境产业转移为主。国际分工布局呈现出不同产业间分工、相同产业内分工与相同产品内不同工序分工并存的多层次的崭新格局。工序型分工模式适应了生产全球化的大背景，最大限度地发挥了世界各国不同区域的比较优势，日益显示出它在国际分工中的重要地位。

（二）价值链分工成为新型国际分工的主要形式

20 世纪 90 年代以来，跨境产业转移推动了国际分工的新变化，在垂直型分工向水平型分工转变的同时，价值链分工成为国际分工的主要形式。垂直型分工内一个产业内部就可以完成单一产品的生产，与全球价值链的关系联系相对较弱。而产品内的水平型分工要想完成单一产品的生产，需要这一产品在多个国家的不同位置完成某一种或某几种工序，产品的零部件需要在多个国家之间多次和反复地流动。水平型分工的模式使得各国之间在不同工序间相互配合，相互关联，各国获得同一产品不同工序的附加值，一国的竞争优势不仅体现在某个特定产业或某项特定产品上，更多地体现在同一产业的价值链中和同一产品价值链的各个环节或工序上。价值链上的分工成为新型国际分工的一种主要形式。

（三）区域性经济集团内部分工趋势进一步加强

在全球性经济一体化进展的同时，区域性经济集团化的进程也明显加快。由于经济集团不同程度地对内逐步采取降低和取消关税和非关税壁垒措施，对外继续采取关税与非关税等排他性措施，区域性经济集团成员之间的跨境门槛相对更低，跨境的产业转移更易在区域性的经济成员的内部发生。结果导致区域性经济集团内成员国之间分工和贸易发展趋势进一步加强。全球价值链的分工布局表现出以区域价值链为主要特征的国际分工布局。

（四）国际分工从有形商品领域向服务业领域扩展

通过跨境产业转移，发达国家知识技术密集型服务业得以迅速发展，以高技术、资本密集型服务参加服务业国际分工。而发展中国家通过承接国际跨境产业转移活动，主要集中发展劳动密集型服务业，而以建筑工程承包、劳务输出等劳动密集型服务参与服务业的国际分工。由于发达国家的知识技术密集型服务业的附加值要远高于发展中国家的劳动密集型服务业的附加值。从劳动密集型服务业转向知识技术密集型服务业，也是大多数发展中国家实现全球价值链攀升的必要前提。

三　跨境产业转移与国际分工格局的关系

不仅产业的跨境转移能影响到国际的分工布局，国际的分工布局也能影响产业的跨境转移活动。跨境产业转移与国际分工布局是互为因果的关系。

（一）国际分工是跨境产业转移的基础

国际分工是社会经济发展和国民经济内部的分工超越国界的结果。不同国家的生产力水平不同，表现为国家间的产业级差。

由于产业生命周期的客观存在，发达国家便通过国际贸易和国际投资等方式将本国处于衰退期的产业向外扩散或转移。因此生产率的不同引起国际分工不同，国际分工的不同再结合产业的生命周期，就会引起产业的跨境产业转移。

（二）国际分工决定跨境产业转移方向

在产业链层次，由生产制造环节向研发设计和品牌营销环节的转移是增值能力和分工地位提升的显著标志。生产环节可细分为关键零部件生产的上游生产和终端的加工组装的下游生产。由下游生产向上游生产的递进也意味着分工地位和增值能力的提升。由此可见国际分工地位的高低直接决定着跨境产业转移的方向。

（三）产品内国际分工使得跨境产业转移更加关注要素禀赋

产品内分工使得产品价值链被分解成若干独立环节，跨国公司在全球范围内整合资源，将价值链中的每个环节放到最有利于获得竞争优势的地点，导致国际分工的界限由产品转变为要素，要素禀赋对于跨境产业转移区位选择的意义将更大，因此产品内国际分工使得跨境产业转移更加关注于承接国（地区）要素禀赋条件。

（四）产品内国际分工加速了国际性的产业转移和产业重组的进程

产品内国际分工的发展促进了产业转移，为发达国家在世界范围内进行结构调整提供了便利条件，同时也有利于发展中国家的经济发展。如果没有产品内的国际分工，整个产品生产一揽子跨国转移，会因为利益较小和就业冲击大而难以实现。而产品内的国际分工通过工序在全球的重新安排和分布，转移国和承接国（地区）都可以接受，降低了利益双方的矛盾和摩擦，从而有助于产业跨境转移的成功实现，因此产品内国际分工推动了产业跨境转移和产业重组的进程。

（五）跨境产业转移也会影响到国际分工格局的形成

国际分工是跨境产业转移的前提和基础，而跨境产业转移也会不断地改变着国际分工格局。实践证明，通过跨境产业转移，转移国（或地区）与承接国（或地区）都能够更好地发挥自身比较优势，更好地发展本国或本地区的优势产业，带来更高的经济效益，从而跨境产业转移只要能够很好地与承接转移产业的国家（地区）的比较优势相结合，是可以改变国际分工格局的。

第二节　全球价值链分工地位的实证测度

一　全球价值链分工地位的研究进展

实现全球价值链（GVC）地位攀升是开放条件下中国经济高质量发展的重要内涵之一。随着全球价值链分工的兴起，研究不同国家在全球价值链分工中的位置，以及哪些因素决定了全球价值链地位，显得十分重要①。在参与全球价值链分工过程中，高收入的发达国家通常具有较高全球价值链地位，而多数发展中国家的全球价值链地位较低，从国际分工中获得的收益也相对较少②。全球价值链的分工演变直接决定着一国在产品内分工大背景下在全球价值链中所获取的真实利得。

目前，产品内跨国分工的盛行逐步引起学术界对全球价值链（GVC）的关注，从早期的案例分析③逐渐发展到 21 世纪初的基于垂直专业化理论及增加值贸易思想的系统性研究④。接着，借助于全球贸易分析项目（GTAP）和世界投入产出数据库（WIOD）

①　Antràs P., Chor D., *On the Measurement of Upstreamness and Downstreamness in Global Value Chains*, NBER Working Paper, 2018.

②　杨高举、黄先海：《内部动力与后发国分工地位升级——来自中国高技术产业的证据》，《中国社会科学》2013 年第 2 期。

③　Gereffi G., *Commodity Chains and Global Capitalism*, Praeger Publishers, 1994.

④　Hummels D., Jun I., Yi K. M., "The Nature and Growth of Vertical Specialization in World Trade", *Journal of International Economics*, Vol. 54, No. 1, 2001, pp. 75 – 96；Antràs P., Chor D., Fally T., Hillberry R., "Measuring the Upstreamness of Production and Trade Flows", *American Economic Review*, Vol. 102, No. 3, 2012, pp. 412 –416.

等大型跨国投入产出表，一些文献①开始尝试在多国分析框架下进行研究。近期 Wang 等②又进一步把出口分解模型拓展至最终品本国消费层面，并将全球价值链分析框架从出口阶段反向拓展至生产阶段，更为准确地刻画了国家及部门在全球价值链中的作用。国内方面，越来越多的研究利用出口分解模型及相应统计指标，从不同层面对中国参与全球价值链情况进行分析。其中，张杰等③、吕越等④、Kee 和 Tang⑤ 等从"国家—部门—企业"层面评价了中国参与全球价值链的具体情况；程大中⑥等则借助 Wang 等⑦模型，从双边层面探讨了中国同其他国家的增加值贸易问题。其实，产品内的全球价值链分工模式在全球范围内有效整合了人力、资本等资源，相对应的分工地位的不同决定了参与国在利益分配及风险分担等方面的差异⑧，而这也是各国参与全球价值链的根本诉求。

---

① Koopman R., Powers W., Wang Z., Wei S. J., *Give Credit Where Credit is Due: Tracing Value Added in Global Production Chains*, NBER Working Paper, 2010; Johnson R., Noguera G., "Accounting for Intermediates: Production Sharing and Trade in Value Added", *Journal of International Economics*, Vol. 86, No. 2, 2012, pp. 224 – 236; Wang Z., Wei S. J., Zhu K. F., *Quantifying International Production Sharing at the Bilateral and Sector Levels*, NBER Working Paper, 2013.

② Wang Z., Wei S. J., Yu X. D., Zhu K. F., *Characterizing Global Value Chains: Production Length and Upstreamness*, NBER Working Papers, 2017; Wang Z., Wei S. J., Yu X. D., Zhu K. F., *Measures of Participation in Global Value Chains and Global Business Cycles*, NBER Working Papers, 2017.

③ 张杰、陈志远、刘元春：《中国出口国内附加值的测算与变化机制》，《经济研究》2013 年第 10 期。

④ 吕越、罗伟、刘斌：《异质性企业与全球价值链嵌入：基于效率和融资的视角》，《世界经济》2015 年第 8 期。

⑤ Kee H. L., Tang H., "Domestic Value Added in Exports: Theory and Firm Evidence from China", *American Economic Review*, Vol. 106, No. 6, 2016, pp. 1402 – 36.

⑥ 程大中：《中国参与全球价值链分工的程度及其演变趋势——基于跨国投入—产出分析》，《经济研究》2015 年第 9 期。

⑦ Wang Z., Wei S. J., Zhu K F., *Quantifying International Production Sharing at the Bilateral and Sector Levels*, NBER Working Paper, 2013.

⑧ Antràs P., Chor D., Fally T., Hillberry R., "Measuring the Upstreamness of Production and Trade Flows", *American Economic Review*, Vol. 102, No. 3, 2012, pp. 412 – 416.

二　全球价值链分工地位的测度方法

本节基于增加值贸易的研究，借鉴 Koopman 等[①]的方法，利用世界投入产出表，构建全球价值链的分工地位指标（ GVC_P ）。

假设世界中有 G 个国家，每个国家有 N 个行业。 X 为所有国家各行业的全部产出的 $GN \times 1$ 的矩阵。进一步将产品划分为中间品和最终品，其中 Y 表示所有国家各行业的最终品消费，为 $GN \times 1$ 的矩阵。 A 表示世界投入产出表中的直接消耗系数，为 $GN \times GN$ 的矩阵。因此根据投入产出表的平衡关系，可以得到：

$$X = (I - A)^{-1} Y = BY \tag{1}$$

V 表示所有国家各行业的增加值率，为 $G \times GN$ 的矩阵。 E 表示所有国家的各行业对不同国家的出口额，为 $GN \times G$ 的矩阵。因此可以计算得到出口增加值矩阵 VBE 。现以三个国家为例，则出口增加值矩阵为：

$$VBE = V \times B \times E = \begin{bmatrix} V_1 B_{11} E_1 & V_1 B_{12} E_2 & V_1 B_{13} E_3 \\ V_2 B_{21} E_1 & V_2 B_{22} E_2 & V_2 B_{23} E_3 \\ V_3 B_{31} E_1 & V_3 B_{32} E_2 & V_3 B_{33} E_3 \end{bmatrix} \tag{2}$$

其中 E_i 为第 i 国的出口额矩阵。 VBE 矩阵中各列非对角线元素的加总求和可以得到一国出口中的国外增加值部分（ FV_r ）：

$$FV_r = \sum_{s \neq r} V_s B_{sr} E_r \tag{3}$$

VBE 矩阵中各行非对角线元素的加总求和可以得到作为中间品嵌入在第三国出口中的一国增加值部分（ IV_r ）：

$$IV_r = \sum_{s \neq r} V_r B_{rs} E_s \tag{4}$$

其中 VBE 矩阵中对角线元素为一国出口中的国内增加值

---

① Koopman R., Powers W., Wang Z., Wei S. J., *Give Credit Where Credit is Due: Tracing Value Added in Global Production Chains*, NBER Working Paper, 2010.

（ DV_r ）：

$$DV_r = V_r B_{rr} E_r \qquad (5)$$

根据 Koopman 等（2010）的研究，定义国家—行业层面的全球价值链分工地位指标（ GVC_P_{ij} ）为嵌入在其他国家出口中的一国的行业中间品的对数与该国自己生产过程中的进口中间品对数差，则：

$$GVC\_P_{ij} = \ln(1 + IV_{ij}/E_{ij}) - \ln(1 + FV_{ij}/E_{ij}) \qquad (6)$$

如果一国行业位于供应链的上游， IV_{ij}/E_{ij} 则越大，而 FV_{ij}/E_{ij} 越小，从而一国行业的全球价值链分工地位（ GVC_P_{ij} ）也越大。因此全球价值链分工地位（ GVC_P_{ij} ）值越大，表示越靠近全球价值链的上游，全球价值链的分工地位越高；全球价值链分工地位（ GVC_P_{ij} ）值越小，表示越靠近全球价值链的下游，全球价值链的分工地位也越低。

三　全球价值链分工地位的测度数据

本部分关于全球价值链分工地位测度的相关数据来自于 WIOD 数据库中世界投入产出表。WIOD 数据库是由欧盟委员会资助、多个研究机构合作开发的，包含了 40 个主要经济体（其中包括 27 个欧盟成员国和 13 个其他主要国家或地区）1995—2011 年的 35 个行业的相关经济数据。这些经济体 GDP 的总和占全球 GDP 的 85% 以上，从而能够很好地反映全球的经济活动。其中 35 个行业中前两个行业为农林牧渔业和采矿业，第 3 个行业至第 16 个行业为制造业，剩余的 19 个行业为服务业。具体行业划分见表 7 - 1。为消除价格影响，根据 WIOD 提供的现价和前年价多区域投入产出表，将各年投入产出表中的产出、中间使用和最终使用转化为 1995 年价格。

表 7 - 1　　　　　　　　　WIOD 投入产出表部门分类

行业代码	部门名称	行业代码	部门名称
1	农业、狩猎、林业和渔业	19	汽车、摩托车销售和维修；燃料零售
2	矿业及土石采取业	20	除汽车、摩托车外的商品批发、代理销售业
3	食品、饮料和烟草制品业	21	除汽车、摩托车外的商品零售业
4	纺织原料及纺织制品	22	酒店餐饮业
5	皮革和鞋类制造业	23	陆地运输业
6	木材、软木及其制品	24	水上运输业
7	造纸、印刷和出版业	25	航空运输业
8	焦炭，精炼石油及核燃料加工业	26	其他辅助性运输活动
9	化学原料及化学制品	27	邮政通信业
10	橡胶及塑料制品	28	金融业
11	非金属矿物产品	29	房地产业
12	基本金属及金属制品业	30	设备租赁及其他商业服务业
13	机械设备制造业	31	公共管理、国防及社会保障业
14	电气、光学设备制造业	32	教育
15	交通运输设备制造业	33	医疗卫生和社会工作
16	其他制造业；废物回收业	34	其他社会、社区和个人服务
17	电力，燃气及水的供应业	35	有雇佣人员的家庭
18	建筑业		

注：行业划分主要依据 WIOD 数据库。

第三节　中国全球价值链分工地位的演变趋势

随着国际中产品内分工的盛行，一国位于全球价值链的位置直接决定了一国在经济全球化浪潮中所能获得的真实利得。避免陷入全球价值链的低端锁定，实现向全球价值链高端攀升是各个国家的共同诉求。研究我国整体和各行业在全球价值链分工布局中的地位及其演变趋势，对于我国产业实现全球价值链的攀升具有十分重要的现实意义。基于此，本节基于第二节关于全球价值链分工地位的测度方法的介绍，利用 WIOD 数据库的世界投入产出表，测算了 1995 年至 2011 年我国整体行业和各行业的全球价值链分工地位指标。

一 中国整体全球价值链分工地位的演变趋势分析

图 7 - 1 为中国整体行业的全球价值链分工地位趋势图。从中可以看出，从 1995 年开始至 1998 年我国整体行业的全球价值链的分工地位不断得到提升。但由于受到 1998 年亚洲金融危机的冲击，1998 年至 2001 年间，我国全球价值链的分工地位趋于下降。而随着 2002 年我国加入世界贸易组织（WTO），我国全球价值链的分工地位开始快速攀升，于 2007 年左右达到了最高点。而由于受到 2008 年的世界金融危机的影响，我国全球价值链的分工地位又有所降低。

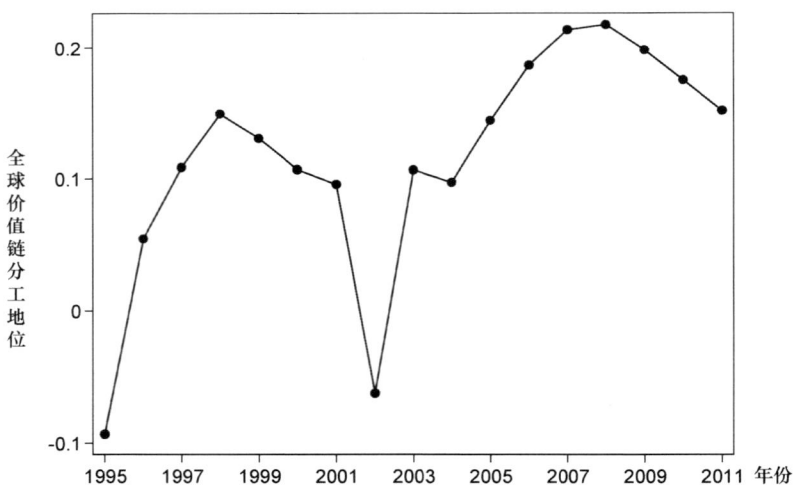

图 7 - 1　中国整体行业的全球价值链分工地位趋势

二 中国分行业全球价值链分工地位的演变趋势分析

由于整体行业的全球价值链分工地位趋势图并不能完整反映

某一单一行业全球价值链分工地位的趋势变化。为了更为深入具体地考察单一行业的全球价值链分工地位的变化趋势，进一步分别测算了我国各行业的全球价值链的分工地位指标。

图 7-2 为我国农林牧渔业的全球价值链的分工地位趋势图，从中可以看出，自 1995 年以来我国农林牧渔业的全球价值链分工地位得到了大幅提升。并且，1998 年的亚洲金融危机和 2008 年的世界金融危机也都冲击到了我国农林牧渔业的价值链分工布局。

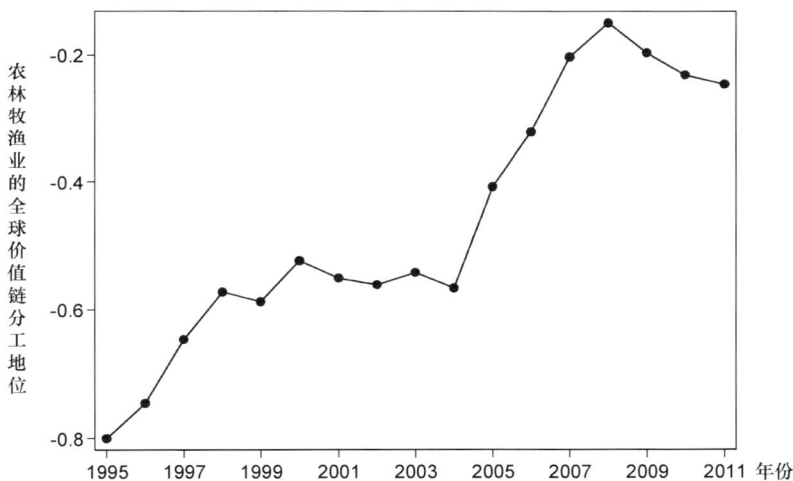

图 7-2　农林牧渔业分工地位趋势

图 7-3 为我国矿业及土石采取业的分工地位趋势图。从中可以看出自 1995 年以来我国矿业及土石采取业的全球价值链分工地位不断恶化，与农林牧渔业的分工地位呈现完全相反的趋势。

图 7-4 为我国纺织原料及纺织制品行业的分工地位趋势图。从中可以看出自 1995 年以来我国纺织原料及纺织制品行业的分工地位得到了大幅提升。此外进一步发现 1998 年的亚洲金融危机恶化了我国纺织原料及纺织制品行业的分工地位，而 2008 年世界金融危机也减缓了我国纺织原料及纺织制品行业分工地位的上升速度。但 2002 年我国加入世界贸易组织（WTO）显著地促进了我国纺织原料及纺织制品行业分工地位的提升。

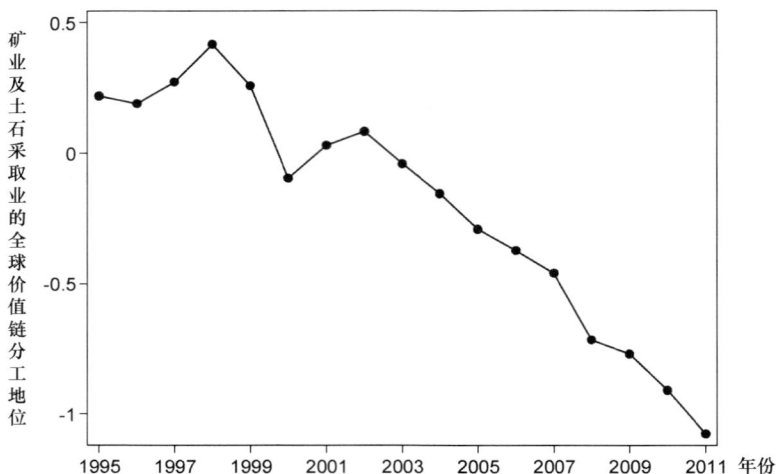

图 7 - 3　矿业及土石采取业的分工地位趋势

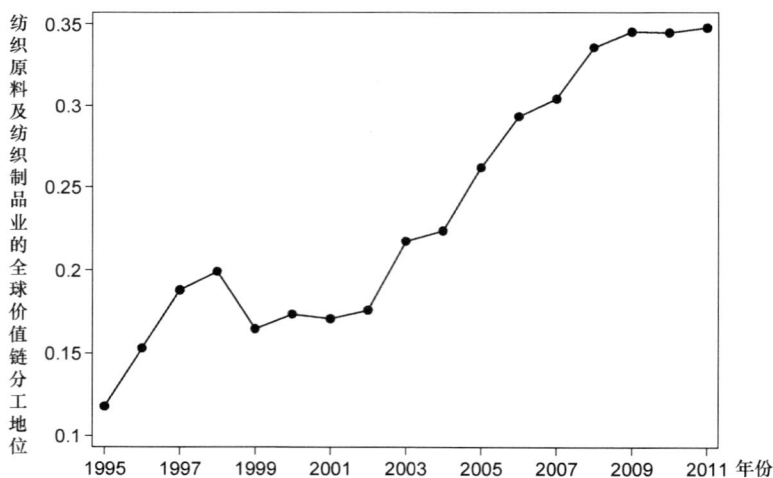

图 7 - 4　纺织原料及纺织制品行业分工地位趋势

　　图 7 - 5 为我国皮革和鞋类制造业分工地位趋势图。从中发现由于受到 1998 年亚洲金融危机的影响，我国皮革和鞋类制造业分工地位受到了负面影响。但从我国 2002 年加入世界贸易组织

（WTO）以后，我国皮革和鞋类制造业分工地位得到了大幅提升。

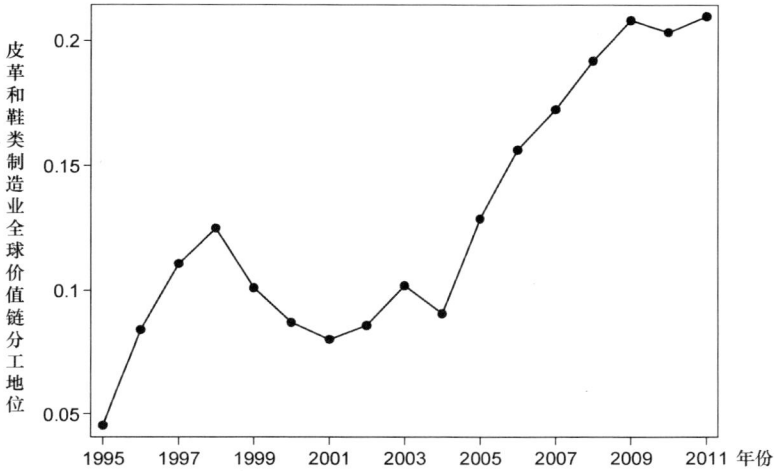

图 7 - 5　皮革和鞋类制造业分工地位趋势

图 7 - 6 为我国电气、光学设备制造业分工地位趋势图。从中可以看出 1998 年亚洲金融危机严重冲击了我国电气、光学设备制造业的发展，使得我国电气、光学设备制造业分工地位由快速上

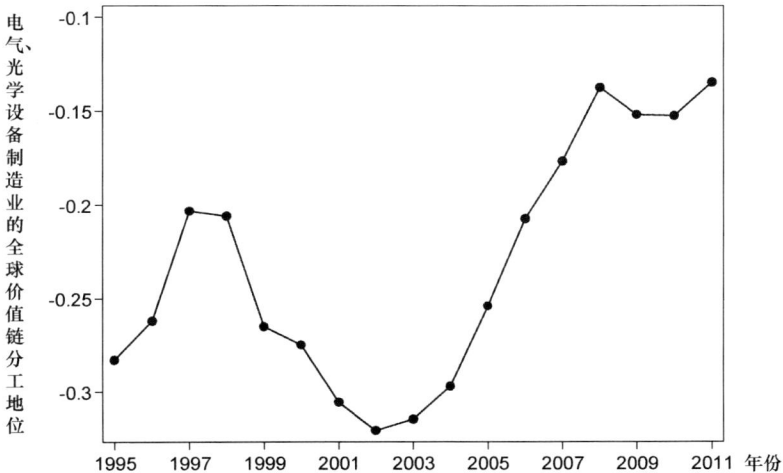

图 7 - 6　电气、光学设备制造业分工地位趋势

升急剧恶化为快速下降。但 2002 年我国加入世界贸易组织（WTO）显著提升了我国电气、光学设备制造业的分工地位。2008 年的世界金融危机又使得我国电气、光学设备制造业分工地位短暂地下降了一两年。

图 7-7 为我国金融行业的分工地位趋势图。从中可以看出 1998 年亚洲金融危机严重放缓了我国金融行业的快速发展，使得我国金融行业的分工地位得到了严重恶化。随着 2002 年我国加入世界贸易组织（WTO），我国金融行业的分工地位得到了快速提升。而又由于受到 2008 年的世界金融危机的影响，我国金融行业的发展又收缩了脚步。我国金融行业的分工地位趋势变化一方面是由于受到金融危机等外部因素的冲击，另一方面也和我国金融产业的政策改革的步伐密切相关。由于受到 1998 年金融危机的影响，我国放缓了金融行业开放力度。但 2002 年我国加入世界贸易组织（WTO），又倒逼加快了我国金融行业的发展。而由于受到 2008 年金融危机的影响，我国政府又进一步收紧了金融业改革开放的步伐。

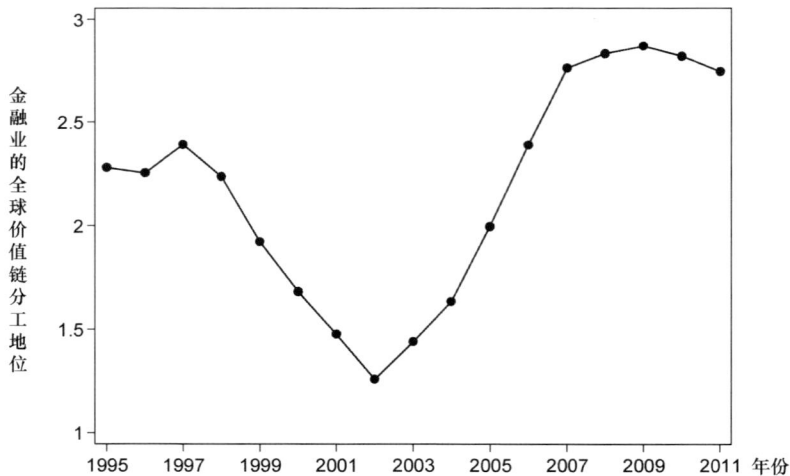

图 7-7　金融业分工地位趋势

第四节　中国参与国际分工的产业发展战略选择

在当前，中国的产业发展已经进入了一个新的发展阶段，其发展环境已经发生了巨大的改变。从国际环境来看，以跨国公司为龙头的经济全球化在飞速发展，以新技术革命推动的信息化浪潮正汹涌澎湃，全球化和信息化已经成为当今世界经济发展的两大趋势与特征。经济全球化和信息化同时赋予了当代国际分工许多新的形式和特点，新的国际分工格局正在形成。从国内环境来看，经过改革开放 40 年的持续高速发展，中国经济的总体规模已经进入世界经济大国之列，但经济的产业结构仍然存在一些问题。面对国内劳动力成本的不断上升和生态环境承载压力的加大，中国产业的发展必将面临更为激烈的国际竞争。面对国内外发展环境的改变，要想保持我国目前来之不易的良好发展势头，选择切实可行的产业发展战略就显得至关重要。

我国产业发展的基本思路应是按照比较优势原则，建立和巩固一批优势产业，形成特色经济。同时实施后发优势战略，缩短在技术、物质资本、人力资本和市场制度等方面与先发地区的差距，以后发优势带动比较优势的提升，超脱传统比较优势的束缚，造就竞争优势，使产业结构既具有自己特色，又可以不断地向上升级。

（一）当前的产业结构升级应主要依靠对产业结构的战略性调整来实现

产业结构调整可以分为适应性调整和战略性调整两种形式。适应性调整是在原有产业格局下，为适应瓶颈产业供给能力进行的调整，是一种滞后被迫的调整。战略性调整是有取有舍、有进有退的调整，主要着眼于产业改组、产业地位审视和生产要素再配置。中国当前要进行产业结构大调整，进一步主动适应经济增长和不断变动的产业结构关系。

（二）产业结构调整应以参与当代国际分工为立足点

整个产业结构重组应当以参与国际经济循环为立足点，以提高国际竞争力为中心，使生产结构适应国内、国际的市场需求及其变化，才能达到产业结构演进、升级的良性循环。

（三）发挥自身比较优势，积极融入全球生产体系

比较优势是一国资源禀赋所确定的静态优势，而竞争优势是一种将潜在的优势转化为现实优势的综合能力作用的结果。我国目前拥有丰富的人力资本，在开放型经济中，我国应努力发挥比较优势，积极参与国际市场分工和国际市场竞争，在竞争中调整产业结构，提高国际竞争力。

（四）延伸制造业价值链，提升价值增值效应

在承接产业转移过程中，加工制造环节是中国的现实优势，是中国融入跨国公司产业链条的切入点。这对于中国实现与国外的产业对接，吸收、学习国外先进的技术与管理经验意义重大，同时也是实现产业转型与升级的必要途径。

（五）承接产业转移与对外转移相结合，主动参与国际分工

我国单纯被动地承接产业转移是远远不够的。应该建立一个双向循环机制，既要引进来，也要走出去，逐渐由承接产业转移向对外转移转变。

第五节　本章小结

本章在梳理跨境产业转移与价值链分工的历史演变历程的基础上，指明了跨境产业转移与国际产业分工的演变趋势，总结跨境产业转移和国际分工格局的新特征。并且利用全球价值链分工地位的测度方法，测度我国整体行业和各行业的价值链的分工地位及其演变趋势，阐述了中国参与国际分工的产业发展的战略选择。

从关于跨境产业转移和国际分工格局的新特征的分析中，研

究发现跨境产业转移和国际分工格局的新特征主要体现为四点：（1）传统的垂直型和水平型分工向工序型分工转变；（2）价值链上分工成为新型国际分工的主要形式；（3）区域性经济集团内部分工趋势进一步加强；（4）国际分工从有形商品领域向服务业领域扩展。

　　关于我国全球价值链分工地位的分析，研究发现从1995年开始至1998年我国整体行业的全球价值链的分工地位不断得到提升。但由于受到1998年亚洲金融危机的冲击，1998年至2001年间，我国全球价值链的分工地位趋于下降。而随着2002年我国加入世界贸易组织（WTO），我国全球价值链的分工地位开始快速攀升，于2007年左右达到了最高点。而由于受到2008年的世界金融危机的影响，我国全球价值链的分工地位又有所降低。从分行业的分析中研究发现1998年亚洲金融危机严重放缓了我国金融行业的快速发展，使得我国金融行业的分工地位得到了严重恶化。随着2002年我国加入世界贸易组织（WTO），我国金融行业的分工地位得到了快速提升。而又由于受到2008年的世界金融危机的影响，我国金融行业的发展又收缩了脚步。我国金融行业的分工地位趋势变化一方面是由于受到金融危机等外部因素的冲击，另一方面也和我国金融产业的政策改革的步伐密切相关。

第 八 章

跨境产业转移与价值链
攀升的政策建议

第一节　跨境产业转移与国内产业转型升级

　　由于经济发展阶段的提高以及比较优势的动态改变，使得我国部分产业已经开始了跨境产业转移的进程。跨境产业转移不仅深刻地影响着东道国，也深刻地影响着母国。大量的研究表明对外直接投资可以促进母国生产技术结构的调整和升级。对发达国家而言，跨境产业转移是将本国失去比较优势产业的生产转移到其他国家，是最大化发达国家在该产业生产上所积累的知识资本利润的重要路径。随着投资规模的不断扩大，跨国公司通过对外直接投资建立海外子公司，这些子公司为母国提供了大量就业岗位，同时不断扩大海外市场份额，对产业结构升级起到了重要的推动和促进作用。对发展中国家而言，通过跨境产业转移可以学习和借鉴先进国家的知识和制度经验，促进本地传统生产部门的发展，进而促进母国产业结构升级。从母国国内要素的再配置角度看，跨境产业转移行为引起母国生产向资本密集型和技术密集型产品进行倾斜，而一些劳动密集型特别是低技术密集型产品倾向于在其他国家或地区进行生产。对母国而言，跨境产业转移是实现母国比较优势的过程，同时是生产能力的转移，会对母国劳动力的就业结构、产业结构产生影响。因此，如何引导跨境产业转移促进国内产业结构转型升级，是母国推进这一进程的落脚点。

一　制定合理的跨境产业转移战略

我国跨境产业转移不论是从政府的政策指引、支持还是从企业竞争优势、管理的规范化程度以及企业间的协作关系方面来看，与发达国家的政府和企业都存在较大的差距。我国要实现有利于母国经济结构升级的跨境产业转移，应该制定合理的跨境产业转移战略。

（一）正确引导生产替代型转移，保持原有比较优势

现阶段，我国经济发展水平正在不断提高，人口红利逐步丧失，人民币升值压力大，引起企业人力资源成本、企业经营管理成本也相应提高，生产经营成本大幅上升。严重挤压了处于国际生产网络中低端制造业企业的利润空间，这部分企业生产经营活动难以为继，生产不再具有比较优势。为了维持并鼓励这部分企业的生产经营，应积极引导这部分企业，将生产转移到能够维持产品比较优势的国家或者区域，保持在国际供给链中和上游企业的供应—采购关系，获得生产利润，维持这部分企业的生产经营活动正常进行。通过产业转移保持原有的比较优势，同时实现正常的生产利润，通过利润回流渠道、资本循环累积作用，促进我国经济结构的调整和升级。

（二）推进价值链延伸型跨境产业转移，提升技术创新水平

对于部分具有比较优势的中高端制造业企业而言，这部分企业在国际市场具有一定的竞争优势，但在全球价值链体系中处于中间地位，这部分企业通过和发达国家跨国公司的供应—采购关系被纳入国际生产网络。应积极引导这部分企业通过产业转移进入发达国家具有较高生产技术水平的制造业，通过提高较高技术水平制造业部门的资本和知识存量，促进本国这一部门技术以及创新水平的发展，实现国内生产结构向较高技术水平产品的转型和升级。由于禀赋的不同，不同国家资本品的价格也有较大差异。从现实情况而言，不同技术水平部门的资本不能完全流动，资本

在技术水平不同的部门间具有一定的专用性。通过对较高技术水平生产部门的直接投资，可以增加本国这部分部门资本和知识的存量，促进较高技术水平生产部门技术和创新的发展，从而推动本国经济结构的转型和升级。

（三）配合国内产业结构调整方向，推动国内的产业转型升级

国内经济面临着全面深化改革，产业转移的主体是企业，企业在市场中是根据自身利害进行选择，让转移产业配合国内产业结构调整方向，一方面需要市场的作用，另一方面也需要国家政策的引导。跨境产业转移与国内产业结构调整的目标方向一致，推动国内的产业结构优化升级，一方面要求在产业类型的选择上，另一方面要求在产业的布局上。产业类型选择方面要与中国未来产业发展同质，以增加未来我国产业在全球的凝聚力，首先应该转移由于劳动力成本上升等生产要素变动而不再具有相对优势的产业；其次，对外投资要注重提升中国的价值链地位，选择未来中国需要大力发展的高附加值产业进行投资，或者是中国在技术、管理等方面存在不足的产业，通过对外投资这类产业，反哺国内经济发展。产业转移为国内新兴产业的崛起与发展腾出了资源、资本等多方面的空间，特别是中国东部地区，通过产业发展空间布局的优化同样可以带动产业结构优化升级。

二　完善跨境产业转移的制度建设与政策措施

企业的跨境产业转移需要面对很多源自东道国的外部风险，如东道国法律法规、自然环境、政策措施、东道国生产经营条件等方面的风险。政府应在宏观环境上创造出有利于产业转移的一系列条件，为国际产业转移促进母国产业升级提供市场环境和要素供给。

（一）完善制度建设，提升跨境产业转移效率

政府应进一步完善跨境产业转移的制度建设。"一带一路"倡议和国际产能合作的大战略提出确实可带来大规模的对外直接投资以及产业转移，同时国家也应该进一步完善制度建设，保障企

业安全高效率地进行海外建厂或并购。在国际经济关系中，市场经济日趋明显，产权制度和契约制度是企业开展活动的最主要的保障。还应提供一定的法律保障，为企业维护自身利益提供国家保障。除此之外还应创造一个良好的国际政治环境。效率寻求型的跨境产业转移，要建立国家产能合作机制，为产业升级释放不可或缺的生产要素，同时严格境外经贸合作区的认证标准，推动境外经贸合作区管理水平的提高，降低企业海外投资风险。对于技术寻求型的跨境产业转移而言，对于跨国并购，政府要加强境外并购支撑体系建设，协调好相关行业、中介机构和有关部门等各方面的资源，为企业的跨国并购提供必要的支持。对于绿地投资，政府要完善跨国金融支持制度，为企业绿地投资提供更多的动力。对于跨国研发，政府要鼓励企业到境外设立研发中心，简化外籍技术人员签证办理程序，推动研发人员的跨国流动。

（二）出台有利的财税金融政策，降低跨境产业转移风险

政府应为企业尤其民营企业提供有利的财政、税收及金融政策。参与跨境产业转移的跨国公司中，国有企业占了很大比例，国有企业享有的低成本的金融政策支持，这是因为国有企业有政府做后台，金融机构更愿意以较低的收益把资金贷给国有企业，也不愿意以更高的收益贷给中小企业，中小企业的发展面临着比国有企业更大的风险，其一直处于融资困境中。作为国民经济发展的新生中坚力量，政府应该出台更有利于中小企业的金融政策，推动中小企业的对外直接投资，因其灵活的公司治理结构和高效率的生产方式，会为国内产业结构的发展起到比国有企业更快更有力的推动作用。政府要进一步消除由于信息不对称、地区壁垒导致的低效率的市场经济，推动实行资本要素的充分流动政策，减少政府对企业进行对外投资的干预，使企业能够遵循市场规律，以利润最大化为目标，找准自身优势，有战略眼光地进行对外直接投资和产业转移。

（三）引导跨境产业多元化，提高自主研发能力

鼓励企业进行多元化的产业投资。中国不断承接来自世界各

国低端技术产业的加工，而成为名副其实的"世界工厂"，然而制造业的低端化使我国一度成为国际价格的接受者，而且国外商品的需求也成为我国贸易导向型经济发展的决定因素。当前，农村无限劳动力供给的结束，国际经济环境不确定因素此起彼伏，国内许多传统的效率低下的产业面临淘汰压力，推进这些产业向更具有成本优势的国家或地区进行转移，如非洲、印度等具有劳动力成本比较优势的国家，从而提升国内产业结构。然而，我国的对外直接投资是资源获取型和市场寻求型占主导，而缺乏效率寻求型和战略寻求型的对外直接投资。因此，鼓励新兴产业对外投资，加大对能源、信息、生物制药等高端产业的投资力度，促进国内资本与东道国在新一代信息技术、生物、新能源、新材料等新兴产业领域深入合作。更直接学习模仿该国先进技术，不断实验，最终形成新的自己掌握的技术。与此同时，在国内倡导技术创新和产品研发，作为具有实力的制造企业要不断提高自身管理水平，借鉴发达经济体的先进经验，提高自主研发能力和创新能力，加快推进高附加值产品的生产线投入，通过产业关联效应，不断提高国内上下游产业的升级，进而推动国内产业结构的不断高级化，最终成为世界的"研发中心"。

（四）引导跨境产业转移投资区域多元化，提高竞争优势

注重企业跨境产业转移地区的广泛化，不仅要投资在发展中国家，转移过剩产能，发挥比较优势，还要投资在发达国家，进行品牌合作和技术学习。目前我国的大规模跨境产业转移中，其中以获取东道国资源的投资占有很大比重，尤其是对非洲等地的直接投资，这为我国的工业产业带来极大国际竞争优势。面对国内的资源不可再生的紧张压力，以资源能源获取型的对外直接投资应继续推进，进而将低端的初级加工产业转移出去，国内释放出的生产要素进行深层次的生产、技术改造，向产业价值链的两端扩展。但资源密集型产业的境外转移不应成为跨境产业转移的主导方向，它只是跨境产业转移进程中初级的阶段，在解决国内资源不足的同时提高在全球资源产业链上的竞争优势，才能改变

总是接受国外边际产业转移的局面。与全球平均水平相比，我国对发达经济体的直接投资规模明显较小，甚至可以说差距很大，我国的对外直接投资主要投向了发展中国家。现有实践和研究表明，当对发达经济体进行直接投资时，与东道国企业的各种合作，可在更短的时间接触其新产品，然后通过研究分析掌握其技术。通过跨国并购，获得原有企业的核心技术，提高企业的技术竞争优势，同时得益于其获得的核心技术和高技术人才，公司产品不断创新，并将领先的技术用于母国产业生产，促进母国产业升级。

（五）加强政府审查力度，科学防范风险

"一带一路"倡议提出以来，催生的投资需求较大，也为中国实现产能输出、稳定增长和促进就业创造了新机遇。近年来，中国企业"走出去"步伐不断加快，但跨境产业转移成功与否的关键取决于投资效率的高低。因我国产业转移对象多为发展中国家，经济政策和政治环境存在较大风险，部分中国承建的项目面临融资成本高、财务风险大、投资回报低、资产状况差等问题。若不加以防范将增加投资主体的债务风险，进而引发债务危机。因此政府应发挥政策引导作用，在优化对外投资结构的同时，加强对外投资项目审查，注重对外投资效率，减少企业投资风险，增强投资的盈利能力和技术反向溢出能力，顺利推动国内产业结构优化升级，打造中国经济增长新动力。

三　引导企业跨境产业转移行为

（一）推动企业合作，延长国内价值链

企业间通过供应—采购关系构建国际生产网络，完成本国价值链的完善和延长，从而在国际范围内实现资源的最优配置。推动我国国内企业间的合作，完善并延长我国国内的价值链。在开放经济条件下，目前我国国内的价值链体系，有一部分被纳入国际生产网络属于全球价值链体系的一部分。对于生产被纳入国际生产网络的国内企业集团，鼓励其加强与供给链上的跨国公司的联系，加强资产专用性投资，通过提高产品的技术水平和服务水平做好与跨国公司需求的对接，利用自身的发展争取更多地融入国际生产网络，鼓励这部分企业加强与国内价值链体系中厂商的合作，完善我国国内价值链体系。另外，鼓励企业联手"走出去"。鼓励企业以入驻境外经贸合作区的方式联手"走出去"，在渠道上互通有无，在资源上互补共享，抱团取暖，促进投资便利化，降低海外投资风险，从而实现产业升级。

（二）培育典型成功的跨境企业，加强国内资本积累

跨境产业转移是企业行为，同时也需要政府的战略性引导。利用跨境产业转移构建符合我国国家利益的跨国生产网络，需要政府培育典型的成功的跨境产业转移企业，对其他企业起到战略引导性作用。一方面，在我国已经不具备比较优势的企业中，培育典型成功的企业，使这部分企业成功进行生产转移，维持这类产品生产利润率，并通过资本的循环累积，加强国内资本的积累，促进这部分企业实现产品或资本生产上的创新。另一方面，在具备比较优势的企业中，鼓励这类企业对具有较高资本或技术密集型产业进行投资，提供给我国进入该类别产品生产上的机会，同时由于我国在这类产品上资本稀缺，对这类产品生产上的投资，将会增加我国整体在该类产品生产上的资本积累，降低我国较高技术密集型产品生产上生产成本和创新成本，促进我国经济结构的升级。

（三）引导企业本土化经营，提高跨境产业转移回报率

近年来，不管是海外投资建厂还是企业跨国并购，有成功案例也有惨痛的失败教训。因此，引导企业要学习东道国的制度和法律知识，同时也要学习当地的市场文化，不打无准备的仗。跨境产业转移要找到当地最好的投行以防范风险，不仅要防范政治风险，也要预防经济风险，对市场进行预测，评估需求，还要防范文化、习俗差异，这对企业进行本土化经营至关重要。本土化经营是企业对外投资的有利捷径，要先与当地企业合作，有利于打入当地市场，利用当地的合作伙伴进行售后服务。通过与当地企业合作或者采取一些其他本土化措施，设法打开市场，再转移

技术等资本。当企业完全适应当地市场时，根据当地的需求量扩大生产，这样企业海外建厂或者并购企业的存活率高，随着时间的推移，企业逐渐适应当地需求，不断扩大规模，提高投资回报率，扩大对外直接投资与产业转移规模。

四　发展境外经贸合作区

境外经贸合作区是一种全新的"走出去"模式，不仅可以实现以价值链延伸为主的对外投资，还可以实现以规避贸易壁垒、转移生产能力和跨境寻求要素价格差别的对外投资。尽管目前仍处于探索阶段，但这一模式为以制造业为主的中小企业集群的国际转移提供了很好的支持性平台。高质量发展的境外经贸合作区可以为中小企业"走出去"提供更为成熟的投资平台和相对完善的配套服务，让中小企业能够集中精力开展跨国业务运营。中小企业可以直接享受东道国政府提供的优惠政策和中国政府提供的领事保护，降低海外投资风险系数和外来者劣势，提高企业国际投资地位。通过与建区企业和早期入园企业的学习交流，中小企业可以快速获取本地化营商经验和信息，充分了解并利用东道国要素禀赋优势和市场优势，不断提升企业国际竞争力。

（一）坚持多元化发展，培育竞争优势

多元化股权结构激发体制机制活力。多元化股权结构有利于打破思想禁锢和思维定式，有利于体制机制创新，增强合作区发展活力。多行业股东背景使建区企业天然兼具多产业优势，增强综合实力，形成发展合力。外方股东拥有的本地社会关系资源和政府沟通渠道，能够为合作区争取更多政府支持，化解文化差异带来的管理难题。突出主导产业、形成多元化产业组合。合作区产业规划大而全很难形成核心优势，明确的主导产业特别是拥有产业国际经济合作背景的建区企业自身主营领域作为合作区主导产业，易于吸引同类配套企业形成产业集群。多元化组合利用东道国区位优势。合作区建设选址需要考虑区位优势，临近港口、机场、高速公路的地区能够有效降低运输成本，同时，当地自然资源丰富程度和市场容量、产业结构与我国互补性、劳动力丰富程度等都是需要同时考虑进去的重要因素。在降低生产成本和运输成本的同时，能够有效拓展本地市场和第三国市场，对海外投资企业同等重要。多元化优势的组合运用，可以帮助跨境产业转移企业快速培育出竞争优势。

（二）完善合作区产业链布局，实现互补协同发展

按照当地的市场需求和合作区产业链情况，加快推进合作区内产业从劳动、资源密集型向资本、技术密集型转变，提升合作区内产业在全球价值链中的地位，打造中国化品牌，提升园区内中国企业竞争力。强化合作区内的产业互补性，合作区内的企业应该打造一个产业集群，明确主导产业，在主导产业之外设立上下游产业并构建完善的公共服务体系，提升入驻企业之间的关联度，构建产业互补性的集群。引导合作区内产业链的向上延伸，优化产业链布局，强化上下游产业之间的整合，在产业集群之外构建纵横交错的链式发展布局。注重培育先导产业，在培育过程中要对企业投资做好引导，纠正先导产业过于超前的问题，确保与当地市场、资源的紧密结合。

（三）依托产业基础，提高内生增长能力

将产业基础视为境外经贸合作区可持续发展的内生动力，良性的产业发展赋予合作区发展所需的持续动力和巨大潜力。从现有合作区建设模式来看，源于实业领域的主导企业拥有丰富的海外投资经验，部分企业已在当地建有工业园区，熟悉企业"走出去"需求和程序，能够提供更加符合企业需要的咨询服务。鼓励有实力的实业企业作为投资方参与境外经贸合作区建设，扩大企业海外投资经验的传播和积极影响。非实业型投资企业需要积极引入实业企业作为战略合作伙伴，借助实业企业的产业优势和行业影响力，吸引带动配套企业入园形成产业配套和产业集群，有条件的合作区可以吸纳入区的主导产业企业作为战略投资方，共同参与合作区的发展建设，形成建区企业和入区企业的利益共同体。

（四）扎根中小企业发展需求，提升发展能力

科研创新能力和国际化运营经验是大部分中小企业的软肋，挖掘中小企业进行海外投资的重要动机和关键利益点，激发中小企业投资入区的内在需求，拓展合作区招商范畴。鼓励引导有实力的大型企业在发达国家和地区建立研发创新为核心的境外经贸合作区，为中小企业搭建研发创新平台，形成中小企业联合研发、集群创新的新机制，吸引具有同类需要的中小企业"搭船出海"，共享研发成果，满足自身升级需要。建区企业应主动转变身份，成为中小企业海外投资的咨询服务提供商，为中小企业提供"一站式""清单式""保姆式"咨询服务，化解中小企业跨国经营的担忧和顾虑，增强合作区对中小企业的吸引力。出售出租开发的厂房、公寓、仓库、写字楼等房地产是合作区运营商的主要盈利模式，拓展法律事务、融资、员工培训等方面咨询服务和园区配套服务等商务服务业领域的增值行为，实现盈利模式多元化。

第二节　跨境产业转移与国际区域网络构建

中国嵌入发达国家跨国公司主导的全球价值链，某种程度上可实现价值链的被动升级，但这种升级通常仅限于工艺流程和产品升级，而价值链的功能升级与链条升级往往难以实现。随着中国跨境产业转移增速迅猛，中国企业以多维方式参与到国际分工体系，即对外贸易、利用外资和对外直接投资并举。目前，在世界经济长期处于低迷态势、美欧等西方发达国家逆全球化和贸易保护主义举措不断及中国经济发展进入新常态的背景下，各国分享中国的发展机遇，应携起手来共同应对人类面对的全球发展失衡、环境污染、经济增长乏力、安全问题以及逆全球化等问题。

一 积极延伸全球价值链条

现阶段，尽管我国在局部领域有所突破，但总体上还处于全球价值链的较低端位置，面临的形势并不乐观。例如，一些高新技术产业存在"高端产业低端环节"问题；制造业正受到发达国家从高端挤压，以及更低成本的发展中国家从低端的双重挤压；服务业国际分工地位较低，特别是住宿餐饮业、租赁与商务业、公共管理和社会组织业，处于全球价值链分工体系的低端环节。鉴于产业转移对提升全球价值链地位的影响，为避免"低端锁定"和区域发展失衡，实现经济发展方式的转变、经济增长动力的转换及经济结构的优化，通过产业转移延伸价值链条，成为构建区域生产网络的必然选择。

（一）凭借大中型企业，提升跨境产业增值能力

缘于全球生产网络的非对称性，不同主体在全球生产网络中获利能力差异明显。全球生产网络的主导者拥有绝对网络权力，赢取巨额利润。而全球生产网络参与者通常仅拥有较小的网络权力，因此获利甚微。我国大中型企业可借鉴发达国家跨国公司的经验，把握战略核心链节，外包非核心业务，因为归根结底战略链节是企业竞争优势的源泉。我国大中型企业可以凭借战略核心链节（如研发、设计、品牌和营销等链节）的相对优势，通过绿地投资或海外并购方式，在海外设立营业网点或分支机构，积极吸纳东道国或第三国企业参与其中，通过股权投资与非股权安排等形式加强对境外企业的控制，扩展海外营销渠道，同时积极将民族品牌打造成世界知名品牌。这一过程可以借鉴联想、中国石油化工集团、万向集团等成功经验，认真总结我国海外并购的失败案例，实现生产网络稳步推进、全面覆盖、广泛吸纳、加强管理和有效整合。进一步彰显我国企业的网络主导者、技术开创者、品牌引领者等职能，进一步提升我国单位产出的增值能力。有序实现价值链海外延伸与价值链升级的并进。

（二）全面参与国际竞争，强化产业关联效应

随着我国企业生产分工日益精细，融入全球生产网络的方式

趋于多样，与国外企业的联系更加紧密，我国企业在全球生产网络中的地位不再处于边缘，而是位居中心，并且行业中介中心度提升可以助力我国企业"走出去"。因此，我国企业应充分发挥自身优势，突出"承上启下"（即联系价值链上游链节和下游链节）的优势。同时考虑，工业与农业和服务业相比，在全球生产网络中具有更强的中介中心性，中国应加速工业企业"走出去"参与国际竞争。这也印证了我国力推高铁、核电设备、工程机械、电力设备等"走出去"的正确性。此举可以达到强化关联效应，转移优势富裕产能的双重功效。

（三）健全生产服务网络，提升产业服务供给水平

综观世界市场可以发现，目前产业边界已经渐趋模糊并呈现各种行业融合发展态势，任何产业都必须进行融合创新，才能实现更好的发展，而且在产业发展的过程中服务业不断融合各个产业，包括能源业、制造业。针对能源业、制造业等产业的品牌推广、设计开发、企业发展咨询和定位等服务业逐渐兴起，与能源业、制造业等产业紧密结合，服务业在成就能源业、制造业等产业发展的同时，自身也获得了巨大发展。中国要想打造以中国产业为主导的区域价值链，不仅要结合沿线国家的比较优势向沿线国家转移制造业等产业，也需要向沿线国家进行服务业转移和优化配置，使中国的生产服务网络遍布沿线各国乃至全球。中国应加强对"一带一路"沿线国家金融体系稳定性、中国投入比重、政局是否稳定等的综合评价，选择条件较好的沿线国家供给高水平的金融、科技、商贸、企业战略规划和人才培训等服务，通过综合评价后再进行产业服务供给，这样不仅可以减少损失，也有利于对"一带一路"的整体投融资环境进行规范和引导。

（四）发挥协同效应，推动构建国家价值链

我国作为发展中大国，提升全球价值链地位的一个途径就是从融入全球价值链转向构建国家价值链。要在战略层面上充分重视从被"俘获"与"压榨"的全球价值链中突围的问题，加快构建以本土市场需求为基础的国家价值链的网络体系和治理结构。

产业转移能促进要素流通，提高区域经济开放度和设施联通，深化国内区域间的一体化程度，使区域协调发展的产业基础更加坚实。有利于提高区域整体经济发展水平，推动市场容量扩大和消费升级。有助于区域间形成更加合理的分工体系，发挥分工协作、优势互补、设施共享、功能互助的协同效应。便于区域协同发展体制机制的跟进，统筹规划并探索行之有效的法律法规，推动区域间产业结构的调整。凭借产业转移带来的创新溢出、要素改善、结构优化等内在动力，加之我国的庞大人口体量和整体富裕程度的提高，尤其是在高端消费市场迅速扩大的推动下，构建国家价值链的条件日益完备，在开放的经济体系中力求突破，实现与全球价值链的协调，促进产业升级，提高自身地位。

二 结合东道国经济社会发展状况

当今世界，无论是发达国家还是发展中国家，普遍欢迎外来投资。同时考虑发达国家"再工业化"战略与发展中国家"工业化"战略，结合海外需求与自身发展，实行差异化合作，重视行业标准和国际化标准，主动参与规则制定，鼓励产业集聚发展，开创互利双赢的投资新格局。

（一）充分考虑当地需求，实现互利共赢

结合美国"再工业化"战略需求，借助海外投资渠道，尝试避重就轻，投资于现代生产性服务业，提升我国服务业对制造业的支撑能力。同时寻觅时机，尝试融入美国制造业分工体系。如美国机械设备制造业对我国电子光学设备制造业、机械设备制造业、基础金属和合金业等中间产品具有较强的需求，可以此类行业为切入点，嵌入美国先进制造业的分工网络。另外，与发达国家"再工业化"相呼应，发展中国家正着力推进"工业化"进程，一些国家基础设施建设进入高潮，如非洲国家推进工业化，拉美国家制定工业发展规划，非洲、东欧、东南亚、西亚、南美等地提出基础设施发展规划等，这为我国铁路机车及配套电信等产业"走出去"提供了新的契机。通过构建贯穿东南亚、西亚、

南亚和欧洲的交通网络，可进一步加强中国与欧洲、亚洲各国经贸合作与文化交流，从而形成互通互联、互利共赢的新格局。

（二）实行差异化合作，提升投资的"精准供给"水平

各国家经济发展水平不一，要素禀赋特征不同，产业结构差异较大。不同国家同一制造业行业在全球价值链中的参与方式、生产位置不同，制造业产品的出口竞争力也存在差异，这就要求在产业合作时避免盲目的双向投资，提升投资的"精准供给"水平，差异性地进行合作，从而实现双边产业优势互补。例如，我国可以在印度、印度尼西亚、巴基斯坦、越南等具有丰富的劳动力资源的国家建设境外工业园区，把造纸印刷、服装纺织、家具制造等产业转移过去，带动这些国家的工业化进程。加强在蒙古国、俄罗斯、伊朗等具有丰富的资源的国家的基础设施建设，促进当地的资源开采能力和深加工能力。总之，我国应当结合沿线国家要素禀赋特征和产业发展的现状，通过精准投资和差异化生产合作，促进产业结构升级，在提升制造业在全球价值链中分工地位的同时，也帮助相关国家融入全球价值链分工体系中。

（三）重视行业标准和国际化标准，快速融入国际市场

目前国际上有各种标准体系，我国要想在国际生产经营网络中处于主导地位，就必须遵守各种国际标准并获得认证。符合行业标准和国际化标准，坚持国际化标准，有利于提高产品的质量快速开拓国际市场。有利于消除国际贸易的技术壁垒，加强中国企业在国际生产经营网络的话语权。有利于促进企业提高经营管理水平，更好地融入国际市场。而且在全球争取国际标准的话语权，这样才能保证主导地位的持久发展。

（四）主动参与规则制定，突出我国在生产网络中的地位

我国目前参与区域生产网络的程度，以及制造业分工地位在主要国家中均处于中下水平，我国在进一步融入国际分工的过程中，可以利用后发优势带动比较优势向竞争优势转化，其中后发优势包括技术和制度两方面。另外，相关规则能为更多的生产网络提供制度保障，而有着频繁生产网络联系的伙伴国出于维护安

全、稳定贸易关系的考虑也会有签订新的或深化协定的利益诉求。当前区域性贸易规则繁多，力图整合并主导区域经济一体化的经济体也不少，各方都力图建立更有利于自己的贸易规则；在这个生产网络发展的过程中，我国应该积极参与到相关规则的制定中去，利用自身在生产网络中的重要地位，加强规则制定的话语权。

（五）提高企业间的集聚经济性，提高跨境产业转移成功率

在通过对外直接投资构建国际生产网络时，注意提高跨境产业转移的集聚经济性。在产品内分工条件下，同一生产网络中的价值链的不同生产片段或环节都处于同一的供给链体系中。生产网络中某一生产环节的对外直接投资会刺激供给链中其他生产企业的对外直接投资，不同企业的对外直接投资通过供给链形成国际生产网络。全球化条件下，跨境产业转移是企业出于利润最大化的目的综合考虑国内外经济条件所做出的战略性投资行为。企业在通过跨境产业转移"走出去"的过程中要利用与其他企业的协作关系、活用东道国区域性投资贸易协定，通过提高跨境产业转移的集聚经济性，降低投资风险、提高跨境产业转移的利润率水平从而实现跨境产业转移的战略性成功。

三　共同构建"一带一路"大区域价值链

中国与"一带一路"沿线国家在很多方面具有很强的互补性，中国目前面临产能过剩，这些产能正是"一带一路"沿线其他国家所需要的，因而通过打造中国产业主导的"一带一路"区域价值链，有助于构建"人类命运共同体"，实现"一带一路"沿线各国共同发展。"一带一路"倡议通过中国牵头可以实现共同发展，能够建立公正合理的国际分工体系，实现"一带一路"沿线国家资源优化配置。"一带一路"沿线的大部分国家迫切需要利用中国的技术、资金和市场等促进经济发展、改善民生，而中国有别于美欧等西方发达国家，中国是基于与各国互惠互利的共赢发展，因而越来越得到"一带一路"沿线国家的支持和拥护。对于中国而言，目前西方发达国家的市场已经饱和，中国要想开辟新

的市场也需要"一带一路"沿线各国，因而中国与"一带一路"沿线各国有巨大的产业合作空间和意向。

（一）培育产业要素的产业环流价值链，实现由外围向核心转变

随着中国经济进入新常态，中国在融入全球价值链30多年积淀的基础上，根据供给侧和需求侧的实际需要进行价值重构，在供给侧改革中更加注重提升产品供给的质量和水平，实现中国产品不仅能够满足中国居民对美好生活的需求，而且能够满足国外居民对中国产品的中高端需求，改变过去存在的注重数量的产品供给模式，转向更加注重质量的模式，改变在全球价值链中依靠他国核心技术和核心产品进行配套的外围关系转向为中国主导的核心关系，在全球价值链体系中由原来的"接包"关系转变为"发包"关系，从而改变中国等发展中国家长期在全球价值链和全球经贸往来中的不平等地位。

在"一带一路"倡议增进政策沟通、设施联通、贸易畅通、资金融通、民心相通的国际大环境中，经济互联互通的条件越来越好，产业要素自由流动加之国内的区域一体化，可增进我国与沿线国家价值链的联结。在国际产能合作的大背景下，全球价值链主导的产业转移趋势将更加明显，我国应充分发挥自身的资金优势、市场优势和某些领域的技术优势，通过自主创新掌握全球价值链高端技术，深入实施创新驱动发展战略，把创新作为建设现代化经济体系的战略支撑。中国企业已经走上了产业转型升级之路，未来中国经贸活动带来的增加值将越来越多地依赖知识密集型产业，特别是要针对某一产品的关键部位和环节加强自主创新，掌握核心技术，加大产品的研发力度，增强企业的自主创新能力，加快构建中国产业主导的国家创新体系，加大战略性新兴产业对优势资源的集聚效应，从而实现"专精化"，进而走向全球价值链的高端，提升在国际分工中的地位。根据中国经济和"一带一路"沿线国家的发展需要，重构"一带一路"沿线各国的经贸关系，打造与"一带一路"沿线发展相符的产业结构和治理体

系。通过"一带一路"沿线产业结构的治理，打造以中国为枢纽的"一带一路"沿线双向环流价值链体系。

（二）加快产业升级步伐，完善"一带一路"沿线产业分工布局

加快中国产业转型升级步伐，运用市场力量加快传统产业过剩产能的淘汰与转移，加快绿色产业发展，特别是绿色制造、智能制造和高端装备等项目，出口加工制造业实现功能升级，拓宽产业向两端延伸，创建高附加值的民族品牌，以增加市场份额。加快制造业等产业与信息的融合，加快推进制造业的信息化和工业化，通过信息技术对传统制造业进行改造，大力提升制造业的信息化、数字化、智能化水平，通过技术革新提升中国在全球价值链中的地位，提高中国出口产品的质量，为主导全球价值链提供助力。与此同时，根据"一带一路"沿线国家实际和时代特征靶向精准地规划共商"一带一路"沿线产业体系的分工布局，建立基于"一带一路"沿线各国比较优势的互利共赢的现代化产业体系，最终形成"一带一路"沿线现代化经济体系，整体提升"一带一路"沿线国家在全球价值链中的位置，扭转西方主导下的全球化造成的"一带一路"沿线发展中国家长期处于不平等地位的现实，实现发达国家和发展中国家互利共赢，提升发展中国家的影响力和话语权。

（三）加强顶层设计，打破制度性壁垒

打破对外开放的制度性壁垒，积极推动国内自贸区建设等举措形成更加开放的对外交往格局。同时进一步促进中国企业对外投资，特别是促进民营企业参与"一带一路"制造业区域价值链的建设与发展，放宽民营企业对外投资的申报、审批手续，保障民营企业和小微企业参与"一带一路"制造业区域价值链构建。另外，要建立和改善促进"一带一路"建设的保障机制，鼓励综合服务机构为我国企业参与"一带一路"制造业区域价值链构建提供论证研究、科学规划、国内外资源协调等服务，通过建立海外投资风险预警、损失准备金制度、商业保险制度和海外安保等

为我国企业对"一带一路"沿线国家投资过程中提供多层次多角度的风险防范和保障机制，提升国内企业加快产业转移和参与构建"一带一路"制造业区域价值链的积极性。

加大"一带一路"制造业区域价值链构建的金融支持，为此，应该积极发挥好亚投行、金砖银行、丝路基金等新兴国家推动的国际金融机构的作用，对"一带一路"区域价值链构建进行全方位金融支持，积极推动国内商业银行、政策性金融机构在沿线国家建立分支行或者办事机构，为我国等域内国家或地区企业提供金融支持。进一步推动人民币作为国际贸易支付结算工具的作用，通过构建金融公共服务平台来带动"一带一路"沿线国家双边贸易和投资人民币结算，以提高"一带一路"沿线国家贸易紧密性和降低发达国家各种金融风险所带来的冲击。

（四）加强政策沟通，稳妥拓展市场空间

"一带一路"沿线许多国家意识到要通过立法和制定法规加强本国企业对资源的掌控力，维护自身利益，如果国外企业想开发其资源必须与这些国家的国内企业进行合作才能实现，这也是中国一直倡导的互利共赢发展模式。中国企业在进行对外直接投资时应时刻秉持这一原则，坚持与国外企业共同联手开发资源和项目，充分利用"一带一路"沿线国家的优势进行合作。很多"一带一路"沿线国家以前是西方发达国家的殖民地或半殖民地，尽管政治上已经获得独立，但是经济上一直受美欧等西方发达国家控制，2008 年国际金融危机后美欧等西方发达国家由于经济长期疲软已经无力对这些国家进行资本输出控制，但是仍不想看到中国与这些国家进行深度合作，因而其采取各种措施阻碍中国与"一带一路"沿线各国的合作，对此我国应谨慎处理与"一带一路"沿线国家的关系，时刻秉持互利共赢原则，加强沟通协调，通过切实可行的举措让"一带一路"沿线国家感觉到中国的真诚。在开发"一带一路"沿线市场时应通过建立与当地企业或政府的"利益攸关共同体"，让"一带一路"沿线国家得到更多的实惠，降低投资风险，走出一条我国与发展中国家在技术、经贸和科技等领域互利共赢的合作之路，从而为打造我国产业主导的区域价值链提供助力。

（五）引导各参与主体积极响应，共建区域价值链

"一带一路"作为高层推动的国家倡议，在产业转移过程中，将面对多领域、多国家的选择与配合问题。面向"一带一路"沿线的产业转移需要宏观的设计和规划、中观的产业与技术交流，以及微观上的各种社会行为体与企业行为体配合，这就要求企业、社会等多方面主体协同合作。作为产业对外转移主体的企业，要强化其社会责任意识和可持续发展意识，抓住机遇，积极主动地参与国际产业转移。各个企业要坚持公平、公正、理性竞争的原则，在规划、工程竞标、监督管理等各个环节上本着透明、法治和负责的态度，转移之后积极适应国外文化，依据外国国情，寻找最适宜的发展路线。同时，国内应注意整合第三方的优势资源和培养跨国公司，如国内的智库通过数据和政策制度的分析实现各产业的精准定位，并对未来产业转移提出合理化建议；互联网新媒体是中外交流的平台，企业通过互联网新媒体可以更为开放地向国外市场宣传、营销；国家的涉外媒体是转出企业在承接地重要的宣传媒介，可为中国转移出去的产业和当地市场提供品牌推广及权威信息服务。跨国公司是带动国内产业升级的重要力量，中国的跨国公司国际化还处于初级阶段，"一带一路"是一个更为深化的对外开放，应培养更多本土跨国公司，通过海外投资提升中国在区域价值链分工中的地位。

（六）推动中国产业标准"走出去"，积极与各国共享

尽管与西方发达国家相比，中国的经济发展经验和产业标准体系仍然略显不足，但是"一带一路"沿线大部分国家处于较低发展水平，这些国家与中国有相似的历史境遇，中国的经验和标准较为适合这些国家的发展。尤其是随着中国成为世界第二大经济体，"一带一路"沿线国家都纷纷把中国当作学习的榜样，中国也本着大国责任和强烈的担当意识不断加大对这些国家的援助和资金支持，使中国的话语权不断提升。2017 年 5 月 14 日在北京召

开的"一带一路"合作高峰论坛的开幕式上，习近平总书记宣布向丝路基金增资1000亿元，这为解决"一带一路"沿线国家面临的资金不足提供了良机，提高了"一带一路"沿线国家对中国的认可度。中国应以此为契机加快与"一带一路"沿线各国分享中国的发展经验和产业标准体系，实现铁路、电力、轻纺和建筑等领域的互联互通，从而增加"一带一路"沿线各国对中国的价值认同，增强各国对中国的信任和支持，为打造中国产业主导的区域价值链助力。

（七）完善基础设施建设，牢固产业转移根基

一国的基础设施完善程度对于本国经济的发展起着至关重要的作用，基础设施的落后造成了"一带一路"沿线大部分国家处于贫困状态。例如，目前我国正在大力推动的中国—中南半岛经济走廊、孟中印缅经济走廊、中巴经济走廊、中国—中亚—西亚经济走廊、中蒙俄经济走廊、新亚欧大陆桥建设，全部依托于铁路以及高速公路的建设，这些交通基础设施的完善程度对于未来我国与周边国家产业合作等方面起着决定性的作用。据世界银行测算，对于发展中国家来说，基础设施投资每增加10%，GDP增长率将提高1%。因此加快六大经济走廊国家的交通、通信、水利、供电以及科教文卫等方面的基础设施建设，加快实现互联互通，将会给区域价值链的建设提供更为有利的条件。中国通过转移产能，扩大相关产业在国外投资落户，建设合作企业、合作园区，加快"一带一路"沿线基础设施建设，帮助"一带一路"沿线广大发展中国家发展经济，也可以有效带动中国钢铁、水泥、建材和工程机械等相关产业的出口，解决过剩产能，而这些过剩产能正是"一带一路"沿线国家所急需的，也是中国产业转型升级的现实要求。这个过程是中国和"一带一路"沿线国家互利共赢的发展过程，打造以中国产业为主导的区域价值链。

（八）推进文化交流，提升文化认同感

对于"一带一路"国家而言，各国文化各有不同，各放异彩。

一方面我们要尊重他国文化，另一方面还要不断推广本国文化，通过设立孔子学院或者增强我国与沿线及周边各国高校合作，加强跨国交换生的学习项目建设，让广大异国学子在不同文化背景下增强对他国文化的了解，一定程度上扮演了不同国家间文化交流的友好使者。在往来频繁的交流过程中，既提升了彼此间的文化认同感，又能够加强政府间的政治信任，进而减少跨境产业转移的阻碍，为后续各国间的经贸往来和产业合作升级奠定了坚实的基础。

第三节　跨境产业转移与全球价值链攀升

随着全球区域经济一体化的深入推进，生产要素在世界范围内加快流动和重组，世界产业更新换代加速并在全球范围内重新布局。"一带一路"建设将在"新常态"下引领我国新一轮的高水平对外开放，并结合"中国制造2025"规划，全面推进国际产能合作，实现国内产业结构优化升级，将产业发展的比较优势转化为竞争优势，扩展国际产业发展新空间，为我国经济增长及全球价值链地位提升提供新动力。

一　创新国际分工理论

在全球范围内，世界经济复苏缓慢、地区趋势紧张；发达国家纷纷提出"再工业化"战略，抢占产业链制高点；发展中国家积极承接国际产业转移，对传统市场展开激烈竞争；传统国际分工模式深刻调整，新型国际分工模式初步耦合。我国产业发展面临着发达国家和发展中国家的"双向挤压"，倒逼我国进行观念、理论、机制创新，以新型国际分工理论指导我国与世界各国进行全方位的产业分工与合作。

（一）树立全球化运作思维，实现观念创新

我国以往参与国际分工，始终坚持"两种资源、两个市场、两套本领"的传统国际分工思维，人为地将资源、市场、运作本领割裂为国外资源和国内资源、国外市场和国内市场、国外运作本领和国内运作本领。随着经济全球化的深入发展，资本和资源禀赋在国家间的快速流转，国际产业链和价值链的全球布局，传统国际分工思维已远不能满足全球化的发展速度。正视当前国际分工的深刻调整，创新国际分工理论，应坚持"一种资源、一个市场、一套本领"的新型国际分工思维。一种资源即全球资源，随着世界各国资源勘探开采技术的不断增强、国际贸易便利化程度的大幅提高，全球物流运输环节效率的日益提升，生产要素和资源禀赋在全球范围内加快流动与重组，世界资源已融为一体；一个市场即全球市场，随着国际贸易通关程序的简化，世界范围内区域性的自贸区建设正在蓬勃发展，国际双边和多边自贸区谈判协定正在如火如荼地进行，全球市场正融为一个密闭可分的整体；一套本领即全球化运作本领，随着全球区域经济一体化的深入推进，多边投资贸易规则和国际投资贸易格局正在酝酿着深刻的调整，国内外标准规则逐步统一协调，凸显了国际化运作本领在新型国际分工模式中的重要作用。

（二）突破竞争优势论，实现理论创新

随着"一带一路"建设的全面推进，政府间的国际合作、企业间的国际投资、民众间的国际交往将呈现出爆发式的增长。企业作为市场经济中最具活力的主体，在国际贸易、产业投资、技术合作等领域发挥着重要的作用。而在日益激烈和多元化的国际竞争中，传统的比较优势和竞争优势理论已远不能满足需要，因为其只关注经济效益，而在多元文化背景下，经济效益并不足以完全支撑产业投资与合作的成功。当前，我国的一些产业投资，走上层路线，与当地政府腐败分子勾结，实施掠夺性的开发，破坏生态环境，造成恶劣的社会影响，甚至造成部分国家民众的反华情绪，严重危及跨境产业转移的顺利推进。在此情况下，我国必须坚持集经济效应、社会效益、生态效益于一体的广义竞争优势论。经济效益是企业一切生产经营单位活动的动力源泉、社会效益是企业获得全方位支持的重要支撑、生态效益是企业可持续发展的有力保障。因此，只有坚持广义竞争优势论，才能使得国际产业合作迸发持久的生机与活力。

（三）加强全产业链合作，实现机制创新

广义的产业链内涵丰富，具体包括商品链、供应链、价值链、技术链、空间链。其中商品链是连接整条产业链的有机载体和媒介，具体形态包括原材料、零部件及半成品、包装完好的制成品等，正是这些不同形态的商品，才把产业链的上中下游有机地联系在了一起，随着产业分工专业化程度的提高，商品链也将深度细分的各国产业链更加紧密地联系在一起；供应链是产业链中的主体——企业间供给和需求关系的体现，具体内容既包括产品，也包括服务，完整顺畅的供应链能够有效地降低企业的交易成本，提高劳动生产率和竞争力，因此，高效便捷的供应链是国家产业链发展的必然趋势；价值链表现为产业链中研发设计、原料采购、生产组装、物流运输、品牌营销等各个环节的价值增值过程，产业链上的不同位置，其价值增值程度也不同，只有合理布局价值链，才能真正做到互利共赢、协同发展；技术链和产业链是一个双向互动关系，技术进步能够促进产业的发展，而产业发展也能促进技术创新，因此各国主导产业的选择和发展，必须是建立在完整的技术链条之上；空间链是指产业链的空间布局形式，既有按照资源禀赋优势建立的生产标准化产品的分散布局，也有依据主导产业建立起的产业集聚区，合理的空间布局对于全球产业链的深度扩展具有重大意义。

二 注重提升产业在全球的竞争力

同时继续加大高技术领域的研发投入，使我国产业由过去的粗放式加工向集约化、精致化转变，不断增加对核心技术掌握控制，通过高新技术的自主研发增强我国产业的竞争力，为提升全球价值链地位积蓄力量。

（一）借力产业转移，培育高端要素

全球价值链地位提升的一个重要基础在于高端要素的培育。

借力产业转移，一方面，可创造区域间产业要素自由流动的软硬环境，实现产业转出地和承接地产业素质的同步改善，为要素高端化打下基础；另一方面，可在跨境产业转移中引进高端要素，通过其市场竞争效应和技术创新溢出效应，推动本土高端要素的形成。在此基础上，鉴于产业转移助推政府和企业对全球价值链分工的适应，应充分发挥政府和企业对高端要素的培育作用。其中，政府的规划和支持作用包括加大研发和教育投入，加强与产业界的联系协调，营造良好的制度环境和完善基础设施；而企业的主体作用包括加大技术研发投入，营造内部良好创新氛围，重视建立学习机制，加强与研发机构合作等。尤其是要进一步发挥我国领军型跨国企业在高端要素培育中的作用，使之沿着价值链向高端环节升级，并获得更加优质的产业资源；同时，重视中小企业创新，在多样化的市场中，探索更多的产业升级机遇，使高端要素培育的主体更加多元化。这样，才能为我国产业在全球价值链地位的提升蓄积能量。

（二）实施品牌国际化建设，提升产业综合实力

品牌代表着一个企业或商品的综合品质，是企业竞争力的象征。随着世界经济全球化深入发展，品牌国际化已成为不可抗拒的潮流。与美国、德国、日本等发达国家相比，我国在全球产业发展中具有核心竞争力的企业还很少，具有国际知名度和美誉度的企业也不多。近年来，随着我国"走出去""一带一路"国际合作的实施，我国企业加快了对外经济合作步伐，国际化品牌建设也成为我国企业对外投资合作的重要任务之一。中国的品牌产业是中国产业走向世界的主力，对于品牌国际化建设，一方面，企业要注重提升自身的综合实力，先进的技术、合适的产品、创新的理念、优良的服务及管理，这些是我国企业"走出去"需要打造的实力，这是品牌国际化的基础。另一方面，想让品牌真正地走出去，实现品牌的"落地生根"，必须尊重和符合国外当地的需求和口味需要，加强品牌本土化的融合。要促进资源配置的本地化、市场的本地化、营销方式的本地化，最大限度利用不同国

家的资源，实现效益最大化。高质量的产品不仅代表着企业的能力，也彰显着国家的形象。作为企业界的代表，产品质量过硬才是企业打开世界大门的钥匙，没有高质量的产品，跨境产业转移只是空谈，只有产品质量高，才会吸引东道国的关注。总之，只有不断提升产品品质，培育企业品牌的国际化发展，才能促进产业"走出去"，增强产业在国际市场上的竞争力。

（三）坚持发展高技术制造业，防止产业"空心化"

美国等发达国家在推动构建全球价值链过程中，积极将生产、加工等环节转移到成本更低的中国等发展中国家，国内制造业基础受到严重威胁，随着国内制造业"空心化"的日益严峻，大量资本涌入金融市场领域推动了美国等发达国家金融服务业和房地产业的飞速发展，同时也造成了资本泡沫的膨胀，2008年美国爆发次贷危机并且逐步蔓延至全球，日本等产业"空心化"严重的国家经济出现严重下滑，而德国等以制造业为主的国家很好地应对了此次危机。后金融危机时代美国、日本等国提出制造业"回流"计划，逐步恢复国内制造业的发展。

因此，我国既要考虑合理解决过剩产能的合作转移，专注于研发、设计、营销服务等高附加值环节，获得更高的贸易利得，实现国内产业结构升级；又要防止过度产业转移引起的国内制造业"空心化"问题现象。为此，我国需要在以下方面做出努力：一是加快以增值税和所得税为主要内容的税收制度改革，为国内企业，特别是中小企业转型升级减负，建立科学合理的工资收入增长保障机制，保障合理用工。二是大力发展职业教育，可以借鉴德国等制造业强国的双轨制职业教育，由学校和企业联合展开职业教育真正做到理论与实践相结合，为高精尖制造业技术培养充裕的人才。三是服务业发展要紧紧围绕做大、做强、做精制造业开展，在推动产业转移的过程中配套发展工业生产性服务业，为制造业企业提供从产品立项到产品营销与服务的全方位支持。

三 发挥产业集群协同效应

产业集群是中心城市发挥其影响力、辐射力、增长极作用的重要支撑，更是国际大通道地区经济增长的引擎。产业园区在跨境产业转移中发挥着重要作用：一是产业聚集整合，结合所在地区的区位优势和资源禀赋优势，将横向或纵向联系紧密的企业聚集在一起，共享基础设施、信息、资源和市场，降低交易成本，提高劳动生产效率和产业竞争力；二是产业转型升级，产业园的建设大多是围绕某一主导产业建立而成，通过主导产业的前瞻效应、旁侧效应、回顾效应，带动相关产业的共同发展，成为区域经济的增长极，同时淘汰落后产业，实现产业更新升级；三是产业技术升级，产业园区对于专业技术人员的聚集具有很大的吸引力，不同类型的专业技术人员通过协同创新，能够快速推进产业技术的升级换代；四是企业项目孵化，综合性产业园区对于创新型的中小型企业能够有效地提供资金扶持、人员培训、项目对接等多种帮助，为具有发展潜力的企业提供生存发展的理想环境。

（一）加快产业集群建设，构建现代化经济体系

近年来，随着经济全球化进程的加快，产业集群越来越引起国家和国际组织的重视，成为推动区域经济发展的有力模式。产业集群通过深入挖掘区域内竞争优势，推动区域内企业品牌建设和一体化发展，促进区域产业结构优化升级。目前，我国虽然已经具有了一批产业集群，如苏州工业园区、黄浦区广州开发区等，但是与发达国家相比，在规模化和先进性方面还存在较大差距，同时缺少世界级先进制造业集群。因此，加大我国产业集群建设，培育世界级先进制造业集群将是我国产业今后发展的重要任务。首先，要加强自主创新能力培育，加强可持续发展创新体系的建设，特别是做好关键核心技术研发与转化平台建设、创新主体与区域协同创新等工作。其次，依托现有产业发展基础及产业园区，通过产业组织空间结构的布局调整，进一步优化产业空间布局与产业关联，特别是推动战略性新兴产业基地、高新技术产业园区的建设。同时，积极参与境外产业园区建设合作，培育面向国际的具有竞争新优势的品牌企业，通过品牌价值提升产品附加值。最后，要加强实体经济与人工智能、大数据、互联网的融合，促

进新的经济增长点，形成一批枢纽创新企业和产业集群，助力现代化经济体系建设。

（二）培养海外产业园创新生态系统，支撑产业发展

创新环境方面，要为产业园区营造一个良好的创新环境，包括硬环境和软环境。硬环境是有形的，主要指各类基础设施，包括道路交通设施、能源保障设施、通信网络设施以及社会生活设施等。软环境是无形的，主要包括市场环境、人财物供给渠道以及政治法律制度和文化习俗等。市场为企业提供食粮，企业的生存和发展取决于市场规模。东道国倾向于保护国内市场，这对于我们进驻"一带一路"海外产业园的企业起步很不利，因此需要我国政府推动东道国一开始就要开放国内市场，等我们的企业发展壮大了再考虑以出口为主。人财物的供给渠道也是企业的生命线，特别是原材料的供给需要首先保证，否则进驻产业园区的企业根本无法生产。政治法律制度方面，东道国土地是否容易租赁、租赁期限以及租赁成本直接影响产业园的建设，所以只有我国中央政府与东道国谈判才有可能帮助我们的海外产业园取得比较优惠的土地政策，包括较低的租赁成本和较长的租赁期限等。东道国对我国海外产业园入驻企业的财税优惠也是吸引更多企业入驻产业园，并且促使入驻企业创新的一个重要因素。一般来说，东道国对于我们的海外产业园都会出台一些优惠的财税政策，但是优惠的力度随东道国和我国两国政府的重视程度而改变：两国政府越重视，优惠力度越大；反之，优惠力度会比较小。东道国知识产权的保护力度也是影响企业创新的一个重要因素，而促使东道国遵守相关国际知识产权保护公约，或者敦促东道国与我国签订并切实履行双边知识产权保护条约，加强对知识产权的保护，这样的任务也只有我国中央政府与东道国中央政府通过谈判才可能完成。文化习俗对创新生态的影响容易为人们所忽视，这里的文化当然首先是指创新文化，这需要东道国政府和民间不断地加以宣传和培养才可能养成。此外，"一带一路"海外产业园由于建立在国外，因此东道国人民对我国的友好感情对于产业园的发展

也是至关重要的。两国人民的友谊需要两国政府和民间共同进行培养，不过我国的企业在东道国坚守诚信、遵守当地习俗、多与当地群众沟通，树立良好形象是一个关键因素。

（三）强化海外集群协同效应，增加议价砝码

在发达国家跨国公司主导的全球价值链中，我国企业如果采取单打独斗的方式，与主导企业单线联系，独自承担生产加工，独自争取话语权，这种方式实难突破"被俘获"的现状，而要依托集聚优势，凭借生产要素集聚、供应商集聚和服务企业的集聚增强自身的议价砝码，不失时机地推动价值链升级。这里需注意，一定要强化集群企业的协同效应，避免"集而不群"，仅停留于空间上的集中，而未加强企业间协作与优势互补，从而暴露出企业自身小、弱、散的弊端。杜绝各经济主体之间各自为营、互不配合的现象，避免利益冲突。当前的产业布局都是以追求利益最大化为主，通过合理的调节产业布局，意在实现各经济主体之间的利益共赢。避免区内产业重复布局，产业同质化，在此情形下建立利益协调机制，平衡区域内和区域之间的利益分配。

四　加强与"一带一路"沿线国家的产业合作

在参与全球化过程中，中国以融入美国、日本、欧洲主导的全球价值链为基础，对外经贸往来更多的是依靠本国低廉的要素成本尤其是劳动力成本。存在的问题逐渐显露。例如，中国自身的产业升级和经济转型受到严重制约，在国际经济体系中的主动性不足；与许多周边国家的价值链联结性差，影响经济层面"互联互通"目标的实现。而在"一带一路"背景下，随着自身产业实力的累积和产业技术基础的逐步夯实，在更加开放的经济体系中，以产业转移为要素自由流动提供载体，为转型升级和新旧动能转换提供支撑的条件下，提升中国全球价值链地位。

（一）塑造"一带一路"沿线有利的地缘经济环境

"一带一路"是我国新一轮全方位的对外开放，通过新亚欧大陆桥、中巴、中国—中亚—西亚、中蒙俄、中南半岛、孟中缅印

六大经济走廊的建设，意在塑造资本、商品和服务自由流动的大平台。在"一带一路"平台上，地缘经济优势将越来越多地依赖于"全球值链分工"体系与"亚欧非大陆"贸易格局的契合。我国全球价值链地位的提升，一是要凭借一体化的区域合作机制，在国际产能合作大背景下，发挥传统产业价值链转移效应和生产要素重组效应，依靠沿线丰富的资源和巨大的市场，形成我国与沿线国家的有效分工体系，在实现整体经济升级的同时，为推动我国自身的创新发展拓展空间。二是要持续推动沿线的贸易与投资便利化，进一步加快基础设施的互联互通，并以此为基础开展与周边和沿线国家的经济外交，加强政策沟通并促进"民心相通"，尤其是借助自贸区战略，尽可能降低中间品进出口贸易所受的关税和各种制度性交易成本的影响，加大产业转移的效能，逐步在"全球价值链分工"体系下，提升我国自身的地位和影响力。三是要强化货币金融政策等方面的协调。在积极利用现有各类金融平台的基础上，逐步构建沿线大空间范围的金融资源整合体系，在把控金融风险的前提下，发挥广义资本要素在产业转移中的作用，并以人民币国际化为契机，形成"资金融通"的有效闭合回路，从而提升我国在国际金融领域的主导权，从宏观层面上为我国全球价值链地位提升创造良好的金融环境。

（二）推进国内区域发展战略与"一带一路"建设协调互动

在"一带一路"全方位的开放格局中，包括长江经济带、京津冀协同发展等国内区域发展战略理应与之形成良好的融合互动，从而进一步疏通域内产业要素流动的渠道，结合国际产能合作和海外高端产业要素的引入，提升国家整体在全球价值链中的地位。一是要发挥区域内中心城市的平台支撑和战略引领作用，形成全球价值链地位的"桥头堡"。二是要借助区际产业转移和基础设施建设的完善，形成更加合理的区域价值链布局。三是降低区域内制度性交易成本，依托"互联网＋"等现代技术手段推动区内产业体系的整体高端化。四是推动平台建设，对接"一带一路"中的国际走廊建设，形成联通区内外富有生机的经济大通道。以长江经济带为例，其中上海凭借自身的实力和地位，虽然和欧美日有一定差距，但在区域内和"一带一路"沿线则处于价值链的高端，完全可以发挥中国参与全球竞争合作的战略高地的作用，并依托国际金融、航运和贸易中心建设和全球科创中心战略，引进"高端"和转出"低端"，使自身集信息资讯汇总、商务模式设计、标准规则制定、资本金融供给、科技成果研发等多种功能于一体，成为区域内乃至全国全球价值链地位提升的引领者。同时，武汉城市圈、长株潭城市群、皖江城市带、成渝经济区等，或是抓住制造业升级机遇，或是借助区际产业转移，以信息技术、生物医药、智能制造、大数据等领域为"引擎"，推动长江经济带的经济升级和区域内价值链的合理布局，使之成为连贯东西的经济大通道。与此同时，向东与"海上丝绸之路"形成陆海对接，向西与"丝绸之路经济带"、孟中缅印走廊实现东西联通，并依托电子商务平台、金融平台、信息平台、物流平台、技术平台、政策平台在内的各类平台建设，在开放包容的经济条件下，推动优质产业要素的吸引和富余产业要素的转出，促进各个地区的分工与协作，集聚资源、实现价值增值，通过提升区域在全球价值链中的地位，进而带动整个国家全球价值链地位的提升。

（三）释放企业活力，做好"一带一路"服务工作

在后工业时代，网络同市场展开了激烈的竞争，开放性的共同体正在挑战独占性的商业运作。消费走向高端化、多样化、服务化已是大势所趋，传统的大规模标准化生产越来越多地被个性化定制等新的生产方式所取代。一个经济体能否适应新经济的步伐，越来越取决于"人"的创造力的迸发。在"一带一路"开放经济体系下，产业转移意味着产业要素在更大范围、更大平台上的流动。政府要围绕资本、商品、服务的自由流动做好服务工作，促进企业释放活力。毕竟，国家全球价值链地位提升最终体现为一个个富有活力、拥有核心知识产权和响亮自主品牌、能够提供高端产品或服务的企业的涌现。

具体而言：一是国内加强政策协调与国际加强政策沟通相结

合。对内要规范地方政府竞争行为的导向，避免因地方竞争形成区域市场的壁垒，逐渐消除地方在招商引资过程中对外资或本国企业的各种"隐形"补贴。从国家层面到地方层面格外需要加强政策协调，首先要做到在本国范围内要素的自由流动和企业的公平竞争，对外进一步加强与"一带一路"沿线国家在税收、劳工标准、投融资、市场准入等各个方面的政策沟通，提高政策便利性，尽可能降低企业在"走出去"过程中面临的风险。二是进一步塑造本国良好的创新创业氛围和环境。在世界经济体系互联互通、共享共治的"网络化"趋势日益明显的形势下，通过完善的体制机制、宽松的管制、宽容的氛围和严密周到的服务，使人的创业精神、创新动力、创作热情、创造能力得以充分发挥，为未来产业的成长乃至占据价值链的高端积蓄能量。三是促进平台企业的成长。平台企业的跨区域网络效应、跨产业支配和跨界创新，决定了它们对于国家提升全球价值链地位的重要性。政府要有宽广的视野并塑造宽容的氛围，辅之以严密透明的监管，促进平台企业的培育和成长，鼓励他们将业务拓展到"一带一路"沿线，使之通过整合产业资源，为各类企业提供广阔的市场，并激发企业持续的技术和商业模式创新，提振新兴产业发展，加速制造业与服务业相融合，为走向价值链高端、引领未来产业发展提供新的支撑。四是市场化的金融支持。推动金融服务实体经济，深化金融改革，尤其是要改变市场上大量资金难找出路与实体企业、中小企业融资渠道窄、融资成本高并存的局面，使各类实体企业能够平等地竞争金融资源。同时推动金融市场的进一步开放，提高我国金融业的竞争力，推动融资租赁、股权交易等有利于实体经济发展的业务开展，为参与"一带一路"建设的企业尤其是参与产业转移的企业提供高度市场化的金融支持。在"一带一路"倡议推进中，使承载并提升我国全球价值链地位使命的微观主体，真正得到金融这一"战略工具"的有效支撑。

参考文献

一　中文文献

柏宝春、王晓艺：《国际产业转移新特征与山东半岛城市群建设》，《山东经济战略研究》2009 年第 8 期。

卜宪洁：《中国对外直接投资与产业转移研究》，硕士学位论文，山东师范大学，2016 年。

陈爱贞：《中国装备制造业自主创新的制约与突破——基于全球价值链的竞争视角分析》，《南京大学学报》2008 年第 1 期。

陈健、龚晓莺：《中国产业主导的"一带一路"区域价值链构建研究》，《财经问题研究》2018 年第 1 期。

陈漓高：《中国企业跨国经营环境与战略研究》，人民出版社 2009 年版。

陈琦：《跨国公司竞争优势最大化》，博士学位论文，江西财经大学，2010 年。

陈雯、骆时雨：《中间品进口对中国制造业全要素的影响》，《世界经济》2015 年第 9 期。

陈勇兵、仉荣、曹亮：《中间品进口会促进企业生产率增长吗？——基于中国企业微观数据的分析》，《财贸经济》2012 年第 3 期。

陈兆伟：《增加值视角下的"一带一路"制造业区域价值链构建

研究》，硕士学位论文，河北大学，2019 年。

戴觅、余淼杰：《企业出口前研发投入、出口及生产率进步》，《经济学》（季刊）2011 年第 1 期。

戴翔、李洲：《全球价值链上的中国产业：地位变迁及国际比较》，《财经科学》2017 年第 7 期。

樊茂清、黄薇：《基于全球价值链分解的中国贸易产业结构演进研究》，《世界经济》2014 年第 2 期。

傅强、魏琪：《全球价值链视角下新一轮国际产业转移的动因、特征与启示》，《经济问题探索》2013 年第 10 期。

辜胜阻、庄芹芹：《缓解实体经济与小微企业融资成本高的对策思考》，《江西财经大学学报》2015 年第 5 期。

郭金明、袁立科、王革、杨起全：《"一带一路"海外产业园创新生态系统培养前瞻性分析》，《科技管理研究》2018 年第 7 期。

胡丹：《我国产业梯度转移及其调控研究》，武汉理工大学，2014 年。

胡义：《国际投资理论创新与应用研究——基于中间层组织的分析》，人民出版社 2006 年版。

胡昭玲、张咏华：《中国制造业国际分工地位研究——基于增加值贸易的视角》，《南开学报》2015 年第 3 期。

黄亮雄、钱馨蓓：《中国投资推动"一带一路"沿线国家发展——基于面板 VAR 模型的分析》，《国际经贸探索》2016 年第 8 期。

霍忻：《中国对外直接投资逆向技术溢出的产业结构升级效应研究》，首都经济贸易大学，2016 年。

蒋冠宏、蒋殿春：《中国对外投资的区位选择：基于投资引力模型的面板数据检验》，《世界经济》2012 年第 9 期。

蒋小燕：《"一带一路"下区域产业梯度转移——基于国际国内双重视角》，《商业经济研究》2018 年第 8 期。

金芳：《世界生产体系变革的当代特征及其效应》，《世界经济研究》2007 年第 7 期。

李敦瑞：《国内外产业转移对我国产业迈向全球价值链中高端的影

响及对策》，《经济纵横》2018 年第 1 期。

李宏艳、王岚：《全球价值链视角下的贸易利益：研究进展综述》，《国际贸易问题》2015 年第 5 期。

李惠娟、蔡伟宏：《中国服务业在全球价值链的国际分工地位评估》，《国际商务（对外经济贸易大学学报）》2016 年第 5 期。

李计广、钊锐、张彩云：《我国对"一带一路"国家投资潜力分析——基于随机前沿模型》，《亚太经济》2016 年第 4 期。

李建军：《产品内分工、产业转移与中国产业结构升级——兼论产业耦合转移背景下中国加工贸易升级》，《理论导刊》2012 年第 3 期。

李津津：《基于丝绸之路经济带产业协同效应的新疆产业空间布局优化研究》，硕士学位论文，石河子大学，2017 年。

李平、王春晖、于国才：《基础设施与经济发展的文献综述》，《世界经济》2011 年第 5 期。

李昕、徐滇庆：《中国贸易依存度和失衡度的重新估算》，《中国社会科学》2013 年第 1 期。

梁琦：《出口、集聚与全要素生产率增长》，《国际贸易问题》2010 年第 12 期。

刘红光、刘卫东、刘志高：《区域间产业转移定量测度研究——基于区域间投入产出表分析》，《中国工业经济》2011 年第 6 期。

刘红光、王云平、季璐：《中国区域间产业转移特征、机理与模式研究》，《经济地理》2014 年第 1 期。

刘来会：《中国对"一带一路"沿线国家直接投资：现状、动机与政策建议——基于 Heckman 两阶段的实证研究》，《国际商务（对外经济贸易大学学报）》2017 年第 5 期。

刘友金、胡黎明：《产品内分工、价值链重组与产业转移——兼论产业转移过程中的大国战略》，《中国软科学》2011 年第 3 期。

刘友金、吕政：《梯度陷阱、升级阻滞与承接产业转移模式创新》，《经济学动态》2012 年第 11 期。

刘志彪、张杰：《从融入全球价值链到构建国家价值链：中国产业升级的战略思考》，《学术月刊》2009 年第 9 期。

卢进勇、裴秋蕊：《境外经贸合作区高质量发展问题研究》，《国际经济合作》2019 年第 4 期。

罗长远、张军：《附加值贸易：基于中国的实证分析》，《经济研究》2014 年第 6 期。

毛其淋、盛斌：《贸易自由化、企业异质性与出口动态》，《管理世界》2013 年第 3 期

毛其淋、许家云：《中间品贸易自由化的生产率效应》，《财经经济》2015 年第 4 期。

毛其淋、许家云：《中间品贸易自由化、制度环境与生产率演化》，《世界经济》2015 年第 9 期。

潘文卿、王丰国、李根强：《全球价值链背景下增加值贸易核算理论综述》，《统计研究》2015 年第 3 期。

彭薇、熊科：《全球价值链嵌入下"一带一路"沿线国家产业转移研究——基于世界投入产出模型的测度》，《国际商务》2018年第 3 期。

钱学锋、王菊蓉等：《出口与中国工业企业的生产率》，《数量经济技术经济研究》2011 年第 2 期。

钱学锋、王胜、黄云湖、王菊蓉：《进口种类与中国制造业全要素生产率》，《世界经济》2011 年第 5 期。

乔小勇、王耕、郑晨曦：《我国服务业及其细分行业在全球价值链中的地位研究——基于"地位—参与度—显性比较优势"视角》，《世界经济研究》2017 年第 2 期。

秦姣：《产品内分工条件下的国际产业转移机制和对策研究》，硕士学位论文，河南大学，2015 年。

曲智、杨碧琴：《"一带一路"沿线国家的制度质量对中国对外直接投资的影响》，《经济与管理研究》2017 年第 11 期。

绍敏：《出口贸易是否促进了我国劳动生产率的持续增长》，《数量经济技术经济研究》2012 年第 2 期。

沈潇：《国际产业集群式转移的经济动因的文献综述》，《生产力

研究》2015 年第 4 期。

石奇：《集成经济原理与产业转移》，《中国工业经济》2004 年第 10 期。

孙彤：《国际产业转移新趋势探究及启示》，《才智》2015 年第 11 期。

孙亚轩：《对外产业转移与母国贸易技术结构升级》，博士学位论文，复旦大学，2014 年。

覃成林、熊雪如：《我国制造业产业转移动态演变及特征分析——基于相对净流量指标的测度》，《产业经济研究》2013 年第 1 期。

陶瑞妮：《全球价值链视角下中国对外产业转移研究》，硕士学位论文，兰州大学，2018 年。

田泽：《中国企业海外并购理论与实践研究》，化学工业出版社 2010 年版。

王岚、盛斌：《全球价值链分工背景下的中美增加值贸易与双边贸易利益》，《财经研究》2014 年第 9 期。

王恕立、王永亮：《全球价值链模式下的国际产业转移——基于贸易增加值的实证分析》，《国际贸易问题》2017 年第 5 期。

王直、魏尚进、祝坤福：《总贸易核算法：官方贸易统计与全球价值链的度量》，《中国社会科学》2015 年第 9 期。

王志乐：《全球公司——现代企业理论创新》，《企业家日报》2014 年 7 月 27 日第 W01 版。

王志乐：《全球公司与中国的和平崛起》，《国际关系研究》2013 年第 1 期。

王志乐：《全球视野的中国选择》，《21 世纪经济报道》2013 年 8 月 12 日第 022 版。

卫瑞、张文城、张少军：《全球价值链视角下中国增加值出口及其影响因素》，《数量经济技术经济研究》2015 年第 7 期。

卫瑞、张文城：《中国外需隐含国内就业及其影响因素分析》，《统计研究》2015 年第 6 期。

夏明、张红霞：《增加值贸易测算：概念与方法辨析》，《统计研究》2015 年第 6 期。

肖芳：《我国承接现代服务业国际转移的研究》，硕士学位论文，天津财经大学，2010 年。

许德友：《产品内分工的产业转移与中国区际产业转移》，《现代经济探讨》2014 年第 4 期。

杨杰：《中国对外直接投资动因研究》，对外经济贸易大学，2016 年。

杨蕾：《产业集群转移链式效应视角下江苏境外产业园区发展研究》，硕士学位论文，南京理工大学，2018 年。

杨清：《中国跨国公司成长研究》，人民出版社 2009 年版。

杨胜：《产品内分工下中国制造业国际转移影响因素研究》，硕士学位论文，山西财经大学，2017 年。

杨英、刘彩霞：《"一带一路"背景下对外直接投资与中国产业升级的关系》，《华南师范大学学报》（社会科学版）2015 年第 5 期。

姚珊：《国际产业转移的特征及发展趋势》，《华商》2007 年第 24 期。

尹晓波：《服务业——国际产业转移的新领域》，《理论探讨》2007 年第 1 期。

尹彦罡、李晓华：《中国制造业全球价值链地位研究》，《财经问题研究》2015 年第 11 期。

余斌、陈秋贵：《论主动式产业转移及相关政策建议》，《重庆工商大学学报》（社会科学版）2010 年第 2 期。

余森杰、张睿：《中国制造业出口质量的准确衡量：挑战与解决方法》，《经济学》（季刊）2017 年第 2 期。

余森杰：《中国的贸易自由化与制造业企业生产率》，《经济研究》2010 年第 12 期。

曾小明、刘友金、尹延钊：《中国向"一带一路"国家产业转移的规模测算及影响机制研究》，《湖南科技大学学报》（社会科学版）2019 年第 3 期。

张纪凤：《中国对外直接投资的动力机制与逆向技术溢出效应的研究》，博士学位论文，东南大学，2015 年。

张杰、陈志远、刘元春：《中国出口国内附加值的测算与变化机制》，《经济研究》2013 年第 10 期。

张杰、李勇、刘志彪：《出口促进中国企业生产率提高吗?》，《管理世界》2009 年第 12 期。

张军、高远、傅勇、张弘：《中国为什么拥有了良好的基础设施?》，《经济研究》2007 年第 3 期。

张理娟：《中国面向"一带一路"产业转移的国别选择及效应分析》，硕士学位论文，山东师范大学，2017 年。

张秋实：《"一带一路"倡议下中国—中南半岛国家全球价值链升级研究》，硕士学位论文，云南财经大学，2019 年。

张少军、刘志彪：《全球价值链模式的产业转移——动力、影响与对中国产业升级和区域协调发展的启示》，《中国工业经济》2009 年第 11 期。

张亚斌：《"一带一路"投资便利化与中国对外直接投资选择——基于跨国面板数据及投资引力模型的实证研究》，《国际贸易问题》2016 年第 9 期。

张咏华：《中国制造业增加值出口与中美贸易失衡》，《财经研究》2013 年第 2 期。

张云：《基于全球价值链的国际产业转移研究》，博士学位论文，武汉理工大学，2011 年。

赵文军、于津平：《贸易开放、FDI 与中国工业经济增长方式》，《经济研究》2012 年第 8 期。

赵莹：《国际产业转移新趋势对我国制造业发展影响及对策分析》，华东师范大学，2017 年。

赵张耀、汪斌：《网络型国际产业转移模式研究》，《中国工业经济》2005 年第 10 期。

周五七：《"一带一路"沿线直接投资分布与挑战应对》，《改革》

2015 年第 8 期。

［美］克里斯托弗·巴特利特、休曼特拉·戈歇尔、朱利安·伯金绍等：《跨国管理》，宋志红等译，中国财政经济出版社 2005年版。

［美］迈克尔·波特：《国家竞争优势》，李明轩、邱如美译，华夏出版社 2002 年版。

［美］迈克尔·波特：《竞争优势》，陈小悦译，华夏出版社 2007年版。

二　英文文献

Aaditya Mattoo, Zhi Wang and Shang – Jin Wei, *Trade in Value Added*：*Developing New Measures of Cross Border Trade*, World Bank, 2013.

Acemoglu Daron, Pol Antras and Elhanan Helpman, "Contracts and Technology Adoption", *American Economic Review*, Vol. 97, No. 3, 2007.

Altomonte C., Barattieri A. and Rungi A., "Import Penetration, Intermediate Inputs and Productivity：Evidence from Italian Firms", *DYN-REG Working Paper*, 2008.

Amiti M. and Konings J., "Trade Liberalization, Intermediate Inputs and Productivity", *Amercian Economic Review*, Vol. 97, No. 5, 2007.

Antras Pol, "Firms, Contracts, and Trade Structure", *Quarterly Journal of Economics*, Vol. 118, No. 4, 2003.

Antras Pol and Chor Davin, "Organizing the Global Value Chain", *Econometrica*, Vol. 81, No. 6, 2013.

Antras Pol and Elhanan Helpman, "Global Sourcing", *Journal of Political Economy*, Vol. 112, No. 3, 2004.

Carroll and Archie B., "A Three – Dimensional conceptual model of corporate performance", *Academy of Management Review*, Vol. 4,

No. 4, 1979.

Carroll and Archie B., "Corporate social responsibility: Evolution of a definition construct", *Business & Society*, Vol. 38, No. 3, 1999.

David Hummels, Jun Ishii and Kei-Mu Yi, "The Nature and Growth of Vertical Specialization in World Trade", *Journal of International Economics*, 2001.

Dunning J. H., "Trade, Location of Economic Activity and the MNE: A Search for an Eclectic Approach", *International Allocation of Economic activity*, 1977.

Elhanan Helpman, Marc J. Melitz and S. Yeaple, "Export versus FDI with Heterogeneous Firms", *American Economic Review*, Vol. 94, No. 1, 2004.

Grossman, Sanford J. and Elhanan Helpman, "Integration vs. Outsourcing in Industry Equilibrium", *Quarterly Journal of Economics*, Vol. 117, No. 1, 2002.

Halpern L., Koren M. and Szeidl A., "Imported Inputs and Productivity", *Center for Firms in the Global Economy Working Paper*, No. 8, 2009.

Hong Ma, Zhi Wang and Kunfu Zhu, "Domestic Value-added in China's Export and Its Distribution by Firm Ownership", *Journal of Comparative Economics*, Vol. 43, No. 1, 2015.

Hwy-Chang Moon and Thomas W. Roehl, "Unconventional Foreign Direct Investment and the Imbalance Theory", *International Business Review*, Vol. 10, No. 2, 2001.

Johnson, Noguera, "Accounting for Intermediates: Production Sharing and Trade in Value Added", *Journal of International Economics*, No. 86, 2012.

Kasahara H and Rodrigue J., "Does the Use of Imported Intermediates Increase Productivity? Plant-Level Evidence", *Journal of Development Economics*, Vol. 87, No. 1, 2008.

Lall Sanjaya, "Industrial Strategy and Policies on Foreign Dircet Investment in East Asia", *Transnational Corporations*, Vol. 2, No. 2, 1995.

Melitz, Marc J., "The Impact of Trade on Intra – Industry Reallocations and Aggregate Industry Productivity", *Econometrica*, Vol. 71, No. 6, 2003.

M. P. Timmer et al., "Slicing up Global Value Chains", *Journal of Economic Perspectives*, Vol. 28, No. 2, 2014.

Ramasamy B., Yeung M., Laforet S., "China's Outward Foreign Direct Investment: Location Choice and Firm Ownership", *Journal of World Business*, Vol. 47, No. 1, 2012.

R. C. Johnson and G. Noguera, "Accounting for Intermediates: Production Sharing and Trade in Value Added", *Journal of International Economics*, Vol. 86, No. 2, 2012.

Robert Koopman, Powers William, Zhi Wang and Shang Jin Wei, "Give Credit Where Credit is due: Trace Value Added in Global Production Chains", *NBER Working Paper*, No. 16426, 2013.

Robert Koopman, Zhi Wang and Shang Jin Wei, "How much of Chinese Exports is Really Made in China? Assessing Foreign and Domestic Value added in Gross Exports", *NBER Working Papers*, No. 14109, 2008.

Robert Koopman, Zhi Wang and Shang Jin Wei, "Estimating Domestic Content in Exports When Processing Trade Is Pervasive", *Journal of Development Economics*, Vol. 99, No. 1, 2012.

Robert Koopman, Zhi Wang and Shang – Jin Wei, "Tracing Value – added and Double Counting in Gross Exports", *Amercian Economic Review*, Vol. 104, No. 2, 2014.

Stehrer, R., "Trade in Value Added and the Value Added in Trade", *WIIW Working Papers*, Vol. 54, No. 81, 2012.

Yeaple S., "The Complex Integration Strategies of Multinationals and

Cross Country Dependencies in the Structure of FDI", *Journal of International Economics*, No. 60, 2003.

Zhang J., D. Tang and Y. Zhan, "Foreign Value – Added in China's Manufactured Export: Implications for China's Trade Balance", *China and World Economy*, Vol. 20, No. 1, 2012.